## Und in allem Gott
Christliche, jüdische und islamische „Zwischenrufe"

**Evangelische Perspektiven**
Schriftenreihe der Evangelischen Kirche in Bochum
in Zusammenarbeit mit der Evangelischen Stadtakademie Bochum

Weitere Informationen im Internet unter
www.stadtakademie.de/publikationen/ev-perspektiven.html

Heft 17:
**Und in allem Gott**
Christliche, jüdische und islamische „Zwischenrufe"

Herausgegeben von Werner Posner
ISBN 9783751973540

Evangelische Kirche in Bochum
Westring 26 a, D - 44787 Bochum
Telefon 0234 - 962904 - 0
http://www.kirchenkreis-bochum.de

Das vorliegende Heft ist zu beziehen bei:
Evangelische Stadtakademie Bochum
Westring 26 a, D - 44787 Bochum
Telefon 0234 - 962904 - 661
office.stadtakademie@kk-ekvw.de
http://www.stadtakademie.de

# Und in allem Gott
## Christliche, jüdische und islamische „Zwischenrufe"

Herausgegeben von Werner Posner

**Bibliografische Information der Deutschen Bibliothek:**
Die Deutsche Bibliothek verzeichnet diese Publikation in der Deutschen Nationalbibliografie;
detaillierte bibliografische Daten sind im Internet unter www.dnb.de abrufbar.

1. Auflage Juli 2020
© beim Herausgeber
Redaktion: Werner Posner
Gestaltung: Q3 design GbR, Dortmund

ISBN 9783751973540

Herstellung und Verlag:
BoD – Books on Demand, Norderstedt

# Inhalt

# Beten und Gottesdienst feiern     70

# Erfahrungen mit Gott machen     79

# Jesus Christus erkennen und bekennen 97

# Glauben im Alltag leben 110

## Engeln begegnen 136

## Urlaub haben 139

## Von Kindern und Eltern 148

## Gesellschaft und Kirche mitgestalten 159

## Frieden und Gerechtigkeit üben    187

## Krieg, Terror, Gewalt, Rechtsextremismus widerstehen    198

## Lebenskunst     241

# Zum Geleit

Religion ist Teil unserer Kultur – ebenso wie die Möglichkeit der öffentlichen Religionsausübung. Denn Religion mag zwar privat sein, gleichzeitig ist Religion grundsätzlich nicht Privatsache. Denn sie prägt die Gesellschaft auf unterschiedliche Weise. Sie schafft Bedingungen für das Zusammenleben, die die Gesellschaft nicht aus sich selbst generieren kann.

Der innere Zusammenhalt einer Gesellschaft wird immer durch kulturelle Überzeugungen, häufig durch religiöse Haltungen, gestiftet. Darum gehört es zum Kern vieler Religionen, dass sie sich öffentlich äußern und zu Wort melden.

Im 21. Jahrhundert erfolgen die öffentlichen religiösen Beiträge multimedial. Ein nach wie vor wichtiges Medium ist das des gedruckten Wortes. Für unsere Stadt Bochum hatten auch die „Zwischenrufe", die in den Jahren 2000 – 2013 in den Stadtspiegel-Ausgaben erschienen, öffentliche und tagesaktuelle Relevanz.

Mit großem Fleiß hat Pfr. i.R. Werner Posner die „Zwischenrufe" von Vertreterinnen und Vertretern der Religionsgemeinschaften gesichtet, ausgewählt und im vorliegenden Band thematisch zusammengefasst, mit der Absicht, dass diese Zwischenrufe nicht verhallen, sondern nachhaltig wirksam das gesellschaftliche Leben mitprägen können.

Für seinen großen Einsatz sei ihm in besonderer Weise gedankt. Den Autorinnen und Autoren wie auch den Leserinnen und Lesern sei ebenso von Herzen Dank gesagt!

Superintendent Dr. Gerald Hagmann
Bochum, im Mai 2020

# „Und in Allem: Gott."

Mit diesen Worten schließt der „Zwischenruf" von Pfarrer Eckhardt Loer vom 9. September 2000. Dies ist meines Erachtens eine gute Überschrift für diese Auswahl von „Zwischenrufen", die zwischen 2000 und 2013 in den Samstagsausgaben des „Stadtspiegel Bochum" erschienen sind. Mitglieder der christlichen Kirchen sowie der jüdischen und muslimischen Gemeinden in Bochum – Theologinnen und Theologen wie auch sogenannte Laien – haben ihre Gedanken über Gott und die Welt zu Papier und in die Herzen vieler Bochumerinnen und Bochumer gebracht. Vielen sind die „Zwischenrufe" immer noch ein Begriff, sie erinnern sich gern an sie.

Die Texte sprechen in den Lebensalltag hinein. Sie beziehen zu zeitgeschichtlichen Ereignissen Stellung, erklären religiöse Fest- und Feiertage und berichten von Alltäglichem und Außergewöhnlichem, mal mit biblisch-theologischer, mal mit seelsorglicher, missionarischer oder gesellschaftskritischer Intention. Es sind ernste oder freche, humorvolle oder besinnliche weltlich-fromme Impulse für den Alltag.

Ich staune: vieles von dem, was damals geschrieben wurde, ist auch heute aktuell. Lesen Sie selbst! Vor allem ist es den Autorinnen und Autoren ein Anliegen, Respekt, Freundlichkeit und Solidarität mit Menschen aller Religionen, Hautfarben und Nationalitäten zu bekunden. Das ist in Bochum bis heute Programm. Und während ich dies in der christlichen Osterzeit 2020 schreibe, erleben wir angesichts der alle Sicherheiten über den Haufen werfenden Corona-Pandemie unter uns eine beispiellose Bereitschaft zur Hilfe und gegenseitigen Anteilnahme, eine erstaunliche Kreativität in Sachen Mitmenschlichkeit und Kontaktpflege. Ob uns diese Wachheit und Aufmerksamkeit für das, was im Miteinander wirklich zählt, erhalten bleibt?

„Und in Allem: Gott." Die Formulierung knüpft an das Leitwort des katholischen Ordensgründers Ignatius von Loyola (1491–1556) an: „Gott in allen Dingen finden" – in den Wundern der Schöpfung, in den Freuden und Schmerzen unserer Beziehungen, in den Glücksmomenten und den Krisen unseres Lebens, in den Zeugnissen biblischer Texte. In allem Gott suchen und finden: als Kraftquelle, als tröstenden Beistand, als kritische Stimme, als Inspiration, als über alles Irdische hinausreichendes Versprechen – das ist Herausforderung und Chance. Religion und Alltag sind keine getrennten Welten, sondern verschiedene Sicht- und Erfahrungsweisen des Lebens, das uns geschenkt ist, das wir sowohl tatkräftig gestalten als auch schmerzlich erleiden.

Da es den Rahmen dieses Buches gesprengt hätte, alle „Zwischenrufe" zu veröffentlichen, habe ich Texte ausgewählt und unter thematischen Aspekten zusammengestellt, die die Vielfalt der christlichen, jüdischen und muslimischen Stimmen hörbar machen. Wenn der eine oder die andere Autorin enttäuscht ist, in der vorliegenden Sammlung nicht vorzukommen, so bitte ich um Verständnis.

Wer aufmerksam liest, wird merken, dass es zweimal Texte mit derselben Datierung gibt (13.11.2004 von O. Herlyn und F. Sobiech/H.-J. Bittern und 06.09.2008 von C. Eglinski-Horst und A. Wessel). Ich habe dies in den mir zur Verfügung gestellten Dateien so gefunden und konnte es wegen der Corona-Krise im Archiv nicht mehr überprüfen.

Ein großer Dank gilt Dr. Anja Nicole Stuckenberger für die Unterstützung und die anregenden Hinweise; dem Vorstand der Evangelischen Stadtakademie Bochum für die Aufnahme in die Reihe „Evangelische Perspektiven" sowie Superintendent Dr. Gerald Hagmann für den ermutigenden Zuspruch. Ebenso danke ich Frau Ayla Wessel für die Vermittlung der Kontakte zu den muslimischen Autoren und vielen anderen für die Hilfe beim Ausfindigmachen einiger Autoren. Elisabeth Posner, Gertrud Wegner und Christine Zehnter danke ich herzlich für das Korrekturlesen.

Ich wünsche Ihnen viel Freude beim Lesen und offene Sinne für das Gewahrwerden des göttlichen Geheimnisses unseres Lebens.

Werner Posner
Bochum, in der Osterzeit 2020

# Die Schöpfung wahrnehmen

Der Wind läuft über die Erde, der Mond schwimmt dahin,
das Sonnenlicht stürzt verschiedenartig durch die Wolken,
die Schilfwälder rauschen,
das finde ich alles so wundersam
und beachtenswert.

*Manfred Hausmann*

Es ist gut, dass heute vielfältige gesellschaftliche Initiativen
sich auch ohne ausdrücklichen Bezug zu den jüdisch-christlichen
Traditionen für die Bewahrung der natürlichen Lebensgrundlagen
der Geschöpfe … einsetzen. Gott wird es wertschätzen.
Die Bewahrung seiner Schöpfung ist sein Herzensanliegen.
Wer seine Sorge mitträgt, lebt in seiner Nähe.

*Paul Deselaers / Dorothea Sattler*

Jürgen Thomas
Zwischenruf am 14.09.2013

# Das Universum und Gott

Nicht dass ich ein Astronom wäre oder auch nur ein intensiver Kenner des Universums, aber ich bin interessiert an schwarzen Löchern, Spiralgalaxien, dem Sonnensystem, der Größe und dem Alter des Universums und diesen Dingen.

Es ist natürlich vieles erstaunlich, unter anderem aber, dass vor allem die Sterne außen an den Spiralgalaxien sich nicht so bewegen, wie von uns berechnet. Es fehlt in unserer Kalkulation ein bestimmter Faktor. Fügten wir allerdings dem Kosmos 80 bis 90% mehr Masse hinzu, dann ginge die Rechnung auf. Dann könnte man die „falschen" Bewegungen der Sterne erklären.

Wie bitte? 80 bis 90% der Masse, die unserer Beobachtung entgeht? Mit noch so abgefahrenen Instrumenten sehen wir – nichts! Diese 80 bis 90% Masse heißt „dunkle Materie". Dass es sie gibt, gilt als erwiesen. Woraus sie besteht, wissen wir nicht.

Was wissen wir überhaupt? Viele behaupten, es gibt Gott, andere bestreiten das. Ich plädiere dafür, wie in der Astronomie die eigenen Grenzen zu sehen und nicht zu sagen, es ist so oder so. Immerhin „bewegen" sich Menschen, die als Christen leben, oft nicht vorhersehbar. Sie folgen nicht den „Naturgesetzen" und behaupten, sie tun, was Gott und sein Geist ihnen sagt.

Weiß man's? Es wäre, glaube ich, anmaßend zu sagen, dass sie Unrecht haben. Wie, wenn Gott unserer Beobachtung einfach entgeht wie 80 bis 90% der Masse des Universums und sich irgendwann erweist, dass er tatsächlich alles steuert und alles auf ihn zuläuft?

Michael Rosenkranz
Zwischenruf am 20.10.2001

# Wasser ist das große Geschenk zum Leben

„Gießet Wasser vor mir aus, damit ihr mit Wasser gesegnet werdet" (bTalmud, Rosh haSchanah, Traktat 16a).

So sehr ein verregneter Sommer die Ernte gefährden kann, so sehr bringt ein regenloser Winter den Ertrag des kommenden Jahres in Gefahr. Wenn es aber im Winter ausreichend Niederschläge gegeben hat und die Wasserspeicher gut gefüllt wurden, dann darf der Sommer warm und trocken sein, auf dass die Früchte gut reifen und wir mit Freude die Ernte einbringen. Diese Vorgänge sind sehr sensibel und nicht selbstverständlich.

Wir Städter hier haben uns abgewöhnt, uns Gedanken zu machen, woher unsere Getränke und unsere Nahrung kommen. Der Überfluss scheint uns normal. Wasser kommt unbegrenzt aus dem Wasserhahn. Für viele ist es unvorstellbar geworden, einfach Wasser zu trinken. Es erscheint uns zu gewöhnlich und billig.

Im Urlaub fahren wir in den warmen Süden. Dort soll die Sonne scheinen, es soll nicht regnen. Am Hotel aber soll ein Swimmingpool sein. Es interessiert uns nicht, dass außerhalb der Hotelzone durch die sengende Sonne die Wiesen schon längst verdorrt sind, das Wasser so knapp geworden ist, dass es zum Waschen schon nicht mehr zur Verfügung steht und zum Trinken für teures Geld becherweise gekauft werden muss; dass durch Absenkung des Grundwasserspiegels immer größere Gebiete vertrocknen, große Seen versanden und versalzen und die Dürre den Menschen die Lebensgrundlage raubt.

Wo aber Wasser entbehrt wird, wochen- und monatelang, da sehnt man sich nach dem Regen, weiß die Wohltat und die lebensspendende Wirkung des Regens zu schätzen, versteht das vom Himmel kommende Wasser als großes Heilsgeschenk.

Zur Zeit, als in Jerusalem der Tempel noch stand, beging man am Übergang der regenarmen zur hoffentlich regenreichen Jahreshälfte im Rahmen des Laubhüttenfestes die Feier des Wassergießens. Von der Schiloach-Quelle wurde Wasser zum Tempel hochgetragen und als Wasserguss-Opfer auf den Altar gegossen. Der Anblick dieses Wassergießens löste bei den von der sommerlichen Trockenheit ermatteten Menschen unbeschreibliche Freude aus. Sie jubelten, sangen und tanzten. Lassen Sie uns diese Freude nachempfinden, die Köstlichkeit des Wassers neu spüren und gemeinsam für alle Menschen um Regen bitten, denn: „Wenn die ganze Erde mit Wasser gesegnet ist, sind alle Bewohner der Erde in diesem Segen mit eingeschlossen" (Eliahu Kitov, 1968).

Michael Rosenkranz
Zwischenruf am 07.02.2004

# Das Fest der Bäume

In diesen Tagen stehen die Bäume kahl da, recken ihre nackten Zweige in den grauen Himmel. Die Straßen sind sauber gefegt. Nur hin und wieder sieht man noch einzelne braune, welke Blätter, die am Ende des Herbstes dem Besen entgangen sind. „Die Bäume machen viel Dreck!" hört man oft klagen. Das ist eigentlich nicht die Absicht der Bäume. Sie lassen ihr Laub fallen, damit es auf die Erde fällt und dort zu neuer Erde wird. Wir aber bauen Straßen und Parkplätze unter den Bäumen, auf denen das Laub nur stört. Auch auf unserem Rasen stört es. Und zwischen den Stiefmütterchen. Ja, wäre es denn dann nicht eine gute Idee, blattlose Bäume zu züchten? Oder einfach die Bäume alle umzuhauen, damit sie beim Einparken nicht mehr hinderlich sind? Man könnte ja Baumreservate anlegen, – umgeben von hohen Zäunen gegen Laubverwehungen –, die man mit Schulklassen besuchen könnte, um den Kindern zu zeigen, wie Bäume aussehen.

Aber, die Verbannung der Bäume würde uns wahrscheinlich nicht glücklicher machen. „Weh euch, die ihr Haus an Haus reiht…, bis kein Platz mehr da ist, und ihr allein im Land ansässig seid!" (Jesaja 5,8). So lautet die Warnung, in unserem Egoismus alles unserer Bequemlichkeit und Gier zu unterwerfen. Wie leicht vergessen wir, wie wichtig die Bäume für unser Leben sind. Sie erfreuen uns mit ihren Blüten, mit dem Grün ihrer Blätter, mit dem Wohlgeschmack ihrer Früchte. Sie geben uns Schatten, reinigen unsere Luft, halten die Erde auf dem steinigen Grund. Ihr Holz gibt uns Wärme und Wohnlichkeit. War es nicht einst üblich, auf dem Grab eines teuren Verstorbenen einen Baum zu pflanzen, um das Fortbestehen des Lebens sinnfällig zu machen?

Bäume zu pflanzen und ihnen Lebensraum zu geben bedeutet, die Grundlage des Lebens auf dieser Erde zu erhalten. Lasst uns die wunderbare Welt, die wir erhalten haben, um in ihr zu leben, bewahren. Lasst uns Bäume pflanzen und pflegen in unseren Wohnorten, auf dass wir ihr Blühen, ihr Grünen, ihr Fruchten in unserer Nähe erleben.

Und lasst uns ihr Laub als kostbar ansehen, denn Erde kann daraus werden! Heute feiert die jüdische Gemeinde das Fest der Bäume, Tu-bi-Schwat, an dem Bäume gepflanzt werden.

Karl-Heinz Gehrt
Zwischenruf am 28.02.2004

# Ob der noch mal kommt?

Manch einer schaute vor ein paar Wochen bedenklich auf die Kugel-akazie auf dem Kirchhof. Sie war nicht schön und rund gewachsen, die Äste standen mehr wie ein Reisigbesen zum Himmel. Der Baum musste zurückgeschnitten werden. Aber gleich so viel? Nicht viel mehr als ein toter Stiel blieb übrig. Ob der wiederkommt und ausschlägt? Ich kenne Menschen, die kommen sich vor wie dieser Baum – zurückgestutzt, tiefe Einschnitte, Äste und Krone verloren. Durch eine schwere Krankheit oder einen schmerzvollen Verlust. Ob es überhaupt weitergeht? Ob ich je wieder lachen kann und so etwas wie Lebensmut und Freude empfinde? Ich denke auch an manche Gemeinde. Gewiss, es gibt Highlights, überraschend gut besuchte Gottesdienste, schöne Feste mit Senioren und Jugendlichen. Aber oft bleiben viele Plätze leer. So gleicht manche Gemeinde manchmal einem stark beschnittenen Baum. Ob da überhaupt noch Leben drinsteckt? Was im Innersten eines Baumes oder im Herzen von Menschen ist, bleibt meist verborgen.

Ein anderes aber ist mir gewiss: Gott will neues Leben schaffen. Er hat's versprochen: „Ich will Wasser gießen auf das Durstige und Ströme auf das Dürre; ich will meinen Geist auf deine Kinder gießen und meinen Segen auf deine Nachkommen" (Jesaja 44,3). Zum Beispiel: da bleibt einer nicht stehen bei entmutigenden Erfahrungen. „Ich will mich nicht mehr dauernd in meinen negativen Meinungen bestätigen. Ich will offen sein, das Gute in den Menschen neu zu entdecken", so sagte kürzlich ein Gemeindeglied. Das macht mir Mut. Da ist Offenheit, und Neues hat eine Chance. Oder wenn in einer schweren Krise erstarrte Lebenshaltungen aufbrechen. „Was sind meine Quellen, was ist der tragende Grund meines Lebens? Woraufhin lebe ich überhaupt?" – Fragen, die sich die junge Frau vorher nie stellte. Erst in der Krankheit kamen sie auf, hatten Zeit und Raum.

Übrigens die Kugelakazie auf dem Kirchhof – seit einer Woche treibt sie aus: junge Triebe, grüne Blätter.

Michael Rosenkranz
Zwischenruf am 08.01.2005

# Ende allen Fisches?

Am 22.12.2004 legten die Fischerei-Minister Europas die neuen Fang-quoten für 2005 fest. Vorgeschlagene Einschränkungen zur Rettung vom Aussterben bedrohter Fischarten, wie Dorsch oder Kabeljau, wurden nicht akzeptiert. Die maßlose Ausbeutung der Meere wird also fortgesetzt, viel-leicht sogar so lange, bis alles zwangsläufig dann ein Ende finden wird. Alles, auch unser Wohlstand und unser Wohlergehen.

Wir wissen, dass der Mensch, durch ungebremste Gier und Unersätt-lichkeit, heute in der Lage ist, die Welt, unsere Lebensgrundlage, völlig auszuplündern bis zu einem Ausmaß, dass alles unwiderruflich sein wird. Doch wissen wir auch, dass nicht die Erfüllung all unserer Wünsche und Bedürfnisse uns glücklich und zufrieden macht. Denn, wenn ein Wunsch erfüllt ist, folgt dann nicht auch schon der nächste? Und, wenn es mehr zu bekommen gibt, werden wir dann nicht weiterhin zugreifen? Was also könnte uns bremsen, bevor es zu spät ist? Der Buddhismus lehrt den Men-schen, dass die völlige Zufriedenheit nur durch die Überwindung der Be-gierde zu erreichen ist; durch freiwilligen Verzicht darauf, alles haben zu wollen; durch selbst verfügte Beschränkung auf ein Maß, das uns, aber auch allen anderen Lebewesen auf dieser Welt das Leben ermöglicht. In der Freiwilligkeit besteht zugleich unsere Freiheit, die wiederum uns zu-frieden macht. Ist diese Erkenntnis uns fremd? Nein, denn auch unsere Bibel sagt uns „Alles Gebot, das Ich (der Ewige) dir heute gebiete, – ihr sollt es sorgfältig ausüben, aufdass ihr lebt ... und dahin kommt, das Land in Besitz zu nehmen, das der Ewige euern Vätern zugeschworen hat ... in dem es dir an nichts fehlt ... Du wirst essen, du wirst satt werden und du wirst den Ewigen ... preisen." (Thorah, V. B.M. 8,1 u. 9-10). Welches sind denn die Gebote, die wir dafür erfüllen müssen? „Liebe deinen Nächsten wie dich selbst." (III. B.M. 19,18); „Beute deinen Nächsten nicht aus und bring ihn nicht um das Seine." (III. B.M. 19,13); „...– auch sollt ihr den Fremden lieben, denn Fremde seid ihr gewesen im Lande Ägypten." (V. B.M. 10,19). Wenn wir also fürsorglich geteilt haben, dass es für alle zum Leben reicht, dann werden wir in den Zustand der Zufriedenheit kommen. Es wird uns an nichts mangeln, wir werden satt sein und wir werden dankbar sein. Nicht jedoch, wenn wir unser eigenes Begehren nicht beschränken.

Karl-Heinz Gehrt
Zwischenruf am 14.06.2008

# Wie Vögel unter dem Himmel

Ich glaube, wir müssen nicht weit weg fahren, um einen neuen Blick auf unser Leben zu gewinnen. Wir brauchen keine Kreuzfahrt über ein fernes Meer oder ein rundum Sorglospaket für den Wellnessurlaub, um unseren Stress loszuwerden. Das einschneidende Erlebnis mag uns im Park um die Ecke oder auf dem Balkon ereilen. Es gibt so Momente, da zieht mich eine gerade aufgehende Rose in ihren Bann. Welch eine wunderbare Schönheit, die gerade in voller Pracht aufblüht. Einfach herrlich. Oder ein Vogel, der emsig hin und her fliegt, immer neu mir Würmern im Schnabel. Kurz verstummt das Gezwitscher im Nest, bis das Schreien der Jungen wieder neu losgeht. Oder abends, wenn der Lärm der Straße nachlässt und die Amsel ihr Lied anstimmt und so schön singt, dass ich eine ganze Weile zuhören muss. Warum mich das berührt? Ich merke in solchen Augenblicken: das Leben ist ein Geschenk. Ich kann es nicht selber machen und ich habe es nicht in der Hand. Termine, Pflichten, Aufgaben und Sorgen bestimmen einen ganzen Teil des Alltags. Aber das ist nur ein Teil; im Grunde ist das Leben eine Gabe. Wir können uns das Leben nicht leisten, es bleibt ein unverdientes Geschenk. Gerade machen uns immens steigende Energiepreise Angst. Kleiner werdende Renten lassen die Zukunft düster erscheinen. Die Angst vor neuer Armut geht nach manchen Berichten nicht nur unter Rentnern, kinderreichen Familien und Alleinerziehenden um, sondern auch im bisher so abgesicherten Mittelstand. Manche Abzocke, manche ungerechte Verteilung ärgern mich und machen mich so wütend wie andere. Es ist an der Zeit, die Stimme für die wirklich Benachteiligten zu erheben, anstatt nur dann zu klagen, wenn es an den eigenen Geldbeutel geht. Der Mut und die Ausdauer dazu kommen nicht aus Angst und Sorge, sondern aus dem Vertrauen, dass ein Anderer für uns sorgt. „Sehet die Vögel unter dem Himmel, sie säen nicht, sie ernten nicht, sie sammeln nicht in die Scheunen. Und euer himmlischer Vater nährt sie doch. Seid ihr denn nicht viel mehr als sie?" (Jesus im Matthäusevangelium, Kap. 6, 24 ff). Ich wünsche Ihnen solches Vertrauen und einen neuen Blick auf Ihr Leben.

Michael Rosenkranz
Zwischenruf am 10.03.2001

# Fleisch als Nahrung für den Menschen

Seit Jahren löst sich eine Schreckensmeldung über speiseuntaugliches Fleisch mit der nächsten ab. Alle Tiere, deren Fleisch uns zur Nahrung dient, waren in der jüngsten Vergangenheit bereits Gegenstand von Schlagzeilen, sodass vielen Menschen inzwischen der Appetit auf Fleisch vergangen ist, und sie sich fragen, was man denn überhaupt noch essen kann.

In der Thorah, das sind die fünf Bücher Moses der Heiligen Schrift, lesen wir, dass bis Noach Gott dem Menschen nur die Pflanzen als Nahrung gegeben hatte. Erst nach der Sintflut gestattete er ihm auch das Fleisch von Tieren als Speise. Aber wenn es uns auch schwerfällt, uns nur von Pflanzen zu ernähren, und wir schon zur Ergänzung unserer Nahrung Tiere um ihr Leben bringen müssen, so dürfen wir dies dennoch nicht leichtfertig tun.

Die Thorah schreibt uns deshalb vor, ein Tier nur am Eingang des Stiftszelts, das heißt des Heiligtums, zu schlachten und sein Blut und das Fett als Opfer darzubringen. In der wörtlichen Form war diese Vorschrift sicherlich nur während der Wüstenwanderung der Israeliten erfüllbar gewesen. Der Sinn der Aussage ist allerdings zeitlos gültig und gerade heute aktuell. Das Tier ist dem menschlichen Willen unterworfen, er kann sich des Tieres bedienen. Das bedeutet aber auch, dass das Tier ihm anbefohlen ist, er für das Tier auch Verantwortung trägt.

Wie alle anderen von Gott erschaffenen Lebewesen hat auch das Tier ein Recht zu leben, hat seinen berechtigten Platz in der Lebensgemeinschaft der Erde. Wenn es schon dem Menschen als Nahrung dienen muss, so ist dies gleichsam ein Opfer des Tieres an die Bedürfnisse des Menschen, das der Mensch nur mit Demut und in Dankbarkeit annehmen sollte. Wenn wir das Tier mit der inneren Haltung schlachten, als ob wir es vor das Heiligtum gebracht hätten, um mit seinem Blut uns zu entsühnen, dann bezeugt dies Achtung vor dem Opfer des Tieres und wir machen uns nicht des ungerechtfertigten Blutvergießens schuldig.

Wir wissen, dass alle Fleischskandale der letzten Jahre entweder Folge von Umweltverseuchung durch uns waren oder Folge übermäßiger

Profitgier, wodurch das Tier zur reinen Gewinnquelle herabgewürdigt wurde. Wenn wir uns aber verdeutlichen, dass Tiere in erster Linie ein Recht haben, ihr Leben in artgerechter Weise zu leben und nur uns zur Hilfe ihr Leben hingeben, dann werden wir nicht nur die Tiere in würdiger Weise leben lassen, sondern sie auch nur in verantwortungsbewusstem Maß töten, um von ihnen zu leben.

Dirk Reschke
Zwischenruf am 10.08.2002

# Jeder Mensch ist ein Designerstück

Ein großes Möbelhaus in der Innenstadt wirbt mit einem Plakat in seinen Schaufenstern. „Designerstück" steht dort in großen Lettern zu lesen. Neben dem Wort lacht mir das überlebensgroße Portrait einer glücklichen Frau entgegen.

„Ja, die haben eigentlich recht", denke ich so im Vorbeigehen, „wir Menschen sind tatsächlich Designerstücke. Entworfen von Gott."

Die Bibel erzählt uns im Beginn: Gott schuf also den Menschen als sein Abbild (1. Mose 1,26). Gott hat eine jede einzelne Frau und einen jeden einzelnen Mann in ihrer gesamten Individualität gedacht und mit Leben gefüllt.

Designerstücke gibt es unzählige. Alles verkauft sich besser, wenn ein bekannter Name drauf steht. „In" ist, wer Marke hat und zeigt. Ich denke mitunter, wir leben die Inflation des Besonderen.

Dagegen steht, was in seiner Wertbeständigkeit von Hause aus unerschütterlich ist: Wir – die Menschen! Menschen sind nicht nur limitierte Auflage – jede und jeder ist einzigartig, Einzelstück auch ohne Zertifikat, wirklich unbezahlbarer Schatz. Und damit ist keineswegs eine bestimmte Sorte von Mensch gemeint. Die Nobelstücke aus der göttlichen Designerschmiede sind nicht etwa nur die außerordentlich Reichen, die Schönen und Klugen. Unschätzbarer Wert beschränkt sich auch nicht auf die besonders Frommen oder auf Menschen einer speziellen nationalen Herkunft. „Die Würde des Menschen ist unantastbar" so wurde es einst formuliert und im Grundgesetz verankert. Da haben wir Gott verstanden.

Michael Rosenkranz
Zwischenruf am 20.02.2010

# Herrscher der Welt

An der Mauer der Bahntrasse war es in großen Buchstaben zu lesen:
„Am Anfang waren Himmel und Erde. Den ganzen Rest haben wir gemacht." Unterschrift: Das Handwerk. Es handelte sich um ein Plakat im
Rahmen einer Werbeserie. Aussagen auf Plakaten sind oft überspitzt,
wollen den Blick auf sich ziehen, im Leser etwas bewirken. Und das tat es
wirklich. Homo faber, – der Mensch, ein Handwerker (frei nach Max
Frisch). Nach dem Schöpfungsbericht in der Bibel wurde der Mensch als
letztes aller Geschöpfe erschaffen, – ein Geschöpf wie die anderen, und
doch als einziges nach dem Ebenbild des Schöpfers gebildet, mit Eigen-
schaften des Schöpfers ausgestattet. Und er wurde eingesetzt als Beherr-
scher und damit auch als Mitgestalter dieser Schöpfung, die ihm anvertraut
wurde. Doch, so vollkommen und schön sie war, so war sie für den Menschen doch nicht wirtlich. Er fand in ihr alles, was er zum Leben brauchte,
aber nicht die Behaglichkeit, die er sich wünschte. Und hierfür musste er
erfinderisch tätig werden, sich in der Schöpfung und aus ihr sein Heim
bauen, in dem er angenehm zu leben vermochte. Dies tat er und baute sich
eine menschengerechte Welt, gestaltet nach seinen Wünschen. Nicht weniger, aber auch nicht mehr. Nun neigt der Mensch dazu, sein von ihm ge-
bautes Heim für die ganze Welt zu halten. Indem er lernte, die Naturgesetze
zu verstehen und sie für seine Interessen einzusetzen, neigt er dazu zu
denken, er könne alles nach seinem Willen bewerkstelligen und weder
danken noch Rechenschaft ablegen zu müssen. Er neigt dazu, den Boden,
auf dem er steht, zu vergessen, der ihm das Material für sein Schaffen
liefert und die Gesetze vorgibt, nach denen er sich richten muss. Er neigt
dazu zu vergessen, dass auch er selbst erschaffen wurde, wie alles um ihn
herum, und den gleichen Gesetzen folgen muss. Ein Herrscher ist schlecht,
wenn er seine Machtfülle nur dazu benützt, seinen persönlichen Interessen
zu folgen und das ihm Anvertraute dafür auszubeuten, in der Meinung,
alles zu dürfen, alles zu können, ungestraft zu bleiben. Ein guter Herrscher
bewahrt das ihm Anvertraute in Demut und Dankbarkeit für das erhaltene
Vertrauen. Er müht sich um Gedeihen, Entfaltung und Fortentwicklung
des ihm Anvertrauten und wird damit zum Freund, zum Interessenverwalter
und Partner dessen, von dem er es erhalten hat.

Maria Petermeier
Zwischenruf am 03.07.2004

# Lächeln Gottes: Musik

Heute leben wir in einem umfangreichen Netz von Signalen und Informationen. Wir nehmen sie wahr, bewusst oder unbewusst. Mit unseren Sinnesorganen fangen wir sie auf als Eindrücke von außen, die uns berühren, beunruhigen oder besänftigen. Noch vor den Worten liegt aber ein anderer Bereich. Die Natur selbst scheint zu uns zu sprechen. Oftmals erfahren wir das Rauschen der Blätter im Wind, das Plätschern der Wellen am Strand oder das Ächzen der Stämme im Sturm ebenso wie das Summen und Zirpen der Insekten oder den Gesang der Vögel wie Musik.

Vom heiligen Franziskus[1] berichtet die Legende, dass er aus Begeisterung über die Natur und Gottes Schöpfung auf zwei Holzscheiten spielte wie auf einer Violine. Mir fällt das schöne Wort, das Johann Sebastian Bach zugeschrieben wird, ein: „Musik ist wie das Lächeln Gottes über seiner Schöpfung."

Ein Vorrecht des Menschen ist es, Musik mit seiner Stimme zu erzeugen oder auf seinen Instrumenten erklingen zu lassen. Sicherlich hat jeder schon einmal Wirkungen, die von Klängen ausgehen, bewusst wahrgenommen. Als eine ganz eigene Sprache der menschlichen Seele gewinnt sie Ausdruck, mal rhythmisch oder melodisch, mal disharmonisch oder harmonisch.

Auch die Bibel besingt an vielen Stellen, insbesondere in den Psalmen, das Lob des Schöpfers in seinen Geschöpfen. Sie berichtet vom Wohlklang der Harfen und Zithern, gespielt für den Herrn.

In diesen Tagen feiert der Chor der Propsteikirche St. Peter und Paul sein 125-jähriges Bestehen. Er steht damit in der jahrhundertealten Traditionskette der Pflege der Kirchenmusik in Bochum. Wie gut, dass es immer wieder musikbegeisterte Menschen gibt, die uns helfen, mit allen Sinnen Gottesdienst zu feiern und die Musik zum Lobe Gottes erklingen zu lassen. So wird die Musik zur Schöpfungsgabe und zum Geschenk Gottes an uns Menschen.

---

[1] Anm. des Herausgebers: Franz von Assisi (geb. 1181 oder 1182; gest. 1226) war der Begründer des Ordens der Minderbrüder (Franziskaner). https://de.wikipedia.org/wiki/Franz_von_Assisi

# Religiöse Feste verstehen und begehen

Am Fronleichnamstage geht Gott über Land mit Prunk und Glanz, und darum schmückt sich der Dorfplatz schon den Abend zuvor mit grünem Laub, mit Birkenstämmchen und jungen Lärchen und Blumen, so viele die Gärten spenden können.

*Karl-Heinrich Waggerl*

Gottesdienst bedeutet Darstellung menschlichen Transzendierens von Alltagswirklichkeit. … Wir können auch sagen, Liturgie stelle mit irdischen Mitteln das auf die überirdische Realität bezogene Credo dar, das „Ewige im Heute".

*Dietrich Stollberg*

Andrew Steiman
Zwischenruf am 12.02.2000

# Heldentum nicht nur Männersache

„Unser Kopf ist rund, damit das Denken auch mal die Richtung ändern kann" (Piscator[1]).

Jüdische Feste haben ihre christlichen Entsprechungen. Genauso gilt umgekehrt: Christliche Feste haben ihre jüdischen Entsprechungen. So wird auch Purim oft umschrieben als „jüdischer Karneval". Dabei ist auch Karneval eigentlich „christlicher Purim". Beides wird zur selben Jahreszeit in ausgelassener Stimmung gefeiert. Nach dem Winter haben wir wohl alle mehr oder weniger das Bedürfnis, unsere Freude darüber zum Ausdruck zu bringen, es wieder einmal durch die Kälte geschafft zu haben. Den Winter besiegt zu haben, ist für sich genommen aber keine besondere Heldentat.

Da trifft es sich gut, dass zu Purim das Buch Esther aus der Bibel gelesen wird, denn Esther, das Waisenkind, wächst über sich hinaus und wird nicht bloß Königin, sondern ein Held – pardon: eine Heldin, geradezu ein Vorbild an Wagemut, Kühnheit und Ehre. In einer schier ausweglosen Lage rettet sie sich selbst und zahllose andere. Sie zeigt, dass in jedem von uns ein(e) Held(in) steckt und ermuntert dazu, die eigenen Stärken zu erkennen, die wir zweifellos alle haben, und im richtigen Moment auch anzuwenden.

Gerade in einer Zeit, in der es heißt: „Neue Männer braucht das Land" und „neue Vorbilder", könnte unser Denken eine Richtungsänderung vertragen. Wir können alle sehen, dass die Ehre einiger selbsternannter Vorbilder (oder was sie dafür halten) nichts Heldenhaftes darstellt. Viel ehrlicher und heldenhafter wäre da ein Umdenken. Schließlich muss niemand ein Held sein. Aber jede(r) kann.

Schalom und Helau!

---

[1] Anm. des Herausgebers: Erwin Friedrich Max Piscator (geb. 1893; gest. 1966) war ein deutscher Theaterintendant, Regisseur und Theaterpädagoge. https://de.wikipedia.org/wiki/Erwin_Piscator

Dirk Reschke
Zwischenruf am 24.03.2001

# In einen neuen Anfang verwandeln

Auch wenn es noch gar nicht solange her ist, dass unsere Stadt weiß von Schnee war und auch wenn es in diesen Tagen oft ungemütlich nasskalt ist, können wir es dennoch überall spüren: der Frühling ist nicht mehr fern. Er kündigt sich überall mit den ersten mutigen Krokussen und Osterglocken an, die sich kraftvoll durch den Boden der Sonne entgegenstrecken. Und wenn ich mit dem Auto unterwegs bin, fällt mir auf, dass die Sträucher am Straßenrand schon langsam mit einem zartgrünen Pastell überzogen werden.

Christinnen und Christen begehen in diesen Tagen und Wochen die Passionszeit. Gemeint ist damit der Zeitraum vor Ostern, in dem in den Kirchen dem Leidensweg Jesu bis hin zu seinem Tod am Kreuz gedacht wird. Nicht wenige unter uns verbinden diese Zeit der Besinnung mit einem persönlichen Fasten.

Mir persönlich wird deutlich, wenn ich das erblühende Leben des Frühlings um mich herum betrachte, dass immer etwas sterben muss, damit neues Leben zur Blüte reifen kann. Das Samenkorn, das in die Erde fällt und stirbt, damit sich der blassgrüne Halm des Keimlings entfaltet. Gott verwandelt leidvolles Ende in einen neuen Anfang. Dabei geht es keineswegs um ein Leiden um jeden Preis. Vielmehr geht es um die Botschaft, dass an dem, was wir Menschen als Endpunkt erfahren und erleben, Gottes Möglichkeiten noch lange nicht ausgereizt sind. Er lässt darüber hinaus neues Leben aufbrechen. Und er lädt uns ein, mit ihm gemeinsam den Aufbruch zu wagen.

Bernd Reitmeyer
Zwischenruf am 02.03.2002

# Fastenzeit als Zeit der Sammlung

Früher trugen sie zu Beginn dieser Zeit vor Ostern ein Aschenkreuz auf der Stirn, Zeichen dafür, dass jetzt etwas anderes dran ist im Fluss des Jahres: nach dem Feiern jetzt das Fasten.

Solche Rhythmuswechsel braucht man, aber der Reichtum, in dem wir leben, scheint sie überflüssig zu machen. Heute können wir immer alles zu jeder Jahreszeit haben. Längst lassen wir uns unsere Lebenszeit nicht mehr einteilen in die von Natur, Religion und Riten geprägten Abschnitte: Ostern, die Hoch-Zeit der Freude, Pfingsten, das Fest eines mystischen Ereignisses, Sommer und Herbst als Überquellen der Natur, der Winter mit der Adventszeit als verheißungsvolle Erwartung und schließlich Weihnachten, das eine neue Botschaft und Hoffnung verkündet.

All das nehmen wir kaum noch wahr. Zu Weihnachten werden zum Beispiel, wenn wir nicht schon nach Mallorca in die Sonne geflogen sind, Erdbeeren serviert. Die Fastenzeit zwischen Aschermittwoch und Ostern nutzt man nicht mehr zur Einkehr, um – im wahrsten Sinne des Wortes – über Gott und die Welt nachzudenken, sondern zum Abnehmen wegen des Bauchspecks und des Bikinis.

Dabei könnte gerade diese Zeit eine Chance sein, nicht einfach nur griesgrämig-graue Zeit, sondern eher wie die Wochen vor dem Geburtstag, wo man nachdenkt, was das Jahr gebracht hat und wie das nächste werden könnte.

Fastenzeit als Zeit der Reinigung, der Sammlung des Geistes und der Seele – da könnte auch neu der Mut zum Leben entstehen, der aus der Osterbotschaft wächst: „Christus ist auferstanden."

Andrew Steiman
Zwischenruf am 15.04.2000

# Freiheit ist auch die Freiheit des anderen

„Freiheit ist auch die Freiheit des anderen." – Wer hätte gedacht, dass dieser bekannte Spruch von einer Revoluzzerin religiösen Ursprungs sein könnte?[1]

Jedenfalls gibt es zu Pessach, dem Fest zur Erinnerung an den Auszug der Kinder Israel aus Ägypten hierzu ein interessantes Ritual: aus einem Becher Wein – Symbol der Freude und Freiheit – werden vor dem Trinken zehn Tropfen mit dem kleinen Finger entfernt. Warum diese Merkwürdigkeit? Der kleine Finger symbolisiert hier die Macht Gottes, der die zehn biblischen Plagen über Pharao kommen ließ. Um wieviel mehr wäre diese Strafe bei einer vollen Hand Gottes gewesen? Unter diesem Fingerzeig Gottes musste ganz Ägypten leiden, bis Pharao die Sklaven ziehen ließ. Nun feiern wir Juden als die Nachkommen dieser Sklaven jedes Jahr daher Pessach auch als Fest der Freiheit. Die Freiheit ist ein kostbares Gut, aber unsere Freude darüber, dass es endlich ins gelobte Land aufging, darf nicht ausufern – wie etwa unsere wöchentliche Freude über den Schabbat: da lassen wir den Weinkelch ruhig überlaufen. Also nehmen wir zu Pessach erst zehn Tropfen Wein aus dem Kelch heraus zur Erinnerung an zweierlei: was Gott für unsere Vorfahren und uns tat, und dass unsere Freude über die eigene Freiheit nicht überlaufen darf. Um eben jene symbolischen zehn Tropfen wird die Freude bewusst getrübt. Des einen Freud' kann des anderen Leid sein. Insofern sollte die eigene Freiheit und Freude stets im Licht des Mitmenschen gemessen werden – auch und gerade, wenn der andere, wie einst Pharao, hartherzig ist.

Das richtige Verhältnis dabei zu finden, ist gewiss nicht leicht. Nächstenliebe erweist sich eben da, wo sie schwierig ist.

---

[1] Anm. des Herausgebers: Das Zitat stammt von Rosa Luxemburg (geb. 1871; gest. 1919) und lautet wörtlich: „Freiheit ist auch die Freiheit des Andersdenkenden." https://de.wikipedia.org/wiki/Rosa_Luxemburg

Michael Rosenkranz
Zwischenruf am 23.03.2002

# Vom Tod zum Leben

„Sieben Tage sollt ihr ungesäuerte Brote essen; jedoch am ersten Tag müsst ihr schon den Sauerteig aus euern Häusern weggeschafft haben." (Thorah, II. BM. 12, 15) In der Vollmondnacht des Frühlings führte Gott das Volk Israel aus der Sklaverei in die Freiheit. Die Sklaverei war ein Zustand der Unselbständigkeit, der Fremdbestimmtheit, der Dienstbarkeit, die der persönlichen Entwicklung keinen Spielraum gab, die das Finden und Gehen des eigenen Weges unmöglich machte, die den Tod unweigerlich zur Folge hatte. Wie der vor langer Zeit angesetzte Sauerteig, der seither von einem Teig zum anderen herüber genommen wird und jeden neuen Teig sogleich auch zu Sauerteig macht, so durchsetzen überkommene Lebensweisen, übernommene Ansichten und verstaubte Vorschriften, die bestimmen, wie es schon immer gemacht wurde, ebenfalls sogleich jeden versuchten Neubeginn und können ihn schon im Keim ersticken. Wenn man sein Leben damit zubringt, alle Vorschriften, die andere irgendwann ersonnen haben, genau zu befolgen ohne über ihre noch bestehende Gültigkeit nachzudenken, dann wird man sich am Lebensende bestürzt fragen, was denn das Besondere des eigenen Lebens gewesen war. Vielleicht hat man dann das Gefühl, gar nicht oder umsonst gelebt zu haben. Deswegen sind wir aufgerufen, diese Nacht jedes Jahr aufs Neue zu erleben, als seien wir selbst dabei gewesen, – eigentlich nicht nur jedes Jahr einmal, sondern alle Tage unseres Lebens. Uns führt Gott aus der Sklaverei, nicht nur unsere Vorfahren, – wir müssen nur zu folgen und zu gehen bereit sein. Zuvor jedoch ist es notwendig, allen Sauerteig aus unserem Haus zu entfernen. Alles Alte, Überkommene, das uns sinnlos, unzeitgemäß und lebensfeindlich einzwängt, unsere Lebenskraft vergeudet, auch unsere mechanisch gewordenen Gewohnheiten, unsere ungeprüften alten Anschauungen, unsere Zwänge müssen wir hinter uns lassen. Wir sollen uns bereit halten für das Neue, – „die Lenden gegürtet, die Schuhe an den Füßen und den Stock in der Hand", in Aufbruchstimmung, in wachem Zustand, offenen Herzens: Wenn wir das Wasser überwinden wollen, das das alte Ufer vom neuen trennt, dürfen wir nicht säumen, nicht zögern, nicht zaudern. Lasst uns beherzt den neuen Zustand, die Freiheit, das Leben erfassen. Dann hat der Teig nicht mehr Zeit zu säuern, wir essen ihn ungesäuert, frisch, ganz rein, wie wir selbst es geworden sind.

Werner Posner
Zwischenruf am 07.04.2012

# „Brückentag"

Karsamstag: der Tag zwischen Karfreitag und Ostern. Einerseits ist er ein normaler Samstag mit Besorgungen, Ausflügen und ähnlichem. Doch er kann mehr bedeuten: er ist nämlich ein „Brückentag". Ich meine damit Folgendes: Es ist etwas Schlimmes geschehen, eine böse Nachricht hat uns erreicht – und der Schrecken sitzt noch in den Gliedern. Einer ist tot – und du hast überlebt. Die Sonne ist auch heute wieder aufgegangen – aber nichts ist wie früher, und nichts ist gut. Karsamstage sind die Tage nach dem Trauma. Du weißt nicht, ob und wann es wieder anders, besser wird. Sind dies wirklich „Brückentage"? Übergänge? Zu was? –

In Seelsorgegesprächen begegne ich „Karsamstagsmenschen", höre ihren Schmerz, ihre Klage. Und hoffe – manchmal stellvertretend – auf den Beginn neuen Lebens, auf Befreiung vom Schmerz, von der Qual. Denn die Osterbotschaft von der Auferweckung Jesu sagt: Gottes Macht ist groß, und das Leben obsiegt – trotz allem. „Karsamstage" können daher „Brückentage" sein zu neuer Kraft und Zuversicht, wenn die Zeit dafür kommt. Dann lichtet sich das Dunkel. Dann wird der Stein von unserer Seele genommen. Dann stehen wir auf zu neuem Leben. Der Dichter Elazar Benyoëtz[1] sagt: „Am Anfang ist, wer am Ende steht."

Gesegnete Ostern!

---

[1] Anm. des Herausgebers: Elazar Benyoëtz (geb. 1937 als Paul Koppel) ist ein israelischer Aphoristiker und Lyriker. https://de.wikipedia.org/wiki/Elazar_Benyoëtz

Elke Dinkela
Zwischenruf am 22.04.2000

# Mit Herz suchen

Haben Sie schon alles für das Osterfest vorbereitet und die Nester für Kinder und Erwachsene fertiggestellt? In mir werden bei den Vorbereitungen immer Kindheitserinnerungen wach. Aufmerksam achtete ich als Kind darauf, ob ich nicht irgendwo einen Osterhasen sehe und beobachten könnte, wo er seine Ostereier versteckt. Aber auch später machte mir das Suchen der für mich bestimmten Ostereier viel Spaß. Etwas suchen und sicher sein, dass ich auch etwas finde, das verbinde ich mit Ostern.

So ist es auch mit der Jahreslosung. Gott spricht: Wenn ihr mich von ganzem Herzen suchen werdet, will ich mich von euch finden lassen.

Wie gut passt dieser Text auch zu Ostern. Da sind Frauen, die um Jesus trauern. Er ist tot; auf brutale Weise ermordet. Wie aktuell ist doch diese Geschichte. Auch heute werden auf vielen Kriegsschauplätzen der Welt Menschen einfach hingemetzelt.

Unerträglich und unmenschlich ist das. Die Frauen gehen heute wie damals voller Schmerz und Trauer zum Grab. Sie wollen dem Toten die letzte Ehre erweisen. Ihr Weg ist gefährlich, aber sie geben nicht auf. In hoffnungsloser Lage suchen sie Jesus, den Gequälten und elend Gestorbenen, auf den sie ihre ganze Hoffnung gesetzt hatten. Auf diesem Weg der Klage und Verzweiflung, der Schmerzen und tiefen Trauer finden sie einen neuen Weg. Ihnen fremde Boten bringen Licht in ihre Dunkelheit. Sie sagen: Sucht den Lebenden (das Leben) nicht bei den Toten. Der Tod hat also nicht das letzte Wort.

Mir tut diese Osterbotschaft gut. Sie erlaubt mir zunächst einmal, meine Verzweiflung, meine Klage, meinen Schmerz, meine Trauer zuzulassen. Sie ermutigt mich, an das Grab meiner Hoffnung zu gehen, genau hinzusehen und Abschied zu nehmen, so wie es für mich angemessen ist.

Die Osterbotschaft fordert mich heraus, Fragen zu stellen und nach Antworten zu suchen. In diesem Weg liegt die Verheißung. Hoffnung, Vertrauen, Liebe, Geborgenheit … bricht da wieder auf, wo wir es am wenigsten erwarten. Zart zunächst, vorsichtig grünend und blühend, dann immer stärker werdend und reifend. Das Leben hat gewonnen und breitet sich aus. Das ist Gottes österliche Zusage: Das Leben ist stärker als der Tod.

Konrad Uecker
Zwischenruf am 29.04.2000

# Feste feiern …

Jetzt am Wochenende wird schon wieder schwer gefeiert. Das Mai-
abendfest erreicht seinen Höhepunkt. Eben war Osten dran. Doch das
Osterfest liegt bereits hinter uns. Was ist davon geblieben? Erinnerungen
an schöne Tage vielleicht …

Jedenfalls, dies Fest war anders, denn es ist noch nicht vorbei. Das
Osterereignis ist zu erleben – ohne Ende. Vor fast 2000 Jahren ging's los.
Da, am ersten hellsten Ostertag inmitten globaler Todeserfahrungen, ist
Christus auferstanden. Gottes Sohn hat den weitestreichenden Sieg da-
vongetragen. Er hat den Tod überwunden. Dieser hat damit endgültig
ausgespielt. Deshalb feiert die Kirche Jesus.

Das ist Grund für Hoffnung. Feiern Sie mit, auch Sie dürfen sich
freuen. Die Schuld aus Ihrer Gott-Ferne ist gesühnt, damit ist auch Ihr
Todesproblem gelöst. Nun steht der Himmel offen. Wir sind frei geworden,
frei von aller Schuld, denn der Gottessohn hat sie getilgt. Das Auferste-
hungsfest ist so zu unserem geworden. So liegt sein Glanz auf jedem
neuen Tag.

Andreas Menzel
Zwischenruf am 12.04.2003

# „Wann ist eigentlich Ostern?"

Diese Frage kommt seit Wochen nahezu täglich aus dem Mund der vierjährigen Hanna. Mit lebhafter Phantasie fiebert unsere älteste Tochter diesem Fest entgegen und malt sich aus, wo der Osterhase zum Beispiel die Eier verstecken wird. Eine wichtige Frage, zumal es da keine Erfahrungswerte gibt – denn vor einem Jahr haben wir noch nicht in Bochum gewohnt.

„Wann ist eigentlich Ostern?" Was ist so faszinierend an diesem Fest, dass Vierjährige (und nicht nur die) so sehnsüchtig darauf warten? Vielleicht, dass es etwas Besonderes zu entdecken gibt. Dass jemand sucht und tatsächlich auch etwas findet, was zuvor auf geheimnisvolle Weise verborgen war.

„Wann ist eigentlich Ostern?" Die richtige Antwort – bezogen auf heute – lautet: In acht Tagen. In diesen acht Tagen erinnern Christinnen und Christen, dass Jesus vor rund 2000 Jahren gefangen genommen und verurteilt, gekreuzigt und begraben wurde. Und dass am Ostermorgen einige seiner engsten Freunde entdeckten, dass Jesus lebt – trotz allem, was sie zuvor erlebt hatten.

Die Geschichte von Ostern erzählt zunächst von Menschen, die Schlimmes durchgemacht haben. Sie hatten ihren besten Freund verloren und damit zugleich ihre gesamte Lebenshoffnung. Und deshalb liegt in der Woche vor Ostern ein sehr trauriger und ernster Tag, der Karfreitag: der Tag, an dem die Hoffnung stirbt – die Hoffnung auf ein Leben in der Nähe dessen, der Frieden und Gerechtigkeit in die Welt bringen wollte.

Die vor uns liegende Woche mit dem Karfreitag erinnert uns an die Menschen, die in diesen Wochen ihre Hoffnung auf Frieden und Gerechtigkeit zu Grabe getragen haben, für die wir auf die Frage „Wann ist eigentlich Ostern?" nur antworten können: „Hoffentlich bald!"

Wolfgang Mann
Zwischenruf am 03.04.2010

# Endlich Ostern

Es wird wieder milder und wärmer. Herz und Gemüt werden leichter nach der kalten Jahreszeit. Das tut gut, denn es lastet viel auf ihnen: die Sorgen um den Arbeitsplatz, um die Gesundheit, um das Auskommen und die Frage, was aus einem im Alter wird. Diese Sorgen liegen wie Felsen vor uns. Sie versperren den Blick in die Zukunft. Sie lassen sich auch im christlichen Glauben oft nur schwer aushalten. Vielleicht ist es sogar besonders schwer, will man doch davon ausgehen, dass Gott es gut mit einem meint. Die biblischen Osterberichte erzählen von Sorgen, Fragen und Qual. Von Jesus, der im Garten Gethsemane mit dem, was vor ihm liegt, ringt. Von den Jüngern, die nach der Kreuzigung und dem Tod Jesu nicht weiter wissen. Und sie erzählen von dem Felsen, der vor dem Grab Jesu lag. Dem Fels, der Jesus von der Welt abschnitt. Dem Felsen, der zwischen den Jüngern und der Grundlage ihres Lebens und Glaubens lag.

Die Bibel berichtet aber auch, dass am Ostermorgen der Fels weggerollt war. Dass die Jüngerinnen und Jünger vor dem auferstandenen Jesus standen. Sie berichtet, dass sie nach und nach wieder auflebten und ihr Leben befreit und erfüllt weiterleben konnten. Die Sache Jesu geht weiter.

Unsere Sorgen und Ängste lasten heute trotz dieser Berichte und trotz unseres Glaubens auf uns. Deshalb ist es gut, dass wir Ostern feiern und dass uns die Osterberichte der Bibel erzählt und gepredigt werden. Unsere Felsen der Sorgen werden nicht sofort weggerollt. Wir wissen jedoch, hinter ihnen geht es weiter. Dafür hat sich Gott verbürgt. Dafür ist Jesus auferstanden.

Peter Scheffler
Zwischenruf am 23.04.2011

# Auferstehung?

Der Liedermacher Wolf Biermann[1] erzählt:
„Irgendwie kamen wir auf das Thema Auferstehung zu sprechen und da sagte ein Pastor aus dem Westen: Na ja, Herr Biermann, das ist ja alles dummes Zeug, das mit der Auferstehung, da sind wir doch längst drüber weg. Das ist doch alles Quatsch. Ich geriet in einen gedämpften Wutanfall über diesen Menschen. Wer die Auferstehung preisgibt, der ist von Gott und von allen guten Geistern verlassen."

Liebe Leserin, lieber Leser,
Wir kommen oft über die Frage nicht hinweg, ob die Auferstehung, medizinisch, biologisch und naturwissenschaftlich möglich ist.
Und weil das naturwissenschaftlich nicht so ohne weiteres zu erklären ist, darum fällt es uns schwer, mit diesen Geschichten etwas anzufangen.
Aber es geht in den Auferstehungsgeschichten nicht darum, dass der Verstorbene vom Tod auferweckt und noch mal für ein paar Jahre oder Jahrzehnte ins Leben zurückgeholt wird.
Es geht darum, aufzustehen gegen die todbringenden Kräfte in der Gesellschaft, aber auch gegen die Kräfte, die uns ganz persönlich herabziehen: Depression, Schuld, Zukunftsangst, Sterben und Tod.
Der Glaube an die Auferstehung Jesu von den Toten ist es, an der unsere Gewissheit hängt. Jesus Christus hat dem Tod die Macht genommen. Gibt es außerhalb des Glaubens überhaupt so eine Gewissheit, nicht an die Macht des Todes zu glauben?
Ein frohes Osterfest wünscht Ihnen Ihr Peter Scheffler.

---

[1] Anm. des Herausgebers: Karl Wolf Biermann (geb. 1936) ist Liedermacher und Lyriker. Er siedelte 1953 in die DDR über und veröffentlichte 1960 erste Lieder und Gedichte. Gegen den Brecht-Schüler, später dann scharfen Kritiker der SED und der DDR, wurde 1965 dort ein Auftritts- und Publikationsverbot verhängt. 1976 wurde ihm nach einer Konzerttour in der Bundesrepublik Deutschland die Wiedereinreise in die DDR verweigert, und er wurde ausgebürgert. https://de.wikipedia.org/wiki/Wolf_Biermann

Rolf Schuld
Zwischenruf am 16.03.2013

# Osternacht

Am Sonntagmorgen um 6 Uhr beginnt der Gottesdienst in der Osternacht. In der dunklen Kirche wird erinnert, wie Jesus gelitten hat. Mit der Morgendämmerung soll die Osterfreude Einzug halten. Doch ich sehe in müde Gesichter. Müde oder zweifelnd an der Osterbotschaft? Ich kann es nicht erkennen.

Der Evangelist Johannes[1] lässt einen Jünger auftreten, der den Namen Thomas trägt: Thomas, der Zweifler.

Die Jünger haben den auferstandenen Christus gesehen. Sie sind begeistert, voller österlicher Freude. Jesus lebt! Thomas war nicht dabei. Er hat Ostern irgendwie verschlafen, auch ohne Zeitumstellung. Thomas hört die Berichte seiner Freunde. Er sagt: „Ich glaube nur, was ich mit eigenen Augen gesehen habe. Ich will Beweise."

Und Petrus der Fels entgegnet: „Nicht einmal mir glaubst du?"

Thomas muss sich zusammenreißen: „Ausgerechnet dir soll ich glauben. Du hast doch Jesus dreimal verleugnet. Dass ich nicht lache. Womöglich willst du behaupten, dass du unfehlbar bist."

Starrsinnig, festgefahren, ein Fels in der Brandung – so war die Amtskirche in manchen Zeiten, und so zeigt sie sich an manchen Orten auch heute noch. Ein Fels, der jeden Menschen, der in Frage stellt, was er nicht glauben kann, zerbrechen will.

Doch es heißt zum Glück im Johannesevangelium: „Thomas, einer der Zwölf". Er gehört zur Kirche, auch wenn er sich mit dem Glauben schwertut. Thomas, der Zweifler: Es tut gut zu hören, dass Jesus ihn als würdig ansah und ihn zum Glauben führte.

Frohe Ostern!

---

[1] Johannesevangelium, Kap. 20,24 ff

Andrew Steiman
Zwischenruf am 03.06.2000

# Jeder Tag ist kostbar

„Und lehre uns, die Tage zu zählen", soll schon König David gebetet haben (Psalm 90, 12).

Im religiösen Kalender gibt es für uns Juden eine besonders gute Gelegenheit dazu: die 49 Tage zwischen Pessach und Schawu'oth. Denn auch unter seiner aus dem Griechischen abgeleiteten Bezeichnung „Pfingsten" bekannt, ist Schawu'oth erst der krönende Abschluss von Pessach: zu Pessach feiern wir die Befreiung unserer Vorfahren aus der Sklaverei (also die körperliche Befreiung), zu Schawu'oth die Offenbarung am Sinai (also die Grundlage geistiger Freiheit). Diese beiden Ereignisse werden nach jüdischer Tradition im wahrsten Sinne des Wortes zusammengezählt. Jeden Tag zählen wir die verbleibende Zeit zwischen den beiden Festen, denn sie ergänzen sich in Bezug auf ihre historischen Inhalte.

Mit anderen Worten: ohne physische Freiheit ist geistige Freiheit nicht möglich und ohne geistige ist die physische belanglos. Die 49 Tage zwischen beiden Festen, die nun zu Ende gehen, werden ganz bewusst gezählt, um ein Bewusstsein für den Wert der Zeit und der Freiheit zu schaffen.

Die Freiheit zu schätzen heißt also auch, die Freiheit zu schützen. Das gilt für uns alle – ob gläubig oder nicht – denn wir leben schließlich alle zusammen in einer freiheitlichen Demokratie. – Gott sei Dank.

Karsten Limpert
Zwischenruf am 17.06.2000

# Wenn Menschen sich verstehen

Schön, dass Sie mal vorbeischauen, sagt Frau Blume an der Wohnungs-
tür. Ich weiß nicht mehr, was ich noch machen soll. Seit die Familie mit
den Kindern hier im Haus wohnt, das halten Sie nicht mehr aus. Ich weiß
nicht, wie oft ich mich schon beschwert habe, aber für unsereinen tut ja
keiner was. Und wie die mich schon anschauen …

Haben Sie schon einmal mit ihnen geredet, frage ich. Ich, … wieso?
sagt Frau Blume. Ich will doch nur meine Ruhe. Das wird doch wohl noch
möglich sein. Und jetzt entschuldigen Sie mich bitte. Im Fernsehen läuft
gerad' Birte. Da erzählt eine Familie von dem, was die Nachbarn alles tun,
um sie loszuwerden. Unglaublich … Also bis zum nächsten Mal.

Nachdenklich verlasse ich das Haus. Noch einmal erinnere ich mich
an die Pfingstgeschichte. Menschen verlassen ihren sicheren Ort, reden,
erzählen von dem, was ihnen wichtig ist, und sie werden verstanden. Das
ist nichts Selbstverständliches. Darin sieht der Schreiber das Wirken des
Geistes Gottes. Gott wirkt in dieser Welt durch seinen Geist, wird sichtbar,
wo Menschen aufeinander zugehen, einander verstehen. Die bleibende
Herausforderung bis heute ist es wohl, selbst loszugehen.

Rainer Mittwollen
Zwischenruf am 14.05.2005

# Raus aus dem Haus!

Morgen feiert die Kirche Pfingsten. Schon wieder ein christliches Fest, das uns einen zusätzlichen freien Tag beschert. Worum es geht bei diesem Fest, dürfte vielen nicht mehr bekannt sein – aber, wenn das Wetter mitspielt, werden sie es trotzdem zu nutzen wissen: Die freie Zeit, die Natur, die Sonne genießen! „Raus aus dem Haus" heißt die Devise.

Solch einen Bewegungsdrang hatten die Christen vor dem ersten Pfingstfest noch nicht. Die Bibel zeigt die Anhänger Jesu 50 Tage nach Ostern als völlig verängstigtes und verunsichertes Grüppchen. Sie treffen sich so unauffällig wie möglich und schotten sich ab. Zu sagen haben sie nichts. Jesus, der sie so begeistert hatte, ist ja nicht mehr bei ihnen. Sie sind allein zurückgeblieben. Raus aus dem Haus? Lieber nicht!

Aber dann fährt Gottes Geist in sie! Und sie erleben, womit sie nicht gerechnet haben: Jesus ist bei ihnen, auch wenn sie ihn nicht mehr sehen und nicht vorzeigen können. Sie spüren seine Kraft, und diese Kraft verändert sie. Was passiert? Die Kirche erlebt ihr „coming out"!

Sie kommen raus aus dem Haus, und sie rücken heraus mit der Sprache. Sie bekommen die Fähigkeit, so von ihrem Glauben zu reden, dass sie gehört und verstanden werden.

Schön wäre es, wenn morgen viele Menschen in die Kirchen gehen, um Pfingsten zu feiern. Hoffentlich halten sie es darin aber nicht zu lange aus. Das, was Christen zu feiern haben, muss auch außerhalb der Kirchenmauern zu Gehör kommen. Gottes Geist jedenfalls verschafft uns Bewegungsdrang – und der schickt uns raus aus dem Haus!

Rainer Mittwollen
Zwischenruf am 30.05.2009

# Hast du Worte?

Meine Kinder kommen von einer Freizeit nach Hause. Ganz verblüfft berichten sie: „Da war eine Vierjährige – die konnte besser Englisch als wir!" Des Rätsels Lösung: Die Kleine wuchs zweisprachig auf und war darum in Deutsch und Englisch gleichermaßen zuhause. Aber für meine Kinder war das fast ein Wunder: Die Sprache, die sie selber gerade erst mühsam erlernen, wird von einer Vierjährigen schon fließend beherrscht!

Dabei ist das mit der Sprache manchmal ganz einfach: In einer Kindergruppe habe ich Fragen auf Französisch, Englisch, Schwedisch und Plattdeutsch gestellt – und kaum ein Kind hat mich verstanden. Aber als ich ihnen dann in den gleichen Sprachen Gummibärchen angeboten habe, war sofort das nötige Sprachverständnis da! Offensichtlich kommt es darauf an, was man mitzuteilen hat!

Ein Sprachenwunder gehört auch zur Geschichte der Kirche: Beim Pfingstfest in Jerusalem sind Christen zum ersten Mal mit dem Evangelium an die Öffentlichkeit gegangen. Zu ihrem eigenen Erstaunen konnten sie sich dabei verständlich machen, obwohl ihre Zuhörer ganz verschiedene Sprachen hatten. Was trotzdem ankam, war die Botschaft der Liebe Gottes.

Zugegeben, oft genug haben Christen im Lauf der Zeit auch an den Menschen vorbeigeredet. Manchmal gaben sie Antworten auf ungestellte Fragen, und viel zu oft waren sie auch einfach sprachlos.

Das Pfingstwunder aber hat sich seitdem ungezählte Male wiederholt: Die Sprache der Liebe Gottes kommt an. Gottes Geist macht sie lebendig!

45

Johannes Waschk
Zwischenruf am 22.05.2010

# Pfingsten

„Zu Pfingsten fällt mir nichts ein." Soweit ein Kollege, der darum bat, an dieser Stelle nicht genannt zu werden. Damit steht er aber nicht allein: Nur jeder zweite Bundesbürger kann mit diesem kirchlichen Feiertag noch etwas anfangen. Und wenn in diesen Tagen von der Kirche die Rede ist, dann geht es nicht um das Fest des Heiligen Geistes oder die Begeisterung der Menschen am Geburtstag der Kirche in Jerusalem.

Missbrauch, massenhafte Austritte, Vertrauens- und Akzeptanzverlust: Das sind die Themen, die der Kirche derzeit um die Ohren fliegen. Daran ändert auch nichts der gerade zu Ende gegangene Ökumenische Kirchentag in München. Auch dort eine Kirche, die eher wenig Begeisterung bei einer weitgehend desinteressierten Öffentlichkeit auslöst. Wie soll man auch erklären, dass selbst dort immer noch kein gemeinsames Abendmahl gefeiert wird: Den meisten Menschen sind die theologischen Begründungen herzlich egal.

Christen haben es schwer, Begeisterung für den Glauben zu wecken. Vielleicht liegt es auch und besonders daran, dass ihre eigene Begeisterung weitgehend dahin ist. Kein Geld in den Gemeinden, schwindende Ressourcen und ein zunehmender „burn out" bei Haupt- und Ehrenamtlichen. Ausnahmen bestätigen die Regel.

Was gibt es da am Pfingstfest für die Kirche zu feiern?

„Es soll nicht durch Macht und nicht durch Gewalt geschehen, sondern durch meinen Geist, spricht Gott der Herr" (Sacharja 4,6). Dieser Satz des Propheten ist mehr als 2500 Jahre alt – aber auch eine klare Ansage. Kirche soll um Gottes Willen nicht auf der Seite der Macht und der Gewalt stehen. Sondern auf der Seite der Opfer. Sie soll die Täter zur Umkehr rufen. Sie soll von Gott erzählen, nicht ohne die Macht der Götzen und die Götzen der Macht in Frage zu stellen.

Eine Kirche, die sich diesen biblischen Traditionen verpflichtet weiß, hat Grund zu feiern: Nicht so sehr sich selbst, sondern den Geist Gottes.

Ayla Wessel
Zwischenruf am 19.01.2008

# Der Hauch von einer anderen Welt

Aschura, der zehnte Tag im Monat Muharram, ist der Tag, an dem die Welt gerettet wird. An diesem Tag – heute! – hat Noah seine Arche am Berg Ararat vertäut und ist hinaus in Gottes weite Welt, die eben errettete. Zuerst hat er sich allerdings – so erinnert es die islamische Tradition – eine Suppe gekocht aus all den Zutaten, die er in seiner Arche noch auftreiben konnte, und seither wird die Suppe jedes Jahr am Aschura-Tag zubereitet: ein Nachgeschmack von der Errettung unserer Welt.

Vor einigen Jahren hat die Alevitische Gemeinde mich an diesem Tag in ihr Cem-Haus eingeladen, das Haus, das sowohl Gebetsstätte wie Gemeindehaus ist. Wir haben gemeinsam an Noah erinnert, den Urvater aller Menschen (nicht vergessen: auch der Hessen!), und dann kam die Aschura-Suppe auf den Tisch, jede Familie hatte eine mitgebracht. Es ist eine fröhliche Tradition, dass diese Suppe mit allen geteilt wird, und ich habe sie alle probiert. Jede Aschura-Suppe schmeckte anders, und jede schmeckte, oh Noah, noch besser. Was für ein Fest.

Später dann war ich beim Aschura-Fest der DITIB-Gemeinde in der Bochumer Zentralmoschee. Auch hier saßen alle um die Aschura-Suppe herum, und ich fragte Ismael nach dem Rezept. Ismael ist der Koch der Moschee, und er erzählte mir, welche Zutaten Noah seinerzeit in der Arche gefunden und daraus die erste aller Aschura-Suppen gekocht hatte: aus getrockneten Bohnen und Kichererbsen und Linsen, aus getrockneten Trauben und Feigen und Aprikosen, aus Hasel- und Erd- und Walnüssen, aus Zimt und Nelken und so weiter – und einem Geheimnis, das niemand verrät, Noah nicht und auch Ismael nicht, der Koch.

Der andere Koch, nennen wir ihn Roland[1], hat kein Geheimnis und trotzdem eine Suppe angerührt (aber nicht in seinem hessischen Wohnzimmer, wo denken Sie hin!), die besteht aus allem, was er in seinem Reservat der Ressentiments noch auftreiben konnte. Sie ist recht zäh, diese Suppe, und etwas klebrig, hat eine bräunliche, trübe Färbung und schmeckt nach keiner Welt, die Gott errettet hätte, sondern nach einem Land, dessen sich Gott erbarme, artik Allah'a haval edilsin.

---

[1] Anm. des Herausgebers: Anspielung auf Roland Koch, geb. 1958, von 1999-2010 Ministerpräsident des Landes Hessen.

Wenn sich dagegen heute bei Ihnen zu Hause ein anderes Aroma in Ihrem Hausflur entfaltet, eines von Zimt und Nelken, eines, das sanft an Weihnachten erinnert und an gebratene Äpfel, dann wissen Sie, das ist Aschura, das ist der Hauch einer anderen Welt; einer Welt, die Gott errettet hat, auf dass sie Ihnen und Ihren Nachbarn gehöre und allen, die guten Herzens sind, guten Muts und guten Geschmacks!

Guten Appetit!

Andrew Steiman
Zwischenruf am 29.07.2000

# Durch Höhen und Tiefen

Es war ein heißer Sommertag im Jahre 70, als die alten Römer Jerusalem in Schutt und Asche legten. Viele unserer Vorfahren fanden dabei den Tod, andere wurden verschleppt in alle Teile des römischen Reiches – also auch in die Gegend, die heute den Namen „Deutschland" trägt und unsere Heimat ist.

Somit gab es in Deutschland schon Juden, bevor es hier Christen gab – ein historischer Umstand, der kaum zur Kenntnis genommen wird.

Frommen Juden allerdings ist diese Tatsache sehr geläufig: Bis heute erinnern wir uns an die Zerstörung Jerusalems vor fast 2000 Jahren mit vielen religiösen Handlungen, unter anderem jeden Sommer mit einem Mahn- und Gedenktag. Zugleich ist dieser Trauertag stets auch ein Ausdruck gelebter Hoffnung; denn schließlich sind wir ja sehr lebendig trotz aller geschichtlichen Katastrophen seither. Für uns ist Gott eben auch der Herr der Geschichte – und wir werden durch die Geschichte getragen, über alle Höhen und Tiefen.

Selbst in den dunkelsten Zeiten haben wir nie unsere Hoffnung auf eine bessere Welt aufgegeben oder unseren Stolz. Für jeden einzelnen von uns sollte dies Trost und Ansporn sein, wenn das Leben (oder die Geschichte) mal durch ein Tief geht.

Andrew Steiman
Zwischenruf am 30.09.2000

# Ein neues Jahr!

Heute beginnt nach biblischer Rechnung das Jahr 5761. Juden in aller Welt feiern also heute das biblische Neujahr. Dazu erstmal von dieser Stelle aus die allerbesten Wünsche für alle!

Selbstverständlich leben wir Juden auch im Jahr 2000. Den jüdischen Kalender brauchen wir dazu als Ergänzung – zur Bestimmung unserer religiösen Feste wie schon unsere Vorfahren zu biblischen Zeiten. Rechnet man die Bibel „rückwärts", so ergibt sich, dass der erste Sabbat, den Gott heiligte, vor eben 5761 Jahren stattfand. Und damit beginnt die Geschichte der Menschheit. Alles davor ist eben Vorgeschichte.

Damit die Menschheitsgeschichte auch menschlich bleibt, müssen wir alle unser Gewissen regelmäßig prüfen. Im Judentum ist traditionell der Beginn eines neuen Jahres die beste Gelegenheit dazu. Somit fassen wir Neujahrsvorsätze – im Judentum aber nicht von Böllern, sondern von Gebet begleitet.

Und von einer süßen Tradition: vor dem Gebet essen wir in Honig getunkte Äpfel oder versüßtes Brot – als Ausdruck der Hoffnung auf ein süßes Jahr. Danach werden wir wie in einem großen Klassenbuch in das „Buch des Lebens" eingetragen für das kommende Jahr. Gehen wir also alle mit guten Vorsätzen, mit Brot statt mit Böllern in ein süßes Jahr 5761!

Schana towa – ein gutes Neues Jahr!

Andrew Steiman
Zwischenruf am 14.10.2000

# Hunger der Welt geht uns alle an

Zehn Tage nach dem biblischen Neujahr feiern wir Juden nun den „Jom Kippur", den Versöhnungstag, der oft als höchster jüdischer Feiertag bezeichnet wird. Ein voller Tag des Betens, ist dieser Tag auch als großer Fastentag bekannt.

Es gibt viele Gründe für das Fasten am Jom Kippur. Ein ganz bestimmter hat mit Versöhnung besonderer Art zu tun, der Versöhnung zwischen denen, die haben, und denen, die eben nicht haben. Letztere nämlich leiden – oft genug auch des Hungers. Wenn wir nun fasten, geben wir uns selbst und unserer Verantwortung ein deutliches Zeichen dafür, dass der Hunger auf der Welt eine Sünde ist. Am Jom Kippur sollen uns unsere Sünden bewusst werden, auch und gerade die, die wir selbst mit den besten Absichten begehen.

So soll uns wenigstens einmal im Jahr fühlbar bewusst werden, dass es auch unbewusste Sünden gibt, für die wir aber dennoch alle zusammen verantwortlich sind – wie eben der Hunger in der Welt. Und kein Jude darf behaupten, er hätte nicht davon gewusst.

Zwar ist nun der Hunger in der Welt nicht die Sünde eines Einzelnen, sondern vielmehr unser aller Sünde, und das kann uns allen nur bewusst werden, wenn wir es auch einzeln spüren. Dadurch soll bewusst werden, wozu wir als Einzelne und als Gemeinschaft fähig und verantwortlich sind. Auf eine bessere Welt hoffen, heißt eben auch, diese Herausforderung anzunehmen.

Dirk Reschke
Zwischenruf am 07.10.2000

# Gott begegnen

Erntedank ist für mich immer der kirchliche Höhepunkt in der Zeit des goldenen Herbstes. Als kleiner Junge habe ich die familiäre Atmosphäre in diesen Gottesdiensten genossen.

Bunte Altäre haben fröhliche Erinnerungen in mir hinterlassen. Allerdings frage ich mich auch jedes Jahr, ob die Bilder des bäuerlichen Erntedanks viel mit unserer Lebenswirklichkeit als Städter zu tun haben. Bei Äpfeln und Birnen denke ich zunächst daran, was es für ein Irrsinn ist, das Obst mit Lkw aus ganz Europa über Autobahnen zu jagen, während die Früchte der Region nur zu astronomischen Preisen zu erwerben sind. Dennoch wäre es sicher trist, wenn wir anstelle von Birnen und Äpfeln Gewinnabrechnungen und Kontoauszüge auf den Altar legen würden.

Schließlich brauchen wir Symbole und Bilder, die unsere Sinne ansprechen. Doch warum nehmen sich Christen und Christinnen einmal im Jahr gottesdienstliche Zeit, um „Ernte-Dank" zu sagen? Sicher hat jeder und jede ganz persönliche Anlässe, für die man im Jahresrückblick dankbar sein kann.

Diesen Dank vor Gott bringen heißt, einer Hoffnung im Leben Raum geben. Der Hoffnung, dass Gott jeder Frau und jedem Mann gibt, was zu gelungenem Leben nötig ist.

Satilmis Aditepe
Zwischenruf am 04.01.2003

# Denn die Erde reicht für alle

Im Dezember haben wir das zu den zwei wichtigsten religiösen Festen zählende Ramadanfest begrüßt und gebührend gefeiert. Das Ramadanfest wird nach dem Fastenmonat Ramadan drei Tage lang gefeiert. Am Morgen des Ramadanfestes kommen alle Muslime – Kinder, Jugendliche, Ältere – in die Moschee zum Festtagsgebet. Nach dem kollektiven Gebet beginnen die eigentlichen Feiertage. Man umarmt sich, die Jüngeren küssen den Älteren die Hand, die Älteren geben den Jüngeren Geschenke und erfreuen sie. Den Armen und Bedürftigen lässt man Almosen zukommen. Kranke, ältere Menschen und die eigenen Verwandten werden besucht. Zerstrittene versöhnen sich, Grabstätten der Verstorbenen werden aufgesucht, und es wird für sie gebetet. Den Gästen werden Süßspeisen serviert. Die Gebetshäuser werden gereinigt. Man zieht sich besonders an und schmückt sich mit schönen Düften. Die Menschen gratulieren sich mit freundlicher Laune zum Fest.

Auch in der Bochumer Zentralmoschee haben wir mit ungefähr 1.500 Muslimen das Festtagsgebet verrichtet und in Freude das Fest begangen. Danach haben wir an einem anderen Tag mit jüdischen, christlichen und muslimischen Glaubensvertretern ein gemeinsames Friedensgebet verrichtet. Als Vorbeter und Prediger der Bochumer Zentralmoschee wünsche ich, dass es nirgendwo auf der Erde Krieg und Terror geben möge, keine Unschuldigen sterben, keiner verhungere, keiner aus seiner Heimat vertrieben werde. Möge es Frieden und Toleranz geben. Möge anstatt des Hasses die Liebe Oberhand gewinnen, denn die Erde reicht für uns alle. Wie der türkische Wanderprediger und Volksdichter Yunus Emre[1] sagte: „Lasset uns einander kennenlernen, die Dinge erleichtern Liebe und Geliebtwerden. Die Welt bleibt niemandem."

---

[1] Anm. des Herausgebers: Yunus Emre (geb. um 1240; gest. um 1321) war ein türkischer Dichter und Mystiker. Seine Werke sind im türkischen Bildungswesen ab der Oberstufe Pflichtlektüre.
https://de.wikipedia.org/wiki/Yunus_Emre

Jörg Mathern
Zwischenruf am 29.10.2005

# Zum Reformationstag

Montag ist Reformationstag. Wir erinnern uns an Martin Luther, der die Bibel ins Deutsche übersetzt hat. Eine großartige Leistung. Ein Mann für „Du bist Deutschland"? Nein. Für mich ist etwas ganz anderes bedeutsam an diesem Menschen. Der junge Luther weiß nicht, wie er mit seinem Leben vor Gott bestehen kann: „Tue ich genug? Bin ich gut genug?" Immer häufiger (ver)zweifelt er an sich selbst, darf sich nichts anmerken lassen, muss sich und den anderen etwas vormachen. Ein ruheloses, angestrengtes Leben. Viele Menschen fragen sich heute ebenfalls: „Mache und leiste ich genug, um mit meinem Leben fertig zu werden? Schaffe ich, was von mir erwartet wird?" – „Mach' was aus deinem Leben! Alles ist machbar, wenn du es nur willst! Überzeuge durch Leistung, wenn du mitkommen und weiterkommen willst!" So lauten bestenfalls gut gemeinte Antworten. Luther jedoch entdeckte in der Bibel etwas, das sein Leben veränderte: Ich muss Gott nichts vormachen. Gott sieht mich so an, wie ich bin. Ich bin Mensch vor meinen Leistungen, ich werde es nicht durch meine Leistungen. Ich darf sein, der ich vor Gott immer schon bin: geliebtes Geschöpf. Ich muss nicht erst krampfhaft werden, der ich eigentlich sein soll. Das befreit vom Druck, mich ständig vor mir selbst und den anderen rechtfertigen zu müssen. Und es öffnet mir den Blick für andere Menschen, denen Gottes Liebe ebenfalls gilt. Nicht „Du bist Deutschland" zuallererst, sondern „Du bist angesehen vor Gott". Das kann mein Leben erneuern. Auch das Leben anderer. Auch das Lebensgefühl in Deutschland. Montag ist Reformationstag.

Johannes Waschk
Zwischenruf am 29.10.2011

# Sich immer wieder verändern

Am nächsten Montag ist Reformationstag – ein Feiertag für die Evangelische Kirche?

Die Kirche steckt insgesamt – ob katholisch oder evangelisch – in einer tiefen Krise. Doch nach wie vor suchen Menschen nach Halt und Orientierung: Sie wünschen sich eine Kirche, in der auch der Zweifel erlaubt ist. Eine Kirche, die Frauen und Männer gleich behandelt. Eine Kirche, die dem gnadenlosen Wettbewerb der Kapital- und Finanzmärkte widerspricht. Die gegen eine zunehmend größer werdende soziale Kälte für andere Werte einsteht. Eine Kirche, die offen ist für Suchende.

Luthers theologische Grundfrage „Wie bekomme ich einen gnädigen Gott?" hat sich seit der Reformation verändert zur Frage nach einem gnädigen Menschen, der im anderen mehr sieht als nur einen Kostenfaktor, der seinen Nächsten nicht nur nach Leistungen beurteilt oder nach Aussehen und sozialem Status.

Ist es nicht das, was Menschen verzweifelt suchen – gerade und immer noch bei der Kirche? Vielleicht sind es auch gar nicht so wenige, die darauf warten, dass die Kirche sich wieder auf ihren eigentlichen Auftrag besinnt: nämlich das Evangelium zu verkündigen und an der Seite der Erniedrigten und Verzweifelten zu stehen. Vielleicht setzen sie ihre Hoffnung auf eine Kirche, die an den Gott der Befreiung erinnert. Die von dem prophetischen Zorn über soziale Ungerechtigkeit erzählt und vom Aufstand Jesu gegen den Tod.

Die Reformatoren haben der Kirche ins Stammbuch geschrieben: „semper reformanda", das heißt, Kirche muss sich immer wieder verändern. Wenn sie sich daran am Reformationstag erinnert, kann sie auch getrost feiern.

Rainer Prodöhl
Zwischenruf am 30.10.2004

# Neues Fest, neues Glück?

Haben Sie schon Ihren Kürbis gekauft, die Zombiemaske aus dem Keller geholt oder sich für das ultimative Horrorfest in der „Movie World" in Bottrop angemeldet? Dann sind Sie „in", denn Sie feiern Halloween, ein Fest, das – auch mit freundlicher Unterstützung der Geschäftswelt – seit einigen Jahren aus den USA nach Deutschland gekommen ist. Von den Kelten soll es stammen, um böse Geister oder auch die Toten zumindest in der Nacht vom 31. Oktober zum 1. November von sich abzuhalten oder durch Verkleidung in die Irre zu führen. Da stellt sich mir schon die Frage: Brauchen wir ein solches Fest? Glauben wir wieder an Geister, an Beschwörungen, an Lichtzauber? Alle Esoteriker, Satanisten oder Neuheiden werden sich freuen. Aber gab es da nicht mal so etwas wie die Aufklärung? Sollten wir nicht lieber nach den aktuellen Ungeheuern und bösen Geistern in unserer Welt fragen? Nun kann man sicherlich sagen, Feste feiern ist doch immer etwas Schönes in so traurigen Zeiten, und wenn Kinder sich verkleiden und in der Maske eines Monsters einmal die Starken sein können, die Erwachsene erschrecken können, dann ist das doch pädagogisch sinnvoll und macht Freude. Mag sein. Ich bin mehr für Aufklärung. Danach kommt der Begriff „Halloween" vom englischen Wort „Allhallows Eve" und das heißt: „Vorabend von Allerheiligen (ein Fest, das seit dem 9. Jahrhundert regelmäßig gefeiert wird und bis in das 6. Jahrhundert zurückreicht – damals wurde das römische Pantheon den Heiligen geweiht). Ich persönlich halte die Feier des Allerheiligenfestes für eindeutig progressiver als den Horror- und Geister-Mumpitz. Wir brauchen heute mehr denn je eine Besinnung darauf, was heilig ist, was uns und unsere Gesellschaft heil macht und Heilige, die uns durch ihr Vorbild, auch wenn sie nicht in allem perfekt sind, Mut und Orientierung geben, unser Leben und das unserer Gesellschaft heilsam zu gestalten.

Ich wünsche Ihnen ein solches Fest, und falls Sie den Kürbis wirklich schon gekauft haben, verwahren Sie ihn bis St. Martin; da haben wir so einen, bei dem es sich lohnt, zu feiern.

Dirk Reschke
Zwischenruf am 02.12.2000

# Verheißungen werden wahr

„Bist du es, der da kommen soll, oder sollen wir auf einen andern warten?" Die Frage trug Johannes der Täufer an Jesus heran (Matthäusevangelium 11, Vers 3). Voller Zweifel war er, der Johannes. Dabei bringt sein Leben das zum Ausdruck, was mit Advent gemeint ist: Erwartung einer Welt, die Gott heil macht.

Welche Fragen tragen wir mit uns durch die Adventszeit? Ist die Frage des Johannes unsere Frage? In mir lebt die Sehnsucht, dass etwas von dieser adventlichen Erwartung in die geschäftige Adventszeit kommt.

Jesus gibt Antwort auf die Frage des Johannes: „Blinde sehen und Lahme gehen, Aussätzige werden rein und Taube hören, Tote stehen auf und Armen wird das Evangelium gepredigt" (Vers 5).

Zukunftsmusik? Oder können solche Verheißungen heute wahr werden? Können die Worte Jesu schon bei uns Raum gewinnen? Vielleicht werden ja den Augen, die vor Kummer blind sind, Lebensperspektiven gezeigt. Vielleicht werden die gestützt, die durch Ängste gelähmt sind. Vielleicht wird toten Beziehungen neue Lebendigkeit eingehaucht und vielleicht erhalten Ausgestoßene neuen Lebensraum.

Wo das gelingt, kommt Evangelium – kommt die gute Nachricht Jesu vom Reich Gottes in diese Welt. Wir alle können es ein Stück Advent werden lassen! Wo uns das gelingt, ist diese Zeit gelebte Erwartung. Ich wünsche Ihnen solche lebendige und gesegnete Adventszeit.

Fred Sobiech
Zwischenruf am 08.11.2003

# Advent buchstabieren

Stellen Sie sich vor, Sie spazieren im November durch die Fußgängerzone, ein wenig in Eile. Die Gedanken beim Einkaufen. Und dann stände er auf einmal vor Ihnen. Der Nikolaus. Mit rotem Mantel, weißem Bart, roter Mütze. Sie reiben sich die Augen. Ein wenig irritiert. Da steht ja noch einer und noch einer …

Nikoläuse im November? Bestimmt eine Werbekampagne oder eine Demo. Aber wofür oder wogegen? Sie bekommen einen Schoko-Nikolaus überreicht. Auf dem steht: „Nicht vor dem 1. Advent öffnen." Sie denken: „Schmeckt er dann besser?" Spontan sagen Sie: „Sind Sie nicht ein bisschen spät dran? Ihre Schoko-Kollegen, Spekulatius & Co halten die Geschäfte und Kaufhäuser schon seit Ende September besetzt."

„Finden Sie das eigentlich gut?", fragt Ihr Gegenüber. Ja, denken Sie und … Nein … und hören wie er weiterspricht: „Alles hat seine Zeit, meint der Prediger Salomo …" Sie erinnern sich an Ihre Oma, die hatte ihre eigene Übersetzung: Gut Ding will Weile haben. Jetzt fragt er Sie auch noch: „Trinken Sie eigentlich Glühwein im Sommer?"

Was für eine Frage.

Der Nikolaus räuspert sich: „Versuchen Sie ADVENT doch mal so zu buchstabieren: Atemholen, Danken, Vertrauen, Erfreuen, Nachdenken, Träumen." Dem Weihnachtsfest, dem Kind in der Krippe entgegen. Auf dem Weg und durch die Zeit des Advents. Ohne fremdgemachte oder selbstgemachte Hektik und Hetze und dem damit verbundenen Stress. Denn: „Gut Ding will Weile haben." Sagte schon Ihre Oma, weise wie der Prediger Salomo.

Freuen Sie sich auf eine schöne Adventszeit – im Dezember. Übrigens können Sie dem Nikolaus und seinen Kollegen heute in der Fußgängerzone wirklich begegnen.

Fred Sobiech, Hermann-Josef Bittern
Zwischenruf am 18.11.2006

# Advent ist im Dezember

Stellen Sie sich für einen Moment vor, der Beginn der närrischen Saison am 11.11. würde zeitgleich mit der Eröffnung des Weihnachtsmarktes zusammenfallen.

Helau und Narrenkappe und Humba Täteräää zusammen mit der Einstimmung auf Advent und Weihnachten? Vielleicht denken Sie jetzt „Wer auf solch eine Schnapsidee kommt, der sollte tatsächlich den Narrenorden erhalten und zu diesem Thema eine Rede halten. Und zwar „inne Bütt"! Sie meinen, das ist ja nur Scherz, Satire und Spaß? Überhaupt nicht. Die Tendenz ist ziemlich eindeutig. Vor einiger Zeit noch Ende November. Im letzten und in diesem Jahr Mitte November … Wo soll das alles enden? Vielleicht demnächst schon Ende Oktober, um das Weihnachtsgeschäft zu verlängern und auf diesem Weg die Konjunktur zu beleben? Einer weiter gehenden Phantasie sind keine Grenzen gesetzt. Aber Hand aufs Herz: Würden Sie schon im Sommer gerne Glühwein trinken? Oder im September Spekulatius und Pfeffernüsse essen?

„Alles hat seine Zeit und ein jegliches Vorhaben unter dem Himmel hat seine Stunde." Dieser „Zwischenruf" stammt von dem Prediger Salomo. Er erinnert daran, dass der Wechsel der Jahreszeiten, die verschiedenen Phasen des Lebens und der Rhythmus der Natur gut und sinnvoll von Gott geschaffen sind.

Es ist gut, sich manchmal daran zu erinnern. Nicht als Spaßbremse oder sauertöpfischer Spielverderber. Sondern aus einem ganz einfachen Grund: Adventszeit ist die Zeit des Wartens. Auf das Weihnachtsfest mit dem Kind in der Krippe und dem Weihnachtsbaum. Auf schöne Geschenke und Zeit für die Familie und für mich. Möglichst ohne fremd- oder selbstgemachte Hektik und Hetze und dem damit verbundenen Stress. Anders ausgedrückt: „Gut Ding will Weile haben."

Freuen Sie sich auf eine schöne Adventszeit – im Dezember.

59

Wolfgang Mann
Zwischenruf am 27.11.2010

# Was bedeutet Weihnachten für Sie?

Süßigkeiten besorgt, Kranz gekauft, rote Kerzen aufgesteckt, Wunschzettel der Kinder eingesammelt, Betriebs- und Weihnachtsfeiern im Kalender eingetragen – noch etwas vergessen?

Große Ereignisse werfen ihre Schatten voraus. Es geht vom November in den Dezember. Gerade einmal noch vier Wochen bis zum Fest des Friedens und der Familie. Und das soll doch würdig vorbereitet sein. Es wäre ein Jammer, wenn der Höhepunkt des Jahres käme und wir hätten etwas Wesentliches vergessen.

So planen und organisieren, kaufen und besorgen wir. Die Zeit ist schnell vergangen, das Fest kommt. Und dann soll sich entfalten, was wir vorbereitet haben: der Baum, die Geschenke darunter, der gedeckte Tisch mit den Leckereien und die Grußkarten. Wie gut, dass wir nichts vergessen haben!

In den nächsten Wochen werden wir wieder von Bekannten hören, welch ein Stress diese Vorbereitungen sind. Das Hetzen und Eilen, die vollen Geschäfte, die Feierdichte. Was bereitet sich da vor?

Denn das Planen und Organisieren, all das Getriebe und der Weihnachtsmarkt gelten oft nur dem Rahmen des Festes. Der „Kern" gerät da schnell in Vergessenheit.

Heute feiern immer mehr Gemeinden Adventsandachten. Sie besinnen sich auf das, was Weihnachten bedeutet: Die Welt hat sich verändert, seit Gott mit Jesus Licht in sie gebracht hat. Wir können auf Frieden in der friedlosen Welt hoffen, auf Ruhe in der Hetze des Alltags, auf Gemeinschaft in der Vereinsamung, auf Ewigkeit in unserer Begrenztheit.

Was bedeutet Weihnachten für Sie? Was könnten Sie auf Ihre Vorbereitungsliste für das Fest schreiben?

Werner Posner
Zwischenruf am 17.12.2011

# Ein „Schluck" Licht am 4. Advent

Auf der Zielgeraden vor dem großen Fest: Weihnachtsdüfte liegen über der Innenstadt, Lichterketten fesseln das Auge, Kerzen und Dekos verbreiten Gemütlichkeit. Frohe Erwartung überall. Überall? In der Telefonseelsorge und der Krisenberatung bei „Prisma" begegnen mir die anderen Stimmungen im Advent. Mancher ist einsam, fühlt sich überflüssig, trauert um liebe Menschen, um verlorenes Glück. Oder ist gestresst, krank, sehnt sich nach Ruhe, hat Angst vor der Zukunft. Das alles gehört auch in diese Zeit. Wie könnte eine Adventsbotschaft lauten, die auch diese Befindlichkeiten trifft?

Bei Tomas Tranströmer[1] lese ich: „Mutlosigkeit bricht ihren Lauf ab. / Die Angst bricht ihren Lauf ab. / Das eifrige Licht rinnt hervor. / Auch Gespenster nehmen einen Schluck …"

Ungewöhnliche Sprachbilder! Können Sie was damit anfangen? Für mich beschreiben sie die Sehnsucht, die Gewissheit gar, dass man aufatmen dürfe, dass Ängste sich lichten, dass man frohgemut leben könne, anders gesagt, dass Göttliches im alltäglich Menschlichen zum Vorschein komme: Advent.

Ob wir's auch mal wagen: Mutlosigkeit zu unterbrechen; auf Licht zu achten, das „hervorrinnt" zwischen Grüßen, Blicken, Begegnungen. Vielleicht haben Sie Lust, ein „Tagebuch der kleinen Freuden" anzulegen? Nehmen Sie einen „Schluck" von dem Licht, das vom armen Kind in Bethlehem ausgeht, von seinem Vertrauen und seiner Weisheit, einen „Schluck", der nicht beschwipst, aber beschwingt.

---

[1] Anm. des Herausgebers: Tomas Gösta Tranströmer (geb. 1931; gest. 2015) war schwedischer Lyriker, der 2011 mit dem Nobelpreis für Literatur ausgezeichnet wurde. https://de.wikipedia.org/wiki/Tomas_Tranströmer

Pascal Schilling
Zwischenruf am 21.12.2002

# Schöne Weihnachten noch?!

„Frohes Fest!" oder „Frohe Weihnachten!" So hören wir es dieser Tage überall in der Stadt. Aber ich frage mich, ob wir überhaupt noch wissen, was wir da sagen. Oder ob das nicht nur eine leere Formel ist. „Ja klar. Weihnachten ist das Fest der Liebe – oder sollte es sein", würden viele von uns sagen. Dabei verdrängen wir verschämt, dass es oft anders ist. Ja, klar, wir versuchen, die Menschen, die uns wichtig sind, zu beschenken, und das ist gut so. Aber wie viele Geschenke werden gleich nach den Feiertagen umgetauscht, weil es die falschen waren, oder nicht gefielen?! In unserer Sehnsucht nach Frieden, so scheint es, versuchen wir unsere Friedlosigkeit zu verdecken, eben mit Geschenken und viel Licht. Die Botschaft der Heiligen Nacht ist aber genau das Gegenteil. Da wird nichts verdeckt oder beschönigt. Gott kommt in unseren Unfrieden hinein. In der Gebärdensprache gibt es eine schöne Gebärde für Frieden: die Hände gehen von der Mitte der Brust sanft abfallend nach außen. Frieden bekomme ich zugesagt, dann breitet er sich aus. Wir dürfen uns den Frieden nicht nur zusagen lassen. Wie wäre es, wenn wir an Heiligabend einander einmal Aufmerksamkeit und Frieden wünschen und schenken? In diesem Sinne „ein frohes Christfest!"

Karl-Heinz Gehrt
Zwischenruf am 02.12.2006

# Das kannst du dir schenken!

Mit dem Schenken ist es so eine Sache. Die einen haben schon alles. Wie denen eine Freude machen? Was die Kinder sich wünschen, ist manchmal etwas anderes, als ich ihnen schenken mag. Was die Älteren sich wünschen, gibt es in keinem Kaufhaus.

Da weichen wir aus auf Verlegenheitsgeschenke – die so Beschenkten schenken sie bei Gelegenheit weiter. Oder es gibt Geschenke, die vor allem viel Geld kosten; die Protzgeschenke, die den Beschenkten verlegen machen, weil er nicht mithalten kann; oder die Geschenke, die anscheinend nicht ankamen, von denen man nie wieder etwas hört, nicht mal ein Dankeschön. Ob wir uns das nicht einfach schenken sollten mit dem Schenken?

Wie geht es Gott mit seinem Geschenk, das er uns Menschen zu Weihnachten macht? Ein Kind! Alles, aber das nicht! Manche Paare erleben Schwangerschaft als das Gegenteil von Glück, vielmehr als Karriereknick und sozialen Abstieg. Ein Geschenk von der Art, wie wir manchmal sagen: Das will ich nicht mal geschenkt! Kann es sein, lieber Gott, dass du Weihnachten völlig danebenliegst mit deiner Idee? Ein Kind, klein, schwach und hilfsbedürftig? Lieber Gott, das hättest du dir schenken können!

Aber Gott hat sich nichts geschenkt. Er hat es sich alles kosten lassen. Darum kam er selbst als Menschenkind. Er kommt gerade zu den Menschen, die sagen: Ich will nichts geschenkt. Gott kann nicht anders, er kommt nur im Geschenk. Seine Liebe verschenkt sich.

Gott kommt als Kind in der Krippe auf Stroh und Holz. Er lässt die innehalten und überlegen, die immer noch sagen: Mir wurde nichts geschenkt in meinem Leben. Wer das Christuskind als eigen annimmt, dem gehen die Augen über: Das Leben mit diesem Kind ist überhaupt ein Geschenk. Das können wir uns schenken lassen.

Hermann-Josef Bittern, Fred Sobiech
Zwischenruf am 24.12.2008

# Weihnachten 2008

24.12.
ankunft des herrn
welcher herr?

der herr
der finanzmärkte und -krisen
der herr
der zins- und zinseszinsen
der herr
der gewinne und verluste
der herr
der regeln und gesetze

welcher herr?

der herr
der enttäuschungen und hoffnungen
der herr
der angst und sorge
der herr
der vergeblichkeit und vergebung

welcher herr?

der herr
wunder-rat
gott-held
ewig-vater
friede-fürst

im stall
das kind
ein segen
herrlich und kindlich

so kommt
dieser
herr

das ist der advent,
den der prophet jesaja ansagt

das ist der advent,
von dem die evangelien erzählen

das ist der advent,
der am heiligen abend sich erfüllt,
den die christenheit in ihren gottesdiensten feiert
an diesem abend
24.12.
weltweit und hier in bochum

wir laden sie herzlich ein.

Wir wünschen allen Leserinnen und Lesern ein gesegnetes Weihnachtsfest und ein behütetes neues Jahr.

Rainer Mittwollen
Zwischenruf am 19.12.2009

# White Christmas?

Die norditalienische Kleinstadt Coccaglio hat sich in diesem Jahr „White Christmas" (= weiße Weihnacht) zum Projekt gemacht! Mit Schnee und Eis hat das allerdings nichts zu tun. „White Christmas" – das soll heißen: Bis zum Fest will man so viele Migranten wie möglich aus der Stadt heraushaben! Nicht, dass es ein Kriminalitätsproblem mit ihnen gäbe, aber Bürgermeister Claretti will die Stadt säubern. „Weihnachten ist nicht das Fest der Gastfreundschaft, sondern der christlichen Tradition und Identität" – so pflichtet ihm Ratsherr Abiendi bei.

Ausländer raus – Weihnachten den Weißen? Ob dieser Gedanke auch in Deutschland Anhänger hätte? Aber was bliebe übrig, wenn wir tatsächlich alles Ausländische von „unserem Weihnachtsfest" ausschlössen? Fast gar nichts! All die typischen Weihnachtsdüfte und -gewürze, ein großer Teil der Speisen und Getränke, viele Geschenke und natürlich auch viele Weihnachtslieder kommen aus dem Ausland! Vor allen Dingen aber: Die Hauptperson des Festes, Jesus, das Christkind, könnte dann nicht dabei sein! Was für ein trauriges Fest wären solche „weiße" Weihnachten!

Die waldensisch-methodistische Kirche Italiens zählt viele Afrikaner zu ihren Mitgliedern. Einige davon leben auch in Coccaglio. Die Kirche protestiert energisch gegen die Aktion „weiße Weihnacht": Das Christfest ist ein farbenfrohes Fest, das Gottes Liebe zu allen Menschen feiert. Es gibt keine christliche Identität, wenn die Vielfalt der Kulturen ausgeschlossen wird! Ein farbenfrohes Christfest – das wünsche ich mir auch in Bochum! Wenn viele Menschen, egal welcher Hautfarbe, sich über die Geburt Jesu freuen und miteinander die Liebe Gottes feiern – dann ist es mir völlig gleich, ob es schneit oder nicht.

Karl-Heinz Gehrt
Zwischenruf am 05.01.2002

# Drei? Heilige? Könige?

Ob sie Heilige waren? Ob es drei waren? Ob sie Könige waren? Das alles wissen wir von den „Heiligen Drei Königen" nicht. Erst spätere Erzählungen machten die Weisen aus dem Morgenland zu Kaspar, Melchior und Balthasar: Der Evangelist Matthäus (Kap. 2) berichtet nur, dass Menschen im fernen Land ein großer, neuer Stern erschienen ist. Dem folgen sie und kommen auf Umwegen zu dem Kind in der Krippe. Da knien sie nieder und beten es an als ihren König. Mehr wird uns von den Weisen aus dem Morgenland nicht erzählt.

Warum mir diese Geschichte so wichtig ist – weit über den schönen Brauch der Sternsinger hinaus? Nun, weil hier schon an der Krippe klar wird, dass Jesus kein Lokalerlöser und die Kirche kein Nationalverein ist. Diese paar Leute kommen, sehen und finden stellvertretend für alle Welt. Ihnen gehen die Augen über und die Herzen auf für das Heil Gottes. Jesus war ein Jude, doch der Heiland nicht nur für die Juden. Später zog der christliche Glaube in Europa und in Deutschland ein. Aber deshalb vom „christlichen Abendland" reden oder ganz und gar verirrt ein „germanisches Christentum" suchen? Das wäre in sich zu kurz und beschränkt gedacht. Vielmehr ist es doch gut und schön, dass – bei allen Schwierigkeiten – Menschen aus anderen Ländern in unserem Land wohnen oder zu Gast sind. Bei dem Jesus Christus, dem Herrn der Kirche jedenfalls treffen sich Menschen mit ganz verschiedenen Sprachen. Sie treffen sich in der Anbetung des Königs. Also brauchen wir vor der Begegnung mit fremden Menschen, mit fremden Gebräuchen keine Angst zu haben. Es ist uns doch sozusagen an der Krippe gesungen, dass dieses Kind nicht nur für uns gekommen ist. Ich freue mich auf den Gottesdienst morgen am Epiphaniasfest, nicht nur, weil meine Gemeinde dann ihren Namenstag feiert – die Erscheinung Gottes in dieser Welt hat noch kein Ende. Christus, der den Weisen als Licht aufgegangen ist, will sich auch heute finden lassen, ganz gleich, wie nahe oder fern wir ihm stehen.

Fikret Turan
Zwischenruf am 08.12.2001

# Das Fasten und das Ramadan-Fest

Der Fastenmonat Ramadan begann dieses Jahr am 16. November und wird am 16. Dezember mit dem Ramadan-Fest beendet. Das Festtagsgebet wird somit am Sonntag, den 16. Dezember um 9.33 Uhr verrichtet.

Während des Fastenmonats essen, trinken und rauchen die Muslime von Sonnenaufgang bis Sonnenuntergang nicht und enthalten sich sexueller Handlungen. Besonders wichtig ist in diesem Monat aber auch, dass der Muslim (und natürlich auch die Muslima) sich schlechter Gedanken und Handlungen enthält. Dies soll der Stärkung des Willens und der Erziehung der Seele dienen, um den Geist gegen schlechte Gewohnheiten widerstandsfähiger zu machen. Das Fasten ist also vor allen Dingen eine moralische Erziehung. Es soll die Verbundenheit der Muslime untereinander stärken und Mitgefühl für die Bedürftigen entwickeln. Denn jeder Fastende merkt am eigenen Körper, wie es ist zu hungern, wenn auch nur für eine begrenzte Dauer. Das anschließende Ramadan-Fest ist eines der beiden wichtigsten Feste im Islam. Der Sinn des Festes liegt darin, das soziale Miteinander innerhalb einer Gesellschaft zu stärken und positiv zu beeinflussen. Die Muslime nutzen die drei Feiertage, um ausgiebig Freunde, Verwandte und Bekannte zu besuchen. Außerdem werden alte und kranke Menschen besucht und Bedürftigen Almosen gegeben. Das höchste Gebot ist es, Streitigkeiten zu beenden und Frieden zu schließen.

Kinder bekommen Geschenke und Älteren begegnet man mit Respekt, was zum Beispiel durch das Küssen der Hand Älterer demonstriert wird.

Michael Rosenkranz
Zwischenruf am 13.01.2001

# Geschenk der Liebe

„Gedenke des Sabbat-Tages, um ihn zu heiligen. Sechs Tage darfst du arbeiten, und alle deine Werke verrichten. Aber der siebente Tag ist ein Sabbat, ein Ruhetag, dem Ewigen, deinem Gotte; da sollst du keinerlei Werk verrichten, weder du, noch dein Sohn oder deine Tochter, noch dein Knecht oder deine Magd, noch der Fremde, der in deinen Toren ist" (Thorah, II. Buch, 20,8-10).

„Ohne Sonntag gibt es nur noch Werktage" (Evangelische Kirche Deutschlands).

In einer Zeit, in der teure Maschinen und große Fertigungsanlagen den größten Teil der Produktion übernommen haben, hängt die Wirtschaftlichkeit wesentlich von der größtmöglichen Auslastung der Anlagen ab. Maschinen können rund um die Uhr und ohne jegliche Unterbrechung arbeiten. Aber sie werden von Menschen bedient, die Ruhepausen brauchen, – nicht nur, um sich körperlich zu erholen, sondern auch um geistig wieder zu sich kommen zu können.

Das Gebot des wöchentlichen Ruhetages, das Gott der Menschheit auf dem Weg über die Israeliten gegeben hat, gilt als eines der wichtigsten und ist ein Liebesgeschenk an die Geschöpfe. Nach sechs Tagen Knechtschaft um der irdischen Zwänge willen kommt ein Tag der Freiheit, an dem man zur Arbeit nicht gezwungen werden darf, an dem man nicht für den Dienstherrn da sein muss, sondern für sich selbst da sein kann. Im Ruhen kann man neuen Atem holen, zu sich kommen, etwas für sich tun, auch über die eigene Situation nachdenken, dies vielleicht als erster Schritt für eine Änderung. Sich-Regenerieren bedeutet nicht nur Sich-Erholen, es bedeutet auch Sich-Erneuern, nicht nur das Leben behalten, sondern auch es entfalten.

Dieses Anliegen Gottes sollte uns veranlassen, sein Liebesgeschenk zu bewahren und zu verteidigen, damit wir Menschen bleiben, die anders sind als Maschinen.

# Beten und Gottesdienst feiern

Damit wir nicht zugrunde gehen, müssen wir zusammenkommen.
Zusammenkommen – Zusammensein – Zusammenbleiben.
Wo der Schöpfer mit seinem Geschöpf zusammenkommt und seine
Geschöpfe zusammenruft, so dass auch sie zusammenkommen,
um im Frieden zusammenzusein, wo das geschieht,
da ereignet sich Gottesdienst.

*Eberhard Jüngel*


Und dann läuten mit einem Mal die Glocken freudevoll,
die Kirche erstrahlt im hundertfältigen Glanz der Lichter.
Gloria! singt der Pfarrer, so laut er nur kann, Gloria in excelsis Deo!
Und die Leute fallen ins Knie, Hirten und Bauern,
wie damals in der gesegneten Stunde.

*Karl-Heinrich Waggerl*

Elmar Kirchner
Zwischenruf am 02.09.2000

# Friedensgebet

„Unfriede herrscht auf der Erde – Krieg und Streit bei den Völkern" – mit diesen Worten bringt eines der neuen geistlichen Lieder die Schattenseite der menschlichen Lebenswelt auf den Punkt. Täglich lesen und hören wir davon, wie sehr diese dunkle Erfahrung Menschen bedrängt. Manchmal schlagen die Wellen des Entsetzens darüber ganz hoch, ein anderes Mal gehen wir recht schnell zur Tagesordnung über. Und oft verschlägt es einem buchstäblich die Sprache, wenn man bedenkt, zu welcher Brutalität Menschen fähig sind. In den letzten Wochen mussten wir zur Kenntnis nehmen, dass auch in unserem Land Unfrieden herrscht. Fremdenfeindlichkeit und Ausländerhass – von wenigen Zeitgenossen propagiert und in Hetzjagden und Schläge umgesetzt – vergiften das Zusammenleben der Menschen. Gottlob: Die Mehrheit distanziert sich davon. In vielen Bereichen unserer Gesellschaft mobilisieren sich Kräfte, die sich diesem Treiben entgegenstellen. Die meisten Menschen sehnen sich nach Frieden und Gerechtigkeit. Und dennoch bleibt die bittere Erfahrung, wie zerbrechlich diese Sehnsucht und das Bemühen um Frieden und Gerechtigkeit sein können. Der gute Wille, die gute Absicht allein reichen nicht aus. Es gilt, das mir Mögliche zu tun im Einsatz für Frieden und Gerechtigkeit. Es ist schon etwas sonderbar, dass viele genau zu wissen meinen, was andere – etwa die politisch Tätigen – zu tun oder zu lassen haben im Bemühen um den Frieden, aber in ihrem direkten Lebensumfeld sind sie selbst nicht bereit, Unrecht beim Namen zu nennen oder gar fremdenfeindlichem Gerede an Stammtischen oder sonstwo mutig entgegen zu treten. Für Christen ist es wohl naheliegend, neben dem konkreten und aktiven Einsatz für mehr Gerechtigkeit und Frieden dieses wichtige Anliegen in das persönliche oder gemeinschaftliche Gebet hineinzunehmen. Beten Sie mit? Vielleicht auch nur in der morgen beginnenden neuen Woche?!

Fikret Turan
Zwischenruf am 18.08.2001

# Glück durch Gebet

Das rituelle Gebet ist die täglich fünfmalige Verrichtung eines nach bestimmten Regeln festgelegten, allein oder in Gemeinschaft anderer Gläubiger zu verrichtenden Gottesdienstes. Darüber hinaus gibt es das wöchentliche Freitags- und zwei Festgebete als Pflicht-Gemeinschaftsgebete.

Das Gebet ist das schönste Glaubenszeugnis gegenüber Allah dem Erhabenen. Das rituelle Gebet wird in Demut verrichtet, man erlangt innere Ruhe, dem Beter wird bewusst, dass er sich im Gebet in der Gegenwart Allahs befindet, und er empfindet geistiges Glück.

Um das rituelle Gebet verrichten zu können, sind bestimmte Körperteile (Hände, Gesicht und Füße) zu waschen (rituelle Waschung). Außerdem müssen der Körper (insgesamt), die Kleidung und der Gebetsort peinlich sauber sein. Das rituelle Gebet reinigt das Innere des Menschen von allen boshaften Gefühlen und Gedanken, bringt das Benehmen unter Kontrolle, beruhigt und hebt den Menschen geistig.

„Verlies, was dir von dem Buche geoffenbart ward, und verrichte das Gebet. Siehe, das Gebet hütet vor Schandbarem und Verbotenem. Und wahrlich, das Gedenken an Allah ist die höchste Pflicht, und Allah weiß, was ihr tut" (Der Koran, Ankebut 45).

Lisa Walter
Zwischenruf am 03.08.2002

# Schlechtes Gewissen hilft niemandem

„Einsicht ist der erste Weg zur Besserung …" Wenn das mal reicht! Ein schlechtes Gewissen zu haben, gehört inzwischen ja zum guten Ton. So zeigt zum Beispiel Florian Illies[1] in seiner „Anleitung zum Unschuldigsein", worüber man sich alles einen Kopf machen kann – von der überfahrenen roten Ampel bis zur Fast-Food-Mahlzeit.

Wir reiben uns auf zwischen Umwelt- und Verkehrssünden, an den Ansprüchen von political correctness und eigenen Idealen (ganz zu schweigen von Gottes Maßstäben für unser Leben).

Das schlechte Gewissen allein hilft allerdings niemandem. Nur mit Einsicht kommt man nicht weiter, Umkehr heißt das Zauberwort. Schuld vor sich und vor Gott eingestehen, von ihm total erneuert und auf eine ganz andere, verheißungsvolle Lebensspur gesetzt zu werden – das ist etwas anderes als mehr oder weniger unzufrieden mit sich selbst herumzulaufen.

Die Bibel nennt das Buße. Die Einladung dazu spricht Jesus Christus im Evangelium aus: „Kommt her zu mir alle, die ihr mühselig und beladen seid" (Matthäusevangelium 11,28).

Das Neue Testament beschreibt diesen Weg der Umkehr und Vergebung als Weg der Erleichterung, als Weg der Ent-Schuldung im wahrsten Sinne des Wortes. Schluss mit den Gewissensbissen, her mit dem Leben aus erster Hand!

---

[1] Anm. des Herausgebers: Florian Illies (geb. 1971) ist ein deutscher Journalist, Kunsthändler, Kunsthistoriker und Buchautor. Seit Januar 2019 ist er geschäftsführender Verleger des Rowohlt Verlags. Ende Januar 2020 wurde bekannt, dass er im Herbst des Jahres auf eigenen Wunsch ausscheiden wird. https://de.wikipedia.org/wiki/Florian_Illies

Sigrid Hinkelmann
Zwischenruf am 02.08.2003

# Neue Wege gehen

Lassen sich mit unserem kirchlichen Angebot Menschen erreichen, die mit unseren kirchlichen Traditionen nicht vertraut sind? Haben wir uns nicht zu lange damit begnügt, Überkommenes und Liebgewordenes zu pflegen, ohne die Bedürfnisse der Menschen von heute sorgfältiger in den Blick zu nehmen? Eine gründliche „Inventur" müsste hier helfen, Brauchbares zu bewahren, aber auch die Freiheit schenken, sich von hinderlichen Traditionen zu verabschieden. Beispiel: die Musik in der Kirche. Klassische Choräle in altertümlicher Sprache sind heute kaum geeignet, „frohe Botschaft" zu vermitteln. Junge Menschen fühlen sich abgeschreckt statt angesprochen. Unsere Gottesdienste sollen aber keine musealen Veranstaltungen sein, die Menschen unserer Zeit den Zugang versperren! Wir brauchen neben vertrauten Klängen auch zeitgemäße Musik, geprägt von einem zeitgemäßen Frömmigkeitsstil. Darin sehe ich eine besondere Chance, die mittlere und jüngere Generation für die Sache der Kirche zu gewinnen und in sie einzubinden. Ein Anfang dazu war bei uns ein Kindermusical, das viele junge Menschen motiviert und viele ältere begeistert hat. Eine „Christmas Celebration" soll folgen, und ein gemischter Gospelchor aus weißen und schwarz-afrikanischen Christen, die „Black & White Gospel-Singers" wurde ins Leben gerufen. „Musik ist doch unser größtes Sprachrohr, und wir wollen doch im Herzen erreicht werden", sagte mir eine junge Frau nach ihrer ersten „Black & White"-Probe. Und unsere Kirchenchöre erleben, wenn sie moderne Lieder erklingen lassen, durch in der Kirche ungewohnten Applaus, wie eingängige Melodien mit prägnanten Rhythmen selbst die Traditionsgemeinde mitreißen.

Andrea Münch
Zwischenruf am 07.01.2006

# „Gott ist mit uns"

Na, sind Sie gut ins neue Jahr gerutscht? So richtig mit Party, knallenden Korken und buntem Feuerwerk? Oder eher ruhig und besinnlich? Wie auch immer – ich wünsche Ihnen auf jeden Fall alles Gute für 2006. So sagt man das doch, oder? Alles Gute? Das ist so schnell und leicht daher gesagt. Was mag damit gemeint sein? Glück, Reichtum, Erfolg? Liebe, Zufriedenheit, Gesundheit? Jede stellt sich wohl etwas anderes darunter vor. Dem einen reicht es, zufrieden zu sein mit dem, was er hat (vielleicht hat er ja alles). Dem anderen wäre es wichtig, endlich Erfolg zu haben, oder die große Liebe zu finden, oder … Versprechen kann ich mit meinem „Alles-Gute-Wunsch" natürlich nichts. Wer weiß schon, was passieren wird im neuen Jahr? Und wenn's bergab geht, dann kann man sich für den gut gemeinten Wunsch auch nichts kaufen. Am Neujahrstag musste ich an ein Lied von Brian Doerksen[1] denken, in dem es heißt: „Ich weiß nicht, was dieser Tag bringen wird. Wird er enttäuschend sein oder angefüllt mit den ersehnten Dingen? Ich weiß nicht, was der nächste Tag bereit hält. Doch ich weiß, dass ich deiner Treue vertrauen kann. (...) Ich weiß nicht, was die Zukunft bringen wird. Doch ich weiß, dass ich deiner Treue vertrauen kann." Von Gottes Treue ist die Rede. Wenn wir uns vieles wünschen, doch uns auf nichts wirklich verlassen können – auf Gottes Treue können wir uns verlassen. In der Bibel heißt es: „Niemals bricht ER sein Wort" (Psalm 146,6). Meinen Wunsch will ich neu formulieren. Ich wünsche Ihnen und mir auch, dass wir in diesem neuen Jahr Gottes Treue zu uns neu entdecken können, unabhängig von unseren Lebensumständen, unabhängig von dem, was das Jahr mit sich bringt. Ich wünsche uns, dass wir im Jahr 2006 mit einstimmen können in die bekannten Worte Dietrich Bonhoeffers[2] (dessen Lebensumstände im Dezember 1944 alles andere als gut und hoffnungsvoll waren): „Von guten Mächten wunderbar geborgen erwarten wir getrost, was kommen mag. Gott ist mit uns am Abend und am Morgen, und ganz gewiss an jedem neuen Tag."

---

[1] Anm. des Herausgebers: Brian Doerksen (geb. 1965) ist ein kanadischer Lobpreis-Musiker.
https://de.wikipedia.org/wiki/Brian_Doerksen

[2] Anm. des Herausgebers: Dietrich Bonhoeffer (geb. 1906; gest. 1945) Theologe, profilierter Vertreter der Bekennenden Kirche und am deutschen Widerstand gegen den Nationalsozialismus beteiligt. Am 05.04.1943 wurde er verhaftet und zwei Jahre später, am 09.04.1945 im KZ Flossenbürg hingerichtet.
https://de.wikipedia.org/wiki/Dietrich_Bonhoeffer

Michael Rosenkranz
Zwischenruf am 17.02.2007

# An wen mein Gebet?

Während den Glaubensgemeinschaften die Gläubigen abhanden kommen und die Beter-Bänke leerer werden, beginnen die Übrigbleibenden der Religionen aufeinander zuzugehen. Sie reichen sich die Hände, schauen einander an, sprechen miteinander, fangen an, die Heiligen Schriften der anderen zu lesen. Dabei entdecken sie Parallelen, andere Ansätze oder auch Unterschiede in den eigenen Schriften, entdecken aber zugleich, dass die gleichen Themen um Leben und Tod auch die anderen beschäftigen. Das verbindet, baut Fremdheit und Argwohn ab und vermittelt die Erfahrung, dass nicht nur ich, sondern ebenso auch der andere um das Wasser des Lebens bittet. Und so vermag ich plötzlich, Seite an Seite mit ihm, aus gleichem Gebetsanliegen die Bitte auszusprechen, das Gebet zu beten. So weit, so gut. Aber, an wen richte ich meine Bitte? Und, an wen er? Es gibt Leute, die lehnen das gemeinsame Gebet Angehöriger unterschiedlicher Religionen ab mit dem Argument, der Gott der anderen sei ein anderer. Wie das? Hat der Ewige nicht alle Menschen erschaffen? Und: Gilt Sein Wort „Wenn ihr von ganzem Herzen nach Mir fragt, lasse Ich Mich von euch finden" (Jeremiah 29,13-14) nicht für alle? Muss ich denn so genau wissen, wo in seiner Suche sich der andere gerade befindet? Sollte nicht ich mich selbst fragen, wo ich mich befinde, eventuell dankbar sein, wenn der andere mich bei seinem Gebet mitzunehmen bereit ist? Bevor ich dem anderen unterstelle, einen niedrigeren oder gar falschen Gott anzubeten, sollte ich da nicht mich selbst vergewissern, ob ich überhaupt auf der Höhe meines Geistes bin? Bin ich mit meinem Gebet wirklich immer beim Höchsten, dem Allmächtigen? Reicht mein Gebet nicht manchmal nur bis zu einem Fürbitter, von dem ich Hilfe erhoffe? War ich noch nie in der Situation, ehrfürchtig einen Gegenstand zu berühren, den alle in der Gemeinschaft als „heilig" bezeichneten? Jede Religion kennt verschiedene Stufen der Erkenntnis, und wir bewegen uns zwischen ihnen, je nach unserer Situation, Seelen- und Gemütslage und geistigen Kraft. Sollten wir uns um die anderen mehr Gedanken machen als über uns selbst? Heißt es nicht „Die Fremden, die sich dem Ewigen anschließen, Ihm zu dienen und den Namen des Ewigen zu lieben ..., – Ich werde sie zum Berg Meines Heiligtums bringen und sie im Haus Meines Gebets erfreuen" (Jesajah 56,6-7)? Doch, – wie steht es um uns?

Michael Rosenkranz
Zwischenruf am 23.06.2007

# Ein ewiges Gesetz

Wenn man auf Reisen ist und die Woche zu Ende geht, gehört es zu den besonderen Reiseerlebnissen, am Ort, an dem man gerade weilt, den Gottesdienst der örtlichen Gemeinde aufzusuchen und daran teilzunehmen. Vieles ist dort oft anders als zu Hause gewohnt, bestimmte Stellen des Ritus' aber sind vertraut und verursachen sogleich ein heimeliges Gefühl. Natürlich wird man von den Gemeindemitgliedern neugierig beäugt und scheu befragt. Wenn das gemeinsame Bekenntnis dann offenbar wird, werden dem Gast schnell Freundlichkeit und Ehre und Gastfreundschaft zuteil, und das Gefühl, zu einer Familie zu gehören, stellt sich ein.

Wenn die Fremden aber Nichtjuden sind, die zu uns kommen, an unserem Gottesdienst teilzunehmen, dann stellen sie oft die bange Frage, ob sie denn teilhaben dürften, auch an Wein und Brot und Salz. Oft haben wir nichtjüdische Gäste, die seit langem den Kontakt zu unserer Gemeinde pflegen, oft zu Gast sind und wie selbstverständlich dazu gehören. Nicht sie stellen diese Frage; sie wissen die Antwort längst. Es sind solche Gäste, die erstmals kommen oder kommen wollen, gehemmt von Scheu, wie sie das jüdische Gotteshaus betreten, sich darinnen verhalten sollen. Leider sind durch immer wieder auftretende Bedrohungen Sicherheitsvorkehrungen beim Betreten einer jüdischen Gemeinde in unserem Land notwendig geworden, die die Synagogen wie uneinnehmbare Festungen aussehen lassen. Das bedrückt uns ebenso wie unsere Gäste, die wir desungeachtet gerne bei uns willkommen heißen, den Gottesdienst, das anschließende gemeinsame Mahl, ebenso wie unsere Festveranstaltungen mit uns zu teilen. Denn es heißt (IV. Buch Mose 15,14-15): „Wenn bei euch ein Fremder weilt ... und dem Ewigen zu Ehren ein Feueropfer von lieblichem Geruch darbringt, so soll er es ebenso darbringen wie ihr.

Für die ganze Gemeinde sei ein und dasselbe Gesetz, für euch und für den Fremden, der bei euch weilt, ein ewiges Gesetz für all eure Geschlechter; vor dem Ewigen sei der Fremde euch gleich." Ein ewiges Gesetz, gültig auch heute, da wir keine Feueropfer mehr darbringen, aber Wein und Brot und Salz miteinander teilen.

Hartwig Burgdörfer
Zwischenruf am 15.03.2008

# Sang- und klanglos verschwinden?

Als Krankenhausseelsorger erinnere ich mich an eine aufregende Situation vor etlichen Jahren: Eine Verstorbene lag etliche Tage in der Kühlkammer, ohne dass sie ein Bestatter abholte. Verwandte meldeten sich nicht. Wie sollte sie nun würdevoll unter die Erde kommen? Was damals mit Aufregung verbunden war, ist heute leider Alltag geworden: Monatlich werden in Bochum ca. 20 Menschen bestattet, um die sich keine Angehörigen kümmern. Sie verschwinden sang- und klanglos ohne Trauerfeier auf einem anonymen Gräberfeld.

Ich glaube, dass die Würde, die wir Verstorbenen erweisen, viel zu tun hat mit der Würde, die wir Lebenden zusprechen. Auch sagt die Würde, die ich einem anderen Menschen zeige, etwas darüber aus, ob ich mir selbst Würde zugestehe.

Deshalb feiern wir hier in Bochum nun regelmäßig Gedenkgottesdienste für Menschen, die bisher „unbedacht" blieben. Wer sang- und klanglos verschwunden ist, soll noch einmal beim Namen genannt werden. Den schreiben wir dann in ein Gedenkbuch und entzünden eine Kerze. Die beiden großen christlichen Kirchen führen diese ökumenischen Gottesdienste abwechselnd in der Paulus- und in der Propsteikirche durch. Der Stadtspiegel weist im Vorfeld darauf hin, sodass ehemalige Bekannte eingeladen sind. Schön, wenn auch Andere sich etwas Zeit nehmen, um ihnen eine letzte Ehre zu erweisen! Meines Erachtens ist jeder Mensch in seiner Unterschiedlichkeit wertvoll und besitzt eine Würde, die über sein Sterben hinausreicht. Ich verlasse mich dabei auf Gottes Zusage: „Fürchte dich nicht, denn ich habe dich erlöst; ich habe dich bei deinem Namen gerufen; du bist mein!" (Jesaja 43,1)

Zum 1. Gottesdienst laden wir ein für kommenden Dienstag um 17 Uhr in der Pauluskirche.

# Erfahrungen mit Gott machen

Die unglücklichsten Stunden unseres Lebens sind nicht die,
wo wir etwas Schweres erleben,
sondern die, wo wir uns fern von Gott fühlen.

*Albert Schweitzer*

Ich muss die Gewissheit haben können,
in Gottes Hand und nicht in Menschenhänden zu sein.
Dann wird alles leicht, auch die härteste Entbehrung.

*Dietrich Bonhoeffer*

Volker Heidelbach
Zwischenruf am 22.01.2000

# Lebendigem Gott begegnen

Glauben heißt sehen – wir müssen nicht sehen, um zu glauben. Ein Satz, der herausfordert – zum Spott, zum Widerspruch oder zum Anstoß, dem, was da behauptet wird, auf den Grund zu gehen.

Erst in der Begegnung mit dem lebendigen Gott, der sich in Jesus Christus offenbart hat, lässt sich sehen.

Zu allen Zeiten, in allen Kulturen haben dies Christen immer wieder bezeugt. So auch Thomas von Aquin[1], der große Gelehrte der Kirchengeschichte. Anfang Dezember im Jahre 1273, kurz vor seinem Tod, wurde er beim Lesen der Messe so ergriffen, dass er daraufhin kein Wort mehr diktierte oder schrieb. Als ihn einer seiner besorgten Sekretäre drängte, seine Arbeit doch wieder aufzunehmen, antwortete er nur: „Ich kann es nicht. Alles, was ich geschrieben habe, ist wie Stroh im Vergleich zu dem, was ich gesehen habe und was mir offenbart worden ist."

Was war geschehen? Er hatte eine Begegnung mit Gott, die sein Denken, Fühlen und Wollen so tiefgreifend beeindruckte, dass er sein Schreibzeug beiseite legte und nur noch schweigen konnte. Das, was ihm widerfahren ist, ist genau das, wovon Hiob sprach, als ihm Gott nach all seinem Leiden begegnete: „Ich kannte Dich nur vom Hörensagen, jetzt aber habe ich Dich mit meinen Augen gesehen" (Hiob 42,5).

Das, was Hiob und Thomas von Aquin möglich war, ist auch heute noch möglich – für Sie und für mich.

---

[1] Anm. des Herausgebers: Thomas von Aquin (geb. kurz vor oder kurz nach Neujahr 1225; gest. 1274) war ein italienischer Dominikaner und einer der einflussreichsten Philosophen und der bedeutendste katholische Theologe der Geschichte. Er wird in der römisch-katholischen Kirche nicht nur als Heiliger verehrt, sondern zählt auch zu den bedeutendsten Kirchenlehrern. https://de.wikipedia.org/wiki/Thomas_von_Aquin

Elke Dinkela
Zwischenruf am 26.02.2000

# Tröstende Worte helfen suchen

Können Sie sich noch an die guten Vorsätze zum Jahreswechsel erinnern? Was haben Sie im Auge behalten? Was ist in Vergessenheit geraten? Was ist so ganz anders geworden, als Sie es sich erhofft und erträumt haben? Ist es schlechter oder besser als befürchtet?

Zum Jahreswechsel hatte ich Sie eingeladen, sich mit mir auf den Weg zu machen, entsprechend der Jahreslosung, Gott zu suchen. „Wenn ihr mich von ganzem Herzen suchen werdet, so werde ich mich von euch finden lassen", so heißt der Satz aus der Bibel. Erinnern Sie sich? Haben Sie sich auf den Weg gemacht? Wenn ja, was haben Sie entdeckt?

Für mich begann das Jahr 2000 mit einem Paukenschlag: zerplatzte Hoffnungen, durchkreuzte Pläne, Irritationen, Trauer … Spuren Gottes? Zunächst war ich einfach nur blockiert. Wie und wo sollte ich in diesem Chaos Spuren Gottes erkennen? Auf Texte konzentrieren konnte ich mich nicht. Worte hörte ich wohl, aber sie perlten an mir herunter, wie Wassertropfen von der Haut. Freunde bewährten sich. Sie waren einfach da. Sie nahmen mich auf, hörten mir zu und forderten nichts. Das tat gut. Sie haben mein Herz erreicht. Das war und ist eine Spur Gottes. Seine Liebe und Zärtlichkeit erkenne und erfahre ich zur Zeit durch meine Freunde. Jetzt kann ich auch wieder Worte hören. Sie fließen in mich hinein und trösten mich. Psalm 91,11 ist solch ein Wort: „Denn er hat seinen Engeln befohlen über dir, dass sie dich behüten auf allen deinen Wegen." Auf allen Wegen behütet, klingt es in mir nach. Auch dieser ungeplante und chaotische Weg ist also ein behüteter Weg. Das macht mir Mut und lässt mich hoffen.

Hilfreiche Menschen, tröstende Worte, ermutigende Gedanken können Spuren Gottes sein. Geben Sie die Suche nicht auf. Es lohnt sich.

Marc Struckmann
Zwischenruf am 04.03.2000

# Gott sieht hinter Menschenmasken

Jedes Jahr ist der kleine Zirkus wieder da. Die Kinder lieben den Clown. Aber beim Aufbau passiert es: „Feuer! Es brennt!" Der Clown stürzt davon, unendlich lang wird sein Weg in den großen Schuhen. Verzweifelt erreicht er das Dorf: „Feuer! Es brennt!" – Aber die Leute lachen nur: „Ein toller Werbetrick!"

Der Clown versteht die Welt nicht mehr. Je verzweifelter er um Hilfe schreit und gestikuliert, desto mehr biegen sich die Leute vor Lachen. So verrückt haben sie den Clown noch nie erlebt. – Das Lachen, das er sonst so gerne hörte, klingt jetzt brutal. Die Leute wischen sich die Lachtränen aus den Augen – und den Zirkus fressen die Flammen (nach Sören Kierkegaard[1]).

Der Clown erlebt, wie schrecklich es sein kann, von anderen vollkommen auf bestimmte Rollen festgelegt zu werden. Der Mensch hinter der Rolle und Maske wird dann nicht mehr gesehen. –

Unser Gott geht über die festen Rollen hinweg. Er sieht den Menschen hinter unseren Masken. Mit einem Satz sieht Jesus durch Rollen und Masken hindurch: „Wer unter euch ohne Sünde ist, der werfe den ersten Stein!" (Johannesevangelium 8,7). Da fallen unsere Masken und Rollen, und wir dürfen zu ihm kommen, ganz ungeschminkt und echt.

---

[1] Anm. des Herausgebers: Søren Aabye Kierkegaard (geb. 1813; gest. 1855) war ein dänischer Philosoph, Essayist, Theologe und religiöser Schriftsteller. Kierkegaard gilt als der führende dänische Philosoph und darüber hinaus als bedeutender Prosa-Stilist. Er zählt zu den wichtigen Vertretern von Dänemarks Goldenem Zeitalter. https://de.wikipedia.org/wiki/Sören_Kierkegaard

Volker Heidelbach
Zwischenruf am 28.10.2000

# Geborgenheit und Liebe erfahren

Ich sitze am Schreibtisch und denke an die Begegnungen der letzten Tage und Wochen. Da ist die junge Frau, die keine Kindheit hatte, weil sie von ihrem eigenen Vater über die Jahre missbraucht wurde. Da ist der junge Mann, der in seinem ganzen Leben nie eine Umarmung erlebt hat, der nur zu hören bekam, dass er ein Versager sei, zu nichts nütze. Da ist die Mutter, die mit ihren Kindern sitzen gelassen wurde, weggeworfen, weil sie nicht mehr genügte.

Menschen, tief verletzt in ihrer Würde, entrechtet und geknechtet, gebrochen in ihrer Identität, die sich nach einer schützenden Hand und der Geborgenheit einer liebevollen Umarmung sehnen. Das ist die Prosa, die das Leben schreibt. Nein! Das ist die nackte Realität unter uns.

Aber auch das ist wahr: Die junge, missbrauchte Frau, die ihre Vergangenheit überwunden hat, und nun voller Hoffnung und Freude ihr Leben gestaltet; der junge Mann, der heute weiß, dass er geliebt, kostbar und einzigartig ist; die Mutter, die frei von Bitterkeit und Sorge, kraftvoll und mit freudiger Erwartung in die Zukunft sieht.

Und all das aus einem einfachen Grund: Sie haben in der Begegnung mit dem auferstandenen Sohn Gottes, Jesus Christus, Heilung, Liebe, Geborgenheit und Versöhnung mit den Schatten ihrer Vergangenheit empfangen.

Legende? Märchen? Nein! Das ist die fassbare und erlebte Realität des Reiches Gottes unter uns.

Michael Rosenkranz
Zwischenruf am 05.05.2001

# Gott allein ist der Orientierungspunkt

„Ohne Sonne gäbe es kein Leben auf der Erde. Beten Sie sie an." Zitat aus dem Werbeplakattext für das neue Modell eines deutschen Automobilherstellers in diesem Frühjahr. „Ich bin der Ewige, dein Gott. der dich herausgeführt hat … aus dem Sklavenhaus … Du sollst dich nicht vor anderen Göttern niederwerfen …" heißt es dagegen in der Thorah, im zweiten Buch Mose 20,2-5). –

Natürlich will das Werbeplakat von uns nicht wirklich, dass wir uns vor der Sonne niederwerfen. Jedenfalls nicht vor d e r Sonne … Aber, was kann denn Schlimmes daran sein, ein neues Modell schön oder gar kaufenswert zu finden? Dagegen ist nichts zu sagen. Aber anbeten? Mein Heil, meine Zuflucht, mein Selbstverständnis, meinen Lebenssinn darin zu suchen, mich vor ihm niederzuwerfen und mich ihm unterzuordnen, das ginge zu weit. Das würde Gefahr für mich bedeuten. –

Gott hat uns aus dem Sklavenhaus geführt, in dem wir abhängig waren, in dem uns eine fremde Identität übergestülpt war, in dem wir uns nicht entfalten konnten, wie es unserer eigensten Bestimmung entspricht. Er, der uns als freies, unabhängiges Wesen erschaffen hat, ihm Partner seiner Schöpfung zu sein, er gab uns die Freiheit zurück.

Diese Freiheit sollten wir uns bewahren. Keine andere Autorität, kein Geschöpf Gottes und schon gar kein Geschöpf des Menschen dürfen uns bestimmen, über uns bestimmen, uns Maßstab und Richtlinie werden. Nur Gott allein darf unser Orientierungspunkt sein, wie auch immer wir ihn nennen. Er, dessen Geschöpfe wir sind, von dessen Schöpfung wir ein Teil sind, er, der über allem steht, ist der einzige, von dem wir wissen, dass er uns nicht einengen und missbrauchen wird. Deswegen können wir in ihm Halt finden. Wenn wir in uns hinein lauschen und uns nicht von den Interessen anderer beeinflussen lassen, dann werden wir unser ureigenstes Interesse, unseren eigenen Weg finden. Dann zugleich werden wir uns Gottes Schöpfung einfügen und seinen Willen erfüllen.

Ursula Thiemann
Zwischenruf am 16.06.2001

# Wohnraum für die Kulturen der Welt

„Was stehst'n da rum? Ich kuck. Was siehst'n? Nischt. Deswegen kuck-
ste? Ich kuck, weil ich was seh'n will. Was willst'n seh'n? Ich kuck grade."
(Wolfdietrich Schnurre[1]). Ein Dialog zweier Kinder, die von drinnen durch
ein von Regentropfen nasses Fenster blicken.

Zwei kleine, ganz unterschiedliche Menschen. Der eine ein Realist:
Was stehst du denn da herum, hast du denn nichts zu tun! Was siehst du
denn, was kann es da schon Aufregendes geben? Was willst du denn sehen,
muss man doch wissen, was man will!

Der andere trägt von vielem ein bisschen in sich: von jemandem, der
Dinge auf sich zukommen lässt; von jemandem, der die kleinen Dinge des
Alltags wahrnehmen möchte; von jemandem mit großer Gelassenheit; von
jemandem, der dabei auch zu träumen wagt.

Zwei Menschen mit ihrer ganz eigenen Lebensphilosophie – so, wie
sie wohl jede und jeder von uns hat. Heute ist das nicht anders als vor
vielen hundert Jahren. Da wandte sich ein Mensch voll Sehnsucht und
Vertrauen an Gott: „Woher kommt mir Hilfe? Meine Hilfe kommt von
Gott, der Himmel und Erde gemacht hat. Er wird deinen Fuß nicht gleiten
lassen, und der dich behütet, schläft nicht" (Psalm 121,1-3). Wie vor einem
regennassen Fenster mag sich auch dieser Mensch gefühlt haben. Der
klare Blick verschleiert, das Ziel nicht mehr zu sehen, der einzige Gedanke:
Wer kann helfen?

Wenn damals das Kind, das so viel gefragt wurde, davon schon gewusst
hätte, dann hätte es vielleicht geantwortet: „Na, kuck doch, was Gott an
kleinen Dingen für dich, für uns bereithält." – Vielleicht mögen Sie auch
„kucken"?! Ich wünsche Ihnen dabei viel Freude und Vertrauen!

---

[1] Anm. des Herausgebers: Wolfdietrich Schnurre (geb. 1920; gest. 1989) war ein deutscher Schriftsteller.
https://de.wikipedia.org/wiki/Wolfdietrich_Schnurre

Dirk Reschke
Zwischenruf am 22.03.2003

# Kennen Sie die Bibel?

Klar – was für eine merkwürdige Frage, werden Sie vielleicht denken. Das Buch der Bücher! Vielleicht gibt es in deutschen Haushalten davon fast so viele Exemplare wie es Telefonbücher gibt. Christinnen und Christen begehen dieses Jahr als „Jahr der Bibel". Vielleicht wurden auch Sie schon auf einige besondere Gottesdienste unter diesem Thema aufmerksam gemacht. Der ökumenische Arbeitskreis „Kirche in der Stadt" hat für die Wochen vor Ostern eine besondere Aktion ins Leben gerufen. Bochumer Bürger sind eingeladen, die Bibel abzuschreiben. Kennen Sie die Bibel? Ich hatte bei der Vorbereitung des Projektes wieder die Gelegenheit, meine Bibel „neu" kennen zu lernen. Ich begegne in diesem Buch den unterschiedlichsten Typen: den Machern und denen, die es immer mit sich machen lassen; Siegern und Besiegten; den Mahnern und denen, die alle Mahnungen in den Wind schreiben; Hilfsbedürftigen und Helfern; Baumeistern und Zerstörern; Liebenden und Feindseligen; Träumern und Realos. Und immer wieder begegne ich Gott in diesem Buch, wie er mit all diesen unterschiedlichen Persönlichkeiten seine Welt gestaltet. Und ich merke – diese Leute, von denen die Bibel da erzählt, unterscheiden sich nicht wesentlich von denen, die heute unsere Erde bevölkern. Ich möchte auch Sie einladen zu erleben, dass die alten Geschichten der Bibel etwas mit Ihrem Leben zu tun haben! Schreibstuben, in denen Sie sich an der Aktion beteiligen können, finden Sie zum Beispiel in der Propstei-, der Paulus- und der Auferstehungskirche.[1]

---

[1] Anm. des Herausgebers: Die Bibel erschien 2003 unter dem Titel „Bochumer Bürger Bibel", herausgegeben vom Ökumenischen Arbeitskreis Kirche in der Stadt (ISBN 3-86515-222-8).

Volker Heidelbach
Zwischenruf am 05.04.2003

# Der wartende Vater

In den frühen Morgenstunden verließ Sawat, ein junger thailändischer Mann, Bangkok. Sein Reiseziel: Ein kleines Dorf im Süden des Landes, in dem seine Familie lebte. Während der Zugfahrt sann er über die letzten Monate seines Lebens nach.

Er suchte der Tristesse seines Heimatdorfes zu entfliehen und sehnte sich nach Abenteuer und Vergnügen. Kurz nach seiner Ankunft in Bangkok besuchte er ein Hotel, von dessen Art er noch nie eines gesehen hatte: ein Bordell. Dies war der Startpunkt der Reise Sawats in die Welt des Rotlichtmilieus. Binnen kurzer Zeit verkaufte er Opium und vermittelte junge Mädchen an Touristen. Er genoss die Gunst, die ihm in den Kreisen zuteil wurde, in denen er sich bewegte. Zum ersten Mal in seinem Leben, war er wer; er hat einen Namen.

Doch plötzlich verlor er den Boden unter den Füssen. Er wurde verhaftet, und in der Unterwelt verbreitete sich das Gerücht, er sei ein Polizeispitzel. Er wurde überfallen und ausgeraubt; schließlich landete er in einem Verschlag auf der Müllhalde vor der Stadt. In seiner Not erinnerte er sich an die Worte seines Vaters, einem einfachen gläubigen Christen, die dieser ihm beim Abschied mit auf den Weg gab: „Ich warte auf dich!"

Alle in seinem Dorf wussten mittlerweile um Dinge, die in Bangkok geschehen waren und schnitten aus diesem Grunde seine Familie. War er wirklich noch willkommen? Würde der Vater noch auf ihn warten? Mit bangem Herzen entschloss er sich, seinem Vater einen Brief zu schreiben:

„Lieber Vater, ich will nach Hause kommen, aber ich weiß nicht, ob du mich noch aufnehmen willst. Am Samstagabend werde ich im Zug sitzen, der durch unser Dorf fährt. Wenn du immer noch auf mich wartest, dann binde doch ein Stück Stoff an den Baum vor unserem Haus."

Die Fahrt näherte sich dem Ende. In der Ferne war das Dorf schon zu sehen. Sawat bat einen Mitreisenden, aus dem Fenster zu schauen, während er sein Gesicht in seinen Händen vergrub. „Können Sie etwas sehen?", fragte er mit zitternder Stimme. „Junger Mann, Ihr Vater hat nicht nur ein Stück Stoff aufgehängt. Sehen Sie selbst!"

Der Baum war übersät mit weißem Tuch. Im Vorgarten sprang ein alter Mann auf und ab, winkte voller Freude und rannte hinkend neben dem

Zug her, um endlich seinen Sohn weinend in seinen Armen zu halten. „Ich habe auf dich gewartet!"

Ebenso wie dieser alte Mann, wartet Gott auf Sie, ganz gleich, was in Ihrem Leben auch passiert ist, um Sie in seinen Armen zu halten.

Rainer Mitwollen
Zwischenruf am 02.10.2004

# Alles umsonst!

Sie sprießen wie Pilze aus dem Boden: „Ramschläden", in denen alles (fast) umsonst ist. Das Angebot ist breit – und manchmal gibt es sogar sinnvolle Artikel dabei. Selbst Produkte, für die man eigentlich in den Fachhandel gehen müsste, sind heute (fast) umsonst im Supermarkt zu haben. Die Kunden sind begeistert! Warum hohe Preise zahlen für etwas, das man (fast) umsonst haben kann?

Alles andere als begeistert sind diejenigen, denen das Wort „umsonst" Angst macht. Für viele Menschen ist das mittlerweile die große Sorge, dass ihre Planungen, ihre Vorsorge, ihre Leistung umsonst sein könnten: Ein Leben lang gearbeitet, ein Leben lang eingezahlt – am Ende alles (ganz) umsonst? Lohnt sich die viele Arbeit und Mühe, wenn schließlich kaum etwas dabei herauskommt?

Alles umsonst! – das sagt auch die Bibel den Leuten, die sich mit viel Mühe und Sorgen ihr Leben absichern wollen: „Wenn Gott das Haus nicht baut, so arbeiten die Bauleute umsonst ... es ist umsonst, wenn ihr früh aufsteht und dann lange arbeitet und euer Brot mit Sorgen esst" (Psalm 127). Und was dann kommt, gehört wohl zu den bekanntesten Bibelworten: „Denn den Seinen gibt's der Herr im Schlaf!" Nein, das ist kein Ramschangebot für Leute, die nur in den Tag hineinträumen wollen. Aber wer sich mit seinem Tun – und auch mit seinen Sorgen – Gott überlässt, der kann erleben: Mein Gottvertrauen ist nicht umsonst!

Bernd Reitmeyer
Zwischenruf am 31.12.2005

# Gesegnetes neues Jahr

Wenn Frau K. 2006 lebt wie im letzten Jahr, so fließen allein 46 Liter Coca Cola ihre Kehle hinunter, legt sie auf 1.095 Wegen 10.950 Kilometer zurück, schläft sie rund 2.555 Stunden und küsst wohl 1.168 Mal.

Aber die Statistik hilft ihr nicht, wenn sie sich fragt: Wie oft werde ich weinen? Werde ich in der Unfall-, in der Sterbe- oder in der Lottostatistik auftauchen? Wie oft werde ich Abschied nehmen müssen? Kann ich die Male zählen, die ich mit Gott hadern werde, und wie oft wird er bei mir sein, von mir unbemerkt?

Als Gott sich den Menschen namentlich vorgestellt hat – die Bibel erzählt im 2. Buch Mose (Exodus, Kap. 3,13 ff) davon – sagt er, dass wir an dem, was wir mit ihm erleben werden, entdecken können, wer er ist. Das scheint mir eine gute Perspektive für ein neues Jahr zu sein: gespannt darauf zu sein, durch wen Gott mir begegnen wird; aufmerksam zu sein, für wen ich in seinem Namen da sein soll; mutig den Herausforderungen zu begegnen, vor die er mich stellt; getrost ihm zu überlassen, was ich nicht ändern kann – und in dem allen mich bei Gott geborgen zu wissen, weil er mir bei meiner Taufe versprochen hat, dass es am Ende gut mit mir ausgehen wird.

Dass Sie auch nicht von Lasten der Vergangenheit gelähmt werden, sondern gespannt in die Zukunft sehen können, das wünsche ich Ihnen, und damit ein gesegnetes neues Jahr.

Michael Rosenkranz
Zwischenruf am 01.04.2006

# Die entweihte Mitte

Es ist geschehen. Was seit Monaten sich anbahnt und zuspitzt: Eine erste Kirche in unserer nahen Nachbarschaft wurde geschlossen. Das vertraut gewordene Läuten der Glocken wird es nicht mehr geben. Es wurde nicht einfach das Licht ausgeschaltet und die Tür verschlossen. Diese Kirche wurde zuvor in einer bewegenden Zeremonie ihrer Bestimmung enthoben, wurde entweiht. Sie ist damit nicht mehr ein Ort, an dem eine Messfeier in der herkömmlichen Form stattfinden kann. Aufgrund schrumpfender Mitgliederzahlen der Gemeinden ist weiteren Kirchbauten in unserer Umgebung das Gleiche bestimmt, da ihre Unterhaltung durch die gleichzeitig sinkende Finanzkraft nicht mehr möglich ist. Denjenigen, die die Gemeinden bereits verlassen haben, wird es nicht viel bedeuten.

Diejenigen aber, für die diese Kirche der Ort ihrer Gottesbegegnung war, bedeutet ihr Verlust den Verlust ihrer Mitte, ihres Identifikationsortes. Hier fanden alle wichtigen Feiern des eigenen Lebens statt. Mit diesem Raum, seinem Licht- und Schattenspiel, seinem Hall, seinem Geruch verbinden sich so zahlreiche Erinnerungen. Hier traf man sich und begegnete man sich. Diese Menschen sind wie entwurzelt. Wenn sie nicht vereinsamen wollen, müssen sie sich einer anderen Gemeinde anschließen, wo sie sich zunächst fremd fühlen werden. Andere Lieder, andere Gepflogenheiten, andere Strukturen. Vertraute Bezugspersonen fehlen. Seelsorge wird schwieriger. Zum Glück kam es schon in den vergangenen Jahren immer wieder zu Berührungen mit den jetzt aufnehmenden Gemeinden, was das Ausmaß der Fremdheit nun mindern kann. Aber, Jahre des Bangens, Jahre des Veräußerns, Jahre bedrückenden Wanderns und auch der Trauer stehen bevor.

In alledem ist wichtig, dass wir unsere Nachbarn begleiten. Durch Aufmerksamkeit und mit dem Herzen. Religiöse Bedürfnisse werden weiterhin bestehen. Neue Formen und Ausdrucksweisen werden entstehen, auch wenn wir das Künftige jetzt noch nicht klar erkennen können. Wo Menschen gemeinsam den Ewigen suchen, wird Er sich finden lassen, wie es heißt: „An jedem Ort, an dem Ich Meines Namens gedenken lasse, werde Ich zu dir kommen und dich segnen." (TeNaCh, II. Buch Mose 20,21, Einheitsübersetzung: 20,24)

Torsten Münch
Zwischenruf am 24.06.2006

# Mit Gott rechnen

Drei Tage, nachdem Jesus gestorben war, kamen Frauen an sein Grab, um ihn zu salben. Sie staunten nicht schlecht, als sie sahen, dass das Grab leer war. Da erschienen zwei Engel in Menschengestalt und fragten: „Was sucht ihr den Lebendigen bei den Toten" (Lukasevangelium 24,1-5). Jesus war nicht mehr tot – nein, er lebte.

Damals als Jugendlicher machte es für mich keinen Sinn, in die Kirche zu gehen. Vor Langeweile bin ich in den Gottesdiensten fast eingeschlafen. Die Geschichten, die ich dort hörte, sprachen mich nicht an. Auch das Lesen in der Bibel fand ich eher öde. Dieses Buch war viel zu dick, und ich legte es für lange Jahre an die Seite.

Ich rechnete wirklich nicht mit einem lebendigen Gott, so wie die Frauen am Grab nicht mit einem auferstandenen Jesus rechneten. Für mich war Gott tot, und nichts sprach dafür, dass er lebte.

Jahre später lernte ich Menschen kennen, die in die Kirche gingen und Spaß dabei hatten. Sie sprachen von einem lebendigen Gott. Mich faszinierte, dass sie voller Liebe und Hoffnung waren. Ich wurde neugierig und beobachtete diese Menschen eine Zeit lang. Ich kam zu dem Schluss, dass ich nichts zu verlieren, sondern nur zu gewinnen hatte. Mit fast 30 betete ich das erste Mal wirklich zu Gott und lud ihn in mein Leben ein. Seitdem hat sich viel verändert. Gott ist in meinem Leben gegenwärtig, ich kann mit ihm reden, er antwortet mir, wir haben eine persönliche Beziehung. Auch in die Kirche zu gehen, ist für mich nicht mehr langweilig, sondern erfrischend und belebend.

Jesus Christus spricht: „Ich lebe, und ihr sollt auch leben" (Johannesevangelium 14,19b). Rechnet damit, dass Gott lebt, und sucht ihn. Gott ist kein toter Gott, er ist ein lebendiger Gott.

Lisa Walter
Zwischenruf am 01.03.2008

# Gebrauch machen von Gottes Zusagen?

Ja, was sagt Gott mir denn zu? Wenn ich ihn richtig verstanden habe, dann möchte er in meinem Alltag mein Leben regieren. – Wenn ich das will. Und das geschieht mit viel Liebe und überwältigender Barmherzigkeit. Wenn der Alltag ausgefüllt ist mit Sorgen, vielleicht mit Krankheit – was macht Gott dann? Mich erinnert er daran, dass in seinem Wort, der Heiligen Schrift, vieles dazu aufgeschrieben ist. Zum Beispiel: „Alle eure Sorge werft auf Ihn, denn er sorgt für Euch" (1. Petrusbrief 5,7). Wer sorgt, nimmt die Verantwortung Gottes auf die eigenen Schultern, sagte Corrie ten Boom[1]. Übrigens: „Sorge im Herzen kränkt" (Sprüche Salomos 12,25).

Und im Krankheitsfall? Ich lese, dass das gläubige Gebet den Kranken retten wird, und der Herr wird ihn aufrichten (Jakobus 5,15). Da kann ich sagen: Ja, das habe ich erlebt. Das stimmt.

In schwierigen Situationen betete der Pastor im Gottesdienst für mich, während er seine Hände auf meinen Kopf gelegt hatte. Auch davor und danach hat die Gemeinde für mich gebetet. Das war vor einem Jahr. Ich bin Gott, dem Vater, und der Gemeinde sehr dankbar!

Wie ich zu der Fragestellung in der Überschrift gekommen bin? Ich las ein Zitat von C.H. Spurgeon[2]: Behandle Gottes Zusagen nicht wie Museumsstücke; sondern glaube ihnen und mache von ihnen Gebrauch. Museumsstücke achtet man, staubt sie vermutlich auch ab. Wenn wir so mit den Zusagen, den Verheißungen Gottes umgehen, dann wird Gott nicht geehrt, dann wirkt er sich nicht aus in unserem Alltag. Und ich möchte seine Kraft im Alltag erleben – Sie auch?

---

[1] Anm. des Herausgebers: Corrie ten Boom (geb. 1892; gest.1983), war eine niederländische Christin, die während der nationalsozialistischen deutschen Besetzung der Niederlande eine Untergrundorganisation gründete, mit der zahlreiche Juden vor dem Holocaust gerettet wurden. https://de.wikipedia.org/wiki/Corrie_ten_Boom
[2] Anm. des Herausgebers: Charles Haddon Spurgeon (geb. 1834; gest.1892) war ein englischer Baptistenpastor. Er gilt als einer der bekanntesten Prediger des 19. Jahrhunderts. https://de.wikipedia.org/wiki/Charles_Haddon_Spurgeon

Michael Rosenkranz
Zwischenruf am 24.05.2008

# Sklaven unserer Bilder

Während einer der Führungen in der neuen Synagoge Bochums interessierte sich die Besuchergruppe besonders für das Thema Bilderverbot. Gemeint ist das aus der Bibel (Exodus = 2. Buch Mose 20,3-4) sich herleitende Verbot, sich von Gott ein Bild zu machen, insbesondere ein Bild, das man an Gottes Stelle setzt, dem man nun seine Verehrung entgegenbringt, an das man sein Herz, seine Zeit, sein Vermögen hängt.

Die Bedeutung dieses Verbots erhellt sich aus den Worten, die ihm unmittelbar vorausgehen, in denen der Ewige uns daran erinnert, dass Er es war, der uns aus der Sklaverei zur Freiheit geführt hat (Exodus 20,2). Wie lässt sich dies verstehen? Einerseits müssen wir uns klarmachen, dass selbst das vollkommenste Bild, das wir Menschen vom Schöpfer der Welt uns zu machen im Stande wären, Ihn nur unvollständig, unzulässig verknappt und daher verzerrt wiedergeben würde. Und das wäre schrecklich, – nicht nur für Gott, sondern für unser Verhältnis zu Ihm.

Andererseits hat Er uns aus der Sklaverei in die Freiheit geführt, aus menschlicher oder materieller Fremdbestimmung in die Selbstbestimmung. Wenn wir uns nun ein Bild machen und uns ihm anhängen, – sei es ein zwangsläufig falsches von Gott, sei es irgendeine Vorstellung, ein Bildnis oder ein Gegenstand, dem wir uns verschreiben, dem wir unser ganzes Denken, Fühlen, Wollen widmen, – dann unterwerfen wir uns unter einen Abgott, einen unwirklichen Gott, den wir uns zum Götzen machen, der fortan unser Leben bestimmt. Sei es das Verlangen, ein genauso teures Auto zu besitzen wie unser Kollege, selbst wenn wir dafür einen Kredit aufnehmen und jahrelang diesen dann abbezahlen müssen. Sei es, dass wir keine Party auslassen wollen, weil unsere Freunde sonst enttäuscht wären, – und lieber auf Kinder verzichten.

Sei es, dass wir plötzlich meinen verstanden zu haben, wie Gott sei, und dieses Bild von Gott, das wir uns gemacht haben, unser Denken so stark belegt, dass wir meinen, andere Menschen auch da hinein zwingen zu müssen, oder sie zu Ungläubigen, zu Heiden abstempeln, und so unsere Achtung vor ihnen verlieren.

Dann sind wir zum Sklaven unserer Bilder geworden und verlieren unsere Freiheit an sie.

Jürgen Thomas
Zwischenruf am 16.02.2013

# Frühling

Ganz leichter Schneefall, minus 3 Grad. Der Himmel bewölkt, der Rasen braun-grün, die Bäume erscheinen abgestorben. Tot ist alles und kalt.

Wie komme ich nur auf den schmalen Pfad zu glauben, dass sich das trostlose Bild an meinem Fenster in vier Wochen geändert haben wird? Frische Blätter werden an den Bäumen sein, die Sonne wird alles durchwärmen, der Rasen in sattem Grün leuchten, die Vögel werden zwitschern und nach einem Nistkasten suchen.

So ist das Leben, werden Sie sagen. Das mag schon sein, und die Erfahrung wird vermutlich wieder Recht behalten. Die Jahreszeiten wiederholen sich zyklisch. Und jetzt ist halt der Frühling dran.

Und dennoch: unsere Erfahrung beantwortet ja nicht die Frage, wer das Leben steuert und wer uns die Jahreszeiten schenkt. Viele glauben, dass Gott es ist, der Leben schenkt und zum Beispiel das Wunder geschehen lässt, dass aus heute noch toten Zweigen Blüten und Blätter wachsen. Ich gehöre zu diesen Vielen.

Kennen Sie auch Menschen, die wie abgestorben schienen, in denen aber Gott neues Leben bewirkt hat? Die nach einem schweren Verlust nicht verbittert sind, die trotz einer Behinderung nicht nur leben, sondern anderen Mut machen können oder die mit Hoffnung auf ein neues Leben sterben?

Kann es in meinem Leben Frühling werden? Auch wenn nichts, aber auch gar nichts darauf hindeutet? Bestimmt, denn bei Gott ist kein Ding unmöglich. Das Leben jedes Menschen kann trotz schwerer Belastungen sinnvoll, ertragreich und Mut machend sein. Lassen Sie sich auf Gott ein. Ich bin sicher, er wird Sie überraschen.

Jürgen Thomas
Zwischenruf am 25.05.2013

# An Sie adressiert

Liebe Leserin, lieber Leser,
ich schreibe diese Zeilen von unterwegs, von einem Campingplatz in Hessen. Es ist mir wichtig, dass Sie sie erhalten. Heutzutage mit E-Mail kein Problem.

Vor 2000 Jahren war der Apostel Paulus ein Vielschreiber. Wahrscheinlich nicht von Campingplätzen, aber auch von unterwegs, aber auch aus dem Gefängnis. Zahlreiche Briefe sind erhalten und in der Bibel dokumentiert. Meist schrieb er an Gemeinden, manchmal auch an Einzelpersonen. Damals war das Christsein nicht ungefährlich, trotzdem breitete es sich rasend schnell aus, weil es von Freiheit redete, von Wahrheit und vom Reich Gottes. Außerdem von einer Gemeinde, wie man sie bisher nicht kannte: Zusammenleben ohne Eigennutz, auf Frieden bedacht und fokussiert auf Jesus, den lebendigen Sohn Gottes.

Damals wie heute gab es Missverständnisse, Schurken, die Irrlehren verbreiteten, 150%ige Übereifrige, Standesunterschiede und andere Faktoren, die zunichte machten, was Jesus eigentlich wollte.

Paulus hatte alle Hände voll zu tun, Ordnung und Frieden in den Gemeinden zu schaffen. In den Briefen entwickelte er dabei seine Theologie, die bis heute gültig ist. Vieles von dem, was Paulus damals geschrieben hat, trifft unsere Situation heute verblüffend genau. Wo Menschen zusammenleben, entstehen halt immer wieder die gleichen Probleme.

Das Hauptanliegen des Paulus ist aber die Liebe und Barmherzigkeit Gottes den Menschen gegenüber. Nicht wir suchen Gott, sondern er sucht uns und schenkt uns alles, was wir für ein Leben brauchen, das seinen Namen verdient.

Lesen Sie doch mal 2000 Jahre alte Briefe mit aktuellen Themen. Sie sind an Sie adressiert!

# Jesus Christus erkennen und bekennen

DU
hast du nicht selber uns
ein bild von dir geschenkt
in jesus dem christus
dem wanderprediger
aus verlachter provinz
geboren einst zwischen tieren
gekreuzigt zwischen verbrechern?

DU
hingegen hast
den gekreuzigten
vom tod auferweckt
und ihn zum licht
der sich gegenseitig
kreuzigenden menschheit
gemacht

*Kurt Marti*

Andrea Münch
Zwischenruf am 07.04.2001

# Brücke zum Vater

Sind Sie schon einmal unterwegs auf einer Wanderung an eine Stelle gelangt, an der es plötzlich nicht mehr weiterging? Vielleicht wurde der Weg durch einen Bach unterbrochen, vielleicht standen Sie auch, im wahrsten Sinne des Wortes, am Rande des Abgrunds.

Dankbar sind wir in solchen Situationen, wenn schon vorher jemand dort war, der eine Brücke gebaut hat. Allein ein Baumstamm kann manchmal einen Bach oder eine Schlucht überbrücken.

Vielleicht waren auch Sie schon einmal ein Brückenbauer für andere? Im Leben gibt es so manche Situationen, in denen es nicht weiterzugehen scheint: Sorgen, Nöte, Probleme, Ängste … Und hier geht es um mehr, als nur den Erholungswert und das Abenteuer, das eine Wanderung zu bieten hat.

Gut, dass es einen gibt, der all' diese Situationen kennt und schon vorher hindurchgegangen ist. Er hat uns Brücken gebaut, damit auch wir die Hindernisse des Lebens überwinden können. Kennen Sie diesen Brückenbauer?

Durch seinen Tod am Kreuz ist er sogar selbst zu einer Brücke für uns geworden. Er ist der Weg zu Gott, dem Vater. Es ist Jesus Christus, der zu uns spricht: „Ich bin der Weg, ich bin die Wahrheit, und ich bin das Leben. Ohne mich kann niemand zum Vater kommen" (Johannesevangelium 14,6).

Peter Krusemark
Zwischenruf am 12.05.2001

# Den verlorenen Vater wiederfinden

„Jesus spricht: Ich bin der Weg, die Wahrheit und das Leben, niemand kommt zum Vater denn durch mich" (Johannesevangelium 14,6). Ein Wort Jesu, das in diesem Jahr über der Ökumenischen Gebetswoche steht.

In unserer Familie mussten wir in der vorletzten Woche für immer Abschied nehmen von unserem Vater, Schwiegervater und Opa. Den Vater verloren zu haben, das heißt für uns auch, ein Stück Zuhause verloren zu haben. Erinnerungen werden wach, Schmerz und Trauer legen sich auf die Seele. Wir werden uns bewusst, dass wir von unserem Vater herkommen und von ihm geprägt wurden.

Viele von uns heute haben keinen Vater mehr – vielleicht nie gehabt, vielleicht sich bewusst von dem ehemaligen Erzieher getrennt. Aber jede, jeder von uns sehnt sich nach einem Vater.

Jesus zeigt uns den lebendigen Gott als den Vater, den wir verloren haben. Dieser Vater gibt uns Halt und Heimat in allen Verlusten. Er hat ein offenes Ohr für meine Sorgen. Er wartet auf mich und erwartet mich immer wieder. Und dieser Vater ist für mich nur ein Gebet weit entfernt. Das gibt mir in dieser Zeit des Abschieds Trost und Hoffnung. Ihnen auch!?

Hans Mührmann
Zwischenruf am 28.07.2001

# Es gibt Hoffnung

Auf unserer Terrasse steht ein Apfelbaum im Speisfass. Aus den Knospenblüten sind kleine Äpfel geworden. Dieser Baum bringt Frucht. Er wird bald mit uns umziehen und an unserem neuen Haus einen guten Platz im Garten bekommen.

Natürlich steht hinter dem Baum eine Geschichte. Über längere Zeit habe ich eine Gruppe von Menschen begleitet, die ihre Hoffnung verloren hatten. Der Leiter der Gruppe hatte einen seelischen Zusammenbruch. Diese Menschen hatten ihre Hoffnung verloren – Hoffnung für die Gruppe und Hoffnung für ihr eigenes Leben. Ich glaube, viele von uns finden sich darin wieder. Unsere Welt ist schwierig und herausfordernd, unsere Zukunft ist so unkalkulierbar – da ist es leicht, die Hoffnung zu verlieren. Aber ohne Hoffnung ist das Leben grau, düster, anstrengend.

Der Apfelbaum auf meiner Terrasse ist ein Zeugnis dafür: Es gibt eine Hoffnung. Ich habe ihn geschenkt bekommen, weil Gottes Hoffnung im Leben von Menschen sichtbar geworden ist. Unser Gott ist ein Gott der Hoffnung. Der Apostel Paulus schreibt in seinem Brief an die Thessalonicher: Unser Herr Jesus Christus aber und Gott, unser Vater, der uns seine Liebe geschenkt und in seiner Barmherzigkeit einen Trost und eine Hoffnung gegeben hat, die niemals aufhören und auch den Tod überdauern werden, er ermutige euch und gebe euch Kraft, Christus in Wort und Tat zu bekennen (2. Thess. 2,16). Seit Jesus auferstanden ist, gibt es eine grenzenlose Hoffnung. Seit Ostern ist Jesus die Antwort auf unsere Hoffnungslosigkeit. Begegnen Sie ihm – im Gebet oder im Gottesdienst am Sonntag.

Jörg Mathern
Zwischenruf am 19.03.2005

# Ein ungeschönter Blick

Die siebenjährige Jessica wog noch nicht einmal 10 kg. Misshandelt und gefangen gehalten von ihren Eltern verhungerte sie in einem der reichsten Länder der Welt. Abscheu und Anteilnahme waren zu Recht sehr groß. In den ärmsten Ländern der Welt verhungern täglich Hunderte von Kindern. Wie stark nehmen wir daran Anstoß und Anteil? Bisweilen eine unerträgliche Zumutung, was Menschen einander antun können. Es ist ein Kreuz mit dem Menschen. Auch unser eigenes Leben wird immer wieder durchkreuzt von zwischenmenschlichen, gesellschaftlichen und politischen Zumutungen. Und täglich werden neue Kreuze aufgerichtet. Was hat das mit dem Mann zu tun, der vor 2000 Jahren am Kreuz starb? Menschen haben diesen Jesus ans Kreuz gebracht. Er lebte seine Botschaft von der grenzenlosen und bedingungslosen Liebe. Das war für manche unerträglich, brachte zu viel Unruhe und bedeutete sowohl persönlichen als auch politischen Machtverlust. Deshalb musste dieser Jesus gekreuzigt werden. So ist der Mensch – so ist er auch. Damals wie heute. Weit weg von dem, was Gott eigentlich wollte. Die Bibel nennt das Sünde. Das Kreuz – ein ungeschönter Blick auf den Menschen. Ich finde es bemerkenswert, was dieser Zimmermannssohn tat. Er hätte seine Haut retten können, wenn er nur aufgehört hätte, von dieser grenzenlosen und bedingungslosen Liebe zu reden. Der Ausgang ist bekannt. Er hat nicht verraten, wofür er gelebt hat. Er nahm die Liebe zu den Menschen todernst. Deshalb kann unsere Schuld die Liebe Gottes nicht totkriegen. Die Liebe Gottes überlebt und bleibt unzerstörbar.

Das ist die gute Botschaft. Das Kreuz – ein ungeschönter, aber kein schonungsloser Blick auf den Menschen. Aus dieser Liebe Gottes können wir leben – trotz unserer Schuld, gegen die Mächte des Todes und über den Tod hinaus. Das macht Jessica und alle anderen unschuldig gestorbenen Kinder nicht wieder lebendig. Aber der unzerstörbare Impuls der Liebe Gottes kann uns Kraft geben, mit den Trauernden zu leiden und immer wieder Lebenszeichen zu setzen gegen das Leid.

Hildegard Jäger
Zwischenruf am 16.04.2005

# Machen wir uns auf den Weg

Eine grüne Linie zieht einen Weg quer durch unsere Stadt – in einer nächtlichen Aktion vor einer Woche auf die Straßen von Langendreer bis nach Riemke gezogen. Sie weist den Läuferinnen und Läufern beim großen Ruhr-Marathon am Sonntag den Weg.

Zehntausende von Jungen und Alten werden dann wieder auf den Beinen sein und der Spur folgen, 21 km oder gar 42 km bis zum Ziel in Essen. Monate der Vorbereitung, des Trainings auf dieses Großereignis liegen hinter den Aktiven; die Freude an der eigenen Leistung, an der Bewegung, am Dabeisein springt über auf Zehntausende am Rande der Strecke. Sie spenden Applaus, rufen aufmunternde Worte, reichen Getränke und Obst und lassen sich begeistern.

Wie gut ist es, einem vorgezeichneten Weg zu folgen, auf ein Ziel zuzugehen, sich für eine große Sache anzustrengen, ja zu verausgaben – und das in der Gemeinschaft vieler Gleichgesinnter zu erleben. Wenn es uns doch gelänge, dies in unseren Alltag zu übertragen.

Für uns Christen ist der Weg vorgezeichnet, nicht immer in Farbe auf unserer Straße so deutlich zu erkennen, aber einer ist uns vorangegangen, sein Leben ist uns Weg und Orientierung, gibt uns das Ziel vor.

Auch der Weg der Nachfolge Jesu ist oft mit Anstrengung verbunden, fordert uns zum Training; aber auch hier sind wir nicht allein unterwegs. Millionen Menschen aus aller Welt, die Papst Johannes Paul II.[1] nach seinem Tod die letzte Ehre erwiesen, geben ein sichtbares, ein beeindruckendes Zeichen: wer diesen Weg bis zum Ziel geht, der zündet einen Funken, der auf viele überspringt. Machen wir uns auf den Weg.

---

[1] Anm. des Herausgebers: Johannes Paul II. (bürgerlich Karol Józef Wojtyła; geb. 1920; gest. 2005) war vom 16. Oktober 1978 bis zu seinem Tod 26 Jahre und 5 Monate lang Papst der römisch-katholischen Kirche. https://de.wikipedia.org/wiki/Johannes_Paul_II

Karl-Heinz Gehrt
Zwischenruf am 21.05.2005

# Sie sind befreit

Neulich in der Apotheke: der jungen Frau vor mir war anzusehen, dass es ihr nicht gut ging. Etwas blass im Gesicht stützte sie sich am Tisch vor der Kasse ab. Sie kommt wohl gerade vom Arzt und wäre besser im Bett aufgehoben. Der Apotheker lässt sich das Rezept geben, sucht die Arznei zusammen, tippt die Beträge in die Kasse und sagt: „Das macht 26 Euro achtzig als Eigenanteil, bitte." Daraufhin wird die junge Frau noch etwas blasser. „26 Euro achtzig? Wie das denn? Ich weiß gar nicht …" Sie sucht in ihrer Tasche. „Ich habe gar kein Geld mit. Ich weiß nicht, wie ich das machen soll und wann ich wieder hierher komme. Ich muss mich bald hinlegen, sonst …" Es geht ihr elend; sie kann, was ihr helfen soll, nicht bezahlen. Und es ist ihr dazu noch peinlich, so ohne Geld dazustehen.

Der Apotheker runzelt die Stirn. Mir scheint er ratlos, vielleicht auch ungnädig. Welcher Apotheker kann es sich leisten, Medikamente ohne Geld heraus zu geben? Er sieht noch einmal das Rezept in seiner Hand an und plötzlich lichtet sich sein Gesicht. „Oh, entschuldigen Sie bitte, ich sehe gerade: Sie sind befreit." Nun liegt die Peinlichkeit bei ihm. Die junge Frau aber atmet sichtbar auf. „Dann brauche ich nichts bezahlen!?" „Nein, Sie sind befreit." Noch immer ist sie blass, aber ihr Gesicht strahlt nun unendliche Erleichterung aus.

Wem ist das nicht schon mal passiert? Plötzlich zu wenig Geld dabei oder gar nicht bezahlen können … Die Erleichterung in der Apotheke und das Aufatmen habe ich nicht vergessen. „Sie sind befreit." Damit war alles gut. An der einmaligen Situation ist mir etwas Wichtiges aufgegangen. Das gilt für mein ganzes Leben wie eine Überschrift. „Ich bin befreit." Warum? Weil Jesus Christus die Kosten für mich umfassend und grundsätzlich übernommen hat. ER hat die Schulden beglichen und tritt vor Gott für mich ein. Der Zwang: Ich muss bezahlen für alles, was sich tue, bzw. nicht tue, hat ein Ende. Der Schrecken einer unerfüllbaren Forderung kann mir nichts mehr anhaben, denn nun gilt: es ist schon längst bezahlt. „Zur Freiheit hat uns Christus befreit:" (Galater 5,1) Seitdem gibt es bei Gott keine unerfüllten Forderungen mehr, für alle die sich ihm anvertrauen und zu ihm gehören. „Sie sind befreit!" Ich wünsche Ihnen etwas von dieser unendlichen Erleichterung.

Johannes Waschk
Zwischenruf am 30.07.2005

# Bochum bekennt

„Der Herr ist mein Bodyguard; darum brauche ich keine Angst zu haben…" – so brachte ein Jugendlicher sein persönliches Verhältnis zu Gott auf den Punkt. Konfirmandinnen und Konfirmanden in Bochum haben den bekanntesten Psalm der Bibel in ihre Sprache übertragen und den Psalm 23 als Zeugnis des Glaubens und Vertrauens auf Gott ganz neu für sich entdeckt. Aber mal abgesehen von diesem Psalm: Wie würden Sie auf die Frage nach Ihrem Glauben antworten? Vielleicht so: „Herr, ich danke Dir, dass ich glauben kann, dass Du da bist, dass Du mich liebst und dich um mich sorgst, dass ich mich zu Dir flüchten kann, wenn meine Kraft am Ende ist, dass ich Dich daran erinnern darf, dass Du mir Helfer in der Not, Arzt in der Krankheit sein willst, Beschützer in Gefahr." (Seniorin, 79 Jahre) Oder so: „Hallo Jesus, ich hoffe, du bekommst die SMS. Wenn du vielen Leuten geholfen hast, kannst du mir auch helfen. Ich habe nämlich Probleme. Ich möchte das nicht in einer SMS sagen. Ich wollte nämlich fragen, ob du Zeit hast? Ich wollte dir auch noch danken für alles, was du für mich getan hast. Eigentlich wollte ich mich schon immer bedanken; aber ich hatte kein Geld auf dem Handy …" Das sind nur drei Textauszüge, die von Erfahrungen mit dem Glauben berichten. Fromme und freche Gedanken, Gebete, Lieder, Gedichte oder SMS: Alles ist willkommen für das Projekt Bochum bekennt. Also, liebe Bochumer, wenn Sie Interesse haben: Schreiben Sie uns! Noch ist Zeit. Im Herbst erscheint in Zusammenarbeit von Evangelischer Kirche in Bochum mit dem biblioviel-Verlag das Buch zum Projekt.[1]

Vielleicht entdecken Sie dort ja auch Ihren Beitrag …?

---

[1] Anm. des Herausgebers: Das Buch „Bochum bekennt", herausgegeben im Auftrag der Evangelischen Kirche in Bochum von Fred Sobiech u.a., erschien im Dezember 2005 und ist noch antiquarisch zu erhalten.

Rainer Mittwollen
Zwischenruf am 24.12.2005

# Friede auf Erden

„Friede auf Erden" – nur ein Zwischenruf?

In vielen Kirchen bei Gottesdiensten, Messen und Konzerten wird er heute wieder zu hören sein, der Ruf: „Ehre sei Gott in der Höhe und Frieden auf Erden bei den Menschen seines Wohlgefallens!"

Was die himmlischen Heerscharen bei der Geburt Jesu gesungen haben, hat sich unauslöschlich in das Gedächtnis der Menschheit eingeprägt. Unzählige Male ist es vertont worden und viele werden heute wieder in das „Gloria" einstimmen.

Doch was hat der Engelruf bewirkt? Man könnte den Eindruck gewinnen: Es war nur ein Zwischenruf, der den Gang der Weltgeschichte kaum beeinflusst hat. Frieden auf Erden hat sich jedenfalls nicht eingestellt. Gerade auch diejenigen, die sich selbstverständlich für die „Menschen seines Wohlgefallens" halten, haben die Erde immer wieder mit Krieg und Gewalt überzogen.

Es ist wahr: Von Engelliedern wird die Welt nicht besser – sie bleiben allzu leicht nur saisonbedingte Zwischenrufe. Es kommt darauf an, dass der andere Engelruf auch ernst genommen wird: „Euch ist heute der Retter geboren, Christus, der Herr … und ihr werdet finden das Kind in Windeln gewickelt und in einer Krippe liegen." Friede ist zu finden bei dem Gott, der sich schwach und ohne jede Gewalt bei uns Menschen einfindet – im Kind in der Krippe. Dieses Kind, diesen Jesus, mit dem der Himmel auf die Erde kommt, gilt es aufzusuchen. Auf seinen Weg gilt es sich einzulassen. In der Begegnung mit ihm fängt der Friede an.

Der Ruf des Engels hin zum Kind in der Krippe – das ist ein Zwischenruf, der dem ganzen Leben eine neue Richtung geben kann. Durch diesen Ruf werden Menschen – und letztlich die ganze Welt – zum Frieden finden.

Jürgen Thomas
Zwischenruf am 03.06.2006

# Nur die Liebe zählt

Sonntag, 19.15 Uhr: Kai Pflaume begrüßt die Zuschauer zu „Nur die Liebe zählt". In der nächsten Stunde werden viele Tränen fließen, Bekenntnisse und Bitten um Vergebung ausgesprochen, Illusionen zerschlagen, Trennungen überwunden, Beziehungen gekittet und Sehnsüchte gestillt. Und alles hat irgendwie mit „Liebe" zu tun.

Ich sitze vor dem Fernseher und möchte gleichzeitig hin- und wegsehen. Gehören solch sensible Dinge nicht eher in einen geschützten Raum anstatt vor die Kamera? Darf man Millionen zeigen, was eigentlich nur zwei Menschen etwas angeht?

Bei aller möglichen Kritik hat Kai Pflaume aber Recht. Nur die Liebe zählt! Der Titel der Sendung stimmt. Aber ist es tatsächlich diese Liebe, die uns sonntagabends vorgestellt wird, die im Leben einzig und allein zählt? Ein fragiles Gefühl, das von so vielen Unwägbarkeiten abhängig ist?

Ich glaube, dass wir alle unser Leben damit zubringen, um Liebe zu kämpfen. Wir investieren alles, um geliebt zu werden und lieben zu können. Die Liebe in Kai Pflaumes Sendung ist, so sehr sie uns anrühren mag, nur ein schwacher Abglanz dessen, was unser Herz wirklich sucht. Unser Hunger nach Liebe kann letztlich nur durch Gott gestillt werden, und zwar mit der Liebe, mit der Gott unser Herz meint. Wer sie kennen gelernt hat, weiß, das ist kein zerbrechliches Gefühl, sondern die Basis für ein gelingendes Leben. Gottes Liebe ist die Macht, die das Universum geschaffen hat, die Erde in Bewegung hält und in Jesus Christus Mensch wird. Es ist die Liebe, die sich dadurch beweist, dass sie sich für Dich und mich aufopfert. Gott ist die Liebe, und sie wird in Jesus für uns sichtbar. Diese Liebe ist es, die wirklich zählt.

Volker Heidelbach
Zwischenruf am 19.08.2006

# Mit leeren Händen

Ein Mönch wurde einmal von einer Dame in ein Gespräch verwickelt. Bald merkte er, dass es ihr darum ging, Gott durch gute Werke zu beeindrucken, ihn gütig und gnädig zu stimmen, aber sie konnte dadurch nicht froh werden. Sie fand keine Ruhe, keinen Frieden für ihre rastlose und gequälte Seele. Der Mann Gottes erwiderte ihr schließlich: „Wissen Sie, ich glaube, wir haben verschiedene Religionen." Die Frau sah ihn ganz erstaunt an. Was sollte das heißen? Sie verstand ihn nicht, bis er fortfuhr: „Ihre Religion heißt TUN und meine Religion heißt GETAN."

Gott verlangt von niemandem die penible Einhaltung starrer Regeln und Gebote mit dem Ziel, von ihm geliebt, geschätzt oder für gut und annehmbar befunden zu werden. Nicht irgendwelche beschwörenden Rituale oder das Anhäufen guter Taten ebnen den Weg zum Herzen Gottes. Im Gegenteil! Das Geheimnis besteht darin, mit leeren Händen zu kommen und der Einladung Jesu zu folgen: „Kommt alle her zu mir, die ihr euch abmüht und unter eurer Last leidet! Ich werde euch Frieden geben" (Matthäusevangelium 11,28). Diesen Frieden erlangen wir nicht, weil wir genug getan hätten, sondern weil wir zugegeben haben, niemals genug tun zu können. Denn alles, was Gott von uns verlangt, hat Jesus schon längst für uns alle vollbracht!

Vielleicht sind Sie ja auf der Suche nach einer Religion, die Ihnen die Bürde des „Es ist nie genug", des „Immer besser, immer mehr" von Ihrer Seele nimmt. Sie dürfen wissen, dass Jesus Christus Ihnen seine Hände entgegenstreckt und Sie einlädt, zu kommen – mit leeren Händen, so wie Sie sind.

Rainer Mittwollen
Zwischenruf am 26.03.2011

# Lebensretter

Die Feuerwehrleute von Fukushima[1]. Selten ist der Begriff „Helden"
so berechtigt gewesen. Nicht wenige von ihnen leisten ihren Einsatz freiwillig. Und sie wissen um die tödliche Gefahr! Was treibt sie an? Sinn für
das Gemeinwohl? Sorge um das Ansehen Japans? Die Hoffnung, der eigenen Familie das Weiterleben im Land zu ermöglichen? Wie auch immer:
Gelingt ihre Mission, so retten sie vielen Unschuldigen das Leben! Aber
auch für die Menschen, die durchaus eine Mitverantwortung an der ato-
maren Katastrophe haben, tragen sie ihre Haut zu Markte. Heldenhaft!

Sie veranschaulichen damit zugleich, was Zentrum meines Glaubens
ist: Jesus Christus setzt sich rückhaltlos den menschlichen Katastrophen
aus. Er bleibt nicht auf Abstand, wo Menschen leiden und verzweifeln.
Selbst wenn es unser Eigensinn, unsere eigene Schuld ist, die das Leben
zerstört – er steht mit seinem Leben dafür ein. Viele Christen haben die
vergangene Woche mit diesem Bibelvers begonnen: „Gott beweist seine
Liebe zu uns dadurch, dass Christus für uns gestorben ist, als wir noch
Sünder waren" (Römerbrief, Kap. 5,8).

Sünde ist, was vom Leben trennt. Ich kann dabei Schuldiger oder Opfer
sein. Gut, dass Gottes Liebe alles gibt, damit wir leben können.

---

[1] Anm. des Herausgebers: Am 11.03.2011 um 14:47 Uhr (Ortszeit) begann mit dem Tōhoku-Erdbeben eine
Reihe von katastrophalen Unfällen und schweren Störfällen im japanischen Kernkraftwerk Fukushima. In
Block 1 bis 3 kam es zu Kernschmelzen. Große Mengen an radioaktivem Material wurden freigesetzt.
Ungefähr 100.000 bis 150.000 Einwohner mussten das Gebiet vorübergehend oder dauerhaft verlassen. Hunderttausende in landwirtschaftlichen Betrieben zurückgelassene Tiere verhungerten. Menschliche Todesopfer
durch Strahlungseinwirkung wurden jedoch nicht bekannt.
https://de.wikipedia.org/wiki/Nuklearkatastrophe_von_Fukushima

Jürgen Thomas
Zwischenruf am 13.04.2013

# Der Glücksfaktor

Wussten Sie, dass es im Parlament in Berlin eine „Glückskommission" gibt? Klingt unglaublich, ist aber wahr. Sie wird von der SPD-Politikerin Daniela Kolbe[1] geleitet und reagiert auf die Tatsache, dass die Steigerung des Bruttoinlandsproduktes allein nicht glücklich macht. Es muss also einen Glücksfaktor geben, der wachstums- und wohlstandsunabhängig funktioniert. Und diesen Faktor sucht die Glückskommission.

Die Bibel könnte der Kommission auf die Sprünge helfen. Ein wichtiges Element des Glückes ist Gerechtigkeit. Erst wenn alle mit gleichen Chancen an der Startlinie stehen, ist das Rennen auch gerecht. Deshalb gilt es, Benachteiligte zu unterstützen und Ungerechtigkeiten auszugleichen. Ein weiteres Element des Glückes ist, von sich weg zu schauen und in Gott ein Gegenüber zu finden, dem man sich vorbehaltlos anvertrauen kann. Nichts macht unglücklicher als eine ständige Nabelschau und das Gefühl, als einziger für das eigene Glück verantwortlich zu sein.

Gott macht glücklich! Es macht auch glücklich, zu der eigenen Vergangenheit ja zu sagen. Manches mag schief gelaufen sein, vieles würde man heute anders entscheiden. Wohl dem, der seinen Frieden mit Wunden machen, der vergeben und dankbar sein kann. Nur, wer Frieden mit der Vergangenheit hat, kann sich auf die Zukunft konzentrieren. Moment mal, so hat doch Jesus gelebt! Er war auf Gott und die Mitmenschen fokussiert und war nicht einer, der sich selbst in den Mittelpunkt stellte. Viele sind ihm nachgefolgt in den Jahrhunderten der Kirchengeschichte, an denen man sich orientieren kann. Oft war ihr Leben hart und entbehrungsreich, aber es hatte eine geistliche Strahlkraft, die viel mit Glück zu tun hat.

---

[1] Anm. des Herausgebers: Daniela Kolbe (geb. 1980) ist eine deutsche Politikerin (SPD). Sie ist seit 2009 Mitglied des Deutschen Bundestages und war vom 07.11 2015 bis zum 27.10.2018 Generalsekretärin der SPD Sachsen.

# Glauben im Alltag leben

Das Reich Gottes ist genau dort, wo der normale,
für selbstverständlich gehaltene Alltag durchbrochen,
unterbrochen wird.
Reich Gottes ist danach nicht etwas anderes als der Alltag,
sondern das, was ihn als anders möglich erscheinen lässt.

*Henning Luther*


Täglich zu singen

Gott gebe mir nur jeden Tag,
soviel ich darf zum Leben.
Er gibt's dem Sperling auf dem Dach;
wie sollt er's mir nicht geben.

*Matthias Claudius*

Bernd Reitmeyer
Zwischenruf am 08.01.2000

# Die Frau, die Suppe essen ging

Die Geschichte beginnt mit einer Terrine Gulaschsuppe. Die kaufte eine Frau im Schnellrestaurant eines Kaufhauses.

Behutsam trug sie die Schüssel zu einem der Stehtische und hängte ihre Handtasche darunter. Dann ging sie noch einmal zur Theke, um sich einen Löffel zu holen. Als sie zum Tisch zurückkam, stand dort ein Afrikaner und löffelte die Suppe. Zuerst schaute sie ihn betroffen an, dann aber besann sie sich, lächelte ihn an und begann, ihren Löffel zu dem seinen in die Suppe zu tauchen. Nach der gemeinsamen Mahlzeit spendierte ihr der Mann noch einen Kaffee. Dann verabschiedete er sich höflich. Dies sind die einzigen Worte, die die beiden wechseln. Als die Frau gehen will, greift sie nach der Handtasche. Sie fehlt. „Also ist es doch ein gemeiner Spitzbube!" denkt sie und schaut sich um. Er ist schon verschwunden. Aber am Nachbartisch erblickt sie eine volle Terrine Gulaschsuppe. Darunter hängt ihre Handtasche.

Eine herrliche Geschichte, finde ich, oder wenigstens hervorragend ausgedacht. Einige Menschen kenne ich, denen ich zutraue, dass sie so reagieren wir diese Frau. Aber wie ich selbst reagiert hätte, da bin ich mir nicht so sicher. Dabei bin ich eigentlich immer froh, wenn ich erlebe, wie sich Vorurteile, mit denen ich anderen begegne, auf so freundliche Weise ins Nichts auflösen. Ich glaube, hätte Jesus diese Geschichte gekannt, er hätte sie als Gleichnis benutzt: „Die Sache mit Gott ist wie eine Terrine Suppe, die eine Frau essen ging ... Und wo Menschen solche Erfahrungen miteinander machen, da ist Freude im Himmel."

Lisa Walter
Zwischenruf am 16.12.2000

# Im Leben herrschen

Im Leben herrschen!? Klar, wir können herrschen – über unsere Ehe-
partner, unsere Kinder, Schwiegerkinder.

Das kann Beherrschen sein. Welches Herrschen ist gemeint? Mit dem
Thema befassen wir uns momentan in der Aufbaustufe unserer Seelsorge-
ausbildung. Gott möchte, dass wir leben und herrschen ... durch den einen,
Jesus Christus (Römerbrief, Kap. 5, Vers 17).

Wie kann das aussehen? Indem ich die Wahrheiten Gottes durch Glauben
ins Leben hole; indem ich beanspruchenden Glauben lebe. Dieser bean-
spruchende Glaube vertraut der Heiligen Schrift.

Wenn ein Mensch sich entscheidet, beanspruchenden Glauben zu leben,
holt er im Glauben die Wahrheit des Wortes Gottes in sein Leben, in seinen
Alltag, in seine persönlichen Verhältnisse, seine momentane Situation. Er
nimmt für sich in Anspruch, was Gott sagt, was er verspricht.

So berührt mein Glaube die praktischen Herausforderungen in meinem
Leben: Krankheitsleid, Arbeitslosigkeit, familiäres Leid, Probleme in Beziehungen mit Verwandten, Bekannten, Freunden und andere Missstände,
unter denen ich leide. Von Jesus darf ich erwarten, dass er in den Alltag
eingreift und Veränderung mit göttlicher Kraft herbeiführt. In der Seelsor-
geausbildung haben wir Dreier-Gruppen, die in ihren Nöten auf Gott hören
und zum Schluss füreinander beten.

Hans Mührmann
Zwischenruf am 11.03.2000

# Vergeben, weil Er vergeben hat

Wir sind auf der Rückreise von Bulgarien. Ein Besuch in einigen Gemeinden der Sinti und Roma liegt hinter uns. Es waren für uns beeindru-
ckende Tage. In einem Leben voller Armut und Not leuchtete in den Augen
der bulgarischen Roma die Gegenwart Gottes auf. Der Vater Jesu Christi
war in ihren Lebensumständen real gegenwärtig. Am Freitagabend wird
unsere Mitarbeiterin in einer Romagemeinde predigen. Ihr Thema „Leben
aus der Vergebung – oder: Weil Gott uns vergeben hat, können wir auch
vergeben."

Nach dem Mittagessen schlendern wir durch die Stadt, die Mitarbeiterin
wird von zwei Romafrauen angerempelt, und etwas später stellt sie fest:
Der Reißverschluss der Umhängetasche ist offen und die Geldbörse verschwunden. Unsere Gastgeber verfolgen die Frauen, die offensichtlich den
Sinti und Roma angehören, – aber vergeblich.

Jetzt ist unsere Mitarbeiterin herausgefordert zu leben, was sie predigt.
Ärger über sich selbst und ihre Leichtfertigkeit, Ärger über die Diebin-
nen … Im „Vater unser", dem Gebet, das Jesus uns gelehrt hat, beten wir:
Und vergib uns unsere Schuld, wie wir vergeben unseren Schuldigern.
Gott hat im Tod Jesu unsere Trennung von Gott, von uns selbst und von
unseren Mitmenschen getragen. Die Bibel nennt diese Trennung Sünde.
Gott hat uns vergeben, er rechnet es uns nicht mehr an. Darum können wir
auch vergeben. Unsere Mitarbeiterin kann am Abend den Mitgliedern der
Romagemeinde offen in die Augen schauen und ihnen Gottes Liebe entgegenbringen.

Durch Vergebung werden Beziehungen wieder hergestellt, und die Luft
zum Atmen wird frei. Die Beziehung zu Gott tut so gut und eröffnet uns
Hoffnung und Zukunft. Die ausgesprochene Vergebung tut so gut. Vergeben
bedeutet nicht: Unrecht Recht nennen. Vergebung bedeutet nicht: fünf gerade sein lassen. Ich gebe mein Recht auf Rache auf und überlasse es Gott.
Ich muss niemandem etwas nachtragen, weil Jesus die Schuld einer ganzen
Welt getragen hat.

Thomas Klare
Zwischenruf am 20.05.2000

# Doch noch wichtig im Alltag

Ein Kochbuch braucht man zum Kochen. Eine Gabel zum Essen. Einen Mülleimer für den Müll. Alles Dinge für den Alltagsgebrauch. Keine käme auf die Idee zu fragen: Und, was soll ich damit?

Bibelverse werden kaum noch im Alltag gebraucht, sagt eine Jugendliche. Sie benennt damit ein Stück ihrer Lebenswirklichkeit, in der die Bibel so gut wie keine Rolle spielt. Die Bibel steht für eine fremde Welt, mit der man zwar ab und zu noch einmal in Kontakt kommt, die man aber längst nicht mehr richtig versteht.

Trotzdem suchen sich Jahr für Jahr Konfirmandinnen und Konfirmanden ihre Konfirmationssprüche aus. Ich habe bisher noch nie den Wunsch gehört, dass man darauf verzichten möchte. Viele suchen sich ihren Spruch ganz bewusst aus, auch wenn sie ihn nicht bis ins Letzte begreifen. Ähnlich halten es viele Taufeltern und Hochzeitspaare.

Vielleicht ist so ein Bibelvers gerade deshalb so wichtig für sie, weil er eben wirklich nicht im Alltag zu gebrauchen ist wie das Duschgel morgens unter der Dusche. Vielleicht hat so ein Vers gerade darum seine tiefere Bedeutung, weil er ausgesucht ist zu einem besonderen Anlass und möglicherweise für besondere Augenblicke.

In ihm verdichtet sich eben nicht der Alltag, sondern ein Tag, an dem man sich von Gott gesegnet weiß. Und dieses schöne Wissen vermittelt ein Bibelvers, der im Alltag normalerweise nicht gebraucht wird. Oder vielleicht doch?!

Lisa Walter
Zwischenruf am 01.07.2000

# Bereitschaft zur Vergebung

Als Kinder hatten manche der heute Erwachsenen Eltern, die Liebe und Schutz vermittelt, die ermutigt und so positiv ihre Kinder ins Leben begleitet haben. (Fehler machten sie allerdings auch.)

Aber viele sind herangewachsen mit Angst, Hass, Despotismus, haben Ablehnung erlebt (manchmal schon in der vorgeburtlichen Zeit), es mangelte ihnen an körperlich gezeigter Liebe. Sie wurden nicht in den Arm genommen, Schmusen gab es auch nicht.

Vielleicht wurde Zärtlichkeitsersatz erlebt in Form von Fürsorge und Versorgung. Manche bekamen nur dann Liebe und Anerkennung, wenn sie gute Leistungen gebracht hatten – in der Schule zum Beispiel.

Ich erlebe es häufig, dass Erwachsene diese Verletzungen aus der Kindheit mit sich herumschleppen wie Altlasten, denn die Schäden wirken sich aus noch im Leben des Erwachsenen. Solche inneren Verletzungen schmerzen oft mehr als äußere. Wir fragen dann in unseren Seminaren nach Bereitschaft zur Vergebung.

Und ich kann sagen, dass Jesus Christus, der zu dem steht, was er gesagt hat, und der liebevoll und barmherzig ist, sich dieser alten Dinge annimmt und einen Prozess der Heilung beginnt in dem verletzten Menschen, so dass letztlich jeder Mangel ausgefüllt wird.

Jürgen Thomas
Zwischenruf am 23.09.2000

# Ausweg aus dem Labyrinth

Waren Sie schon im „Maislabyrinth" in Elfringhausen? Ein Bauer hat beim Säen die Pfade eines Irrgartens ausgespart. Jetzt, wo die Pflanzen hoch genug sind, kann man sich dort herrlich verirren.

Seltsam, wie schnell man die Orientierung verliert. Ständig muss man entscheiden, ohne die Folgen wirklich zu kennen. Rechts, links oder geradeaus? Geht es hier zum Ausgang? Ich wähle eine Richtung, merke aber bald, dass der Weg eine Kurve macht und mich immer weiter vom Ziel wegbringt. Dann nehme ich den scheinbar ungünstigeren Weg. Als ich ihm folge, merke ich rasch, dass ich im Kreis gelaufen bin. Man müsste das Labyrinth von oben sehen, um wirklich den richtigen Weg zu finden!

Ist das Leben nicht ein Irrgarten? Wir entscheiden etwas und staunen über die unerwarteten Folgen. Wir mühen uns ab und kommen nicht voran. Man müsste alles „von oben sehen" oder jemanden bei sich haben, der den Plan des Ganzen kennt.

Gott kennt unsere Beschränkungen und unsere Irrwege. Deshalb sandte er Jesus Christus, der den Plan vom Leben hat. Ihm können wir uns anvertrauen. An seiner Hand werden wir den Ausweg sicher finden.

Karl-Heinz Gehrt
Zwischenruf am 21.07.2001

# Wie Gott mir, so ich dir

Bumm-Bumm-Bumm – bis in den tiefsten Schlaf dringt es durch. Dagegen kann auch Ohropax nicht schützen. Wieder einer, der seinen Bass voll aufdreht. Eine Ampelphase lang muss ich das hören – bis der Nächste heranfährt und mit seinem Bumm-Bumm-Bumm die Mitmenschen aus dem Traum reißt. Der Ärger macht mich hellwach. Wieso dürfen die andere zwingen, ihr Bumm-Bumm mit anzuhören? Wer gibt denen das Recht, so rücksichtslos den Schlaf ihrer Mitmenschen zu rauben?

Manches Mal bin ich im Zorn aufgestanden, hab den schweren Hammer gegriffen und im gleichen Takt heftig auf die Motorhaube eingeschlagen: Bumm-Bumm-Bumm tiefe Beulen in den Lack. Leider (oder Gott sei Dank) nur in meiner Phantasie. Ich ärgere mich noch mehr, dass ich nichts dagegen machen kann. Ich kann wohl kaum aufstehen und mit dem Besitzer der Hifi-Anlage auf vier Rädern durch das Bumm-Bumm hindurch ein Gespräch anfangen, bevor der bei Rot-Gelb mit quietschenden Reifen davonfährt.

Am nächsten Morgen weiß ich, dass Gewalt keine Lösung ist. Ich erschrecke, wie gewaltbereit ich bin und genauso heimzahlen will. Wie du mir, so ich dir (und noch einen drauf!). Immer wenn mich dieses Muster einholt, bricht Krieg aus, ruft Gewalt neue Gewalt hervor. Ein wahrer Teufelskreis!

Was hilft heraus? Das kann ich nur aus persönlicher Erfahrung sagen. Es gibt Menschen, die mir mit großer Rücksicht begegnen – manchmal mehr, als ich erwarten darf. Es gibt Erfahrungen der unverdienten Güte in meinem Leben, umfassend und durchtragend. Ich glaube, dass ich Ruhe, Schutz und Geborgenheit Gott zu verdanken habe.

Weil Gott so gütig ist, bin ich frei, auch anders zu handeln. Wie Gott mir, so ich dir. Das ist mal was anderes in dieser Welt. Es ist übrigens der neue Weg Jesu, der wie kein anderer die Güte Gottes aussagte und auslebte. Ich bin noch dabei, diesen anderen Weg zu suchen, wenn mich wieder ein Bumm-Bumm-Bumm aus dem Schlaf holt.

Adrian Tillmanns
Zwischenruf am 16.03.2002

# Bei den „hoffnungslosen Fällen"
# die Hoffnung lernen

Danke! Danke, dass Sie weiterlesen. Als Seelsorger in der JVA Bochum bin ich es gewohnt, dass ich auf einen gewissen Grad an Ablehnung stoße. Werde ich beispielsweise in eine Gruppe eingeladen, fehlt nicht selten ein ganz beträchtlicher Teil der Mitglieder. Viele sind dann oft etwas irritiert. Und ich sage: „Das kenne ich. Das ist normal, wenn ich komme." Ich vertrete nun mal einen Bereich von Kirche und Gesellschaft, dessen man sich entledigt hat, den man abgespalten hat, und so sorge auch ich mit meinem Thema für einen gewissen Grad an Spaltung. Nun aber stehen wir gerade mitten in der Passions- bzw. Fastenzeit. Die christlichen Kirchen muten den Menschen den Blick auf das Leiden zu, zumeist auf das, was nicht so sehr im Fokus der Medien ist. Und so gesehen, passt ein Seelsorger der JVA ganz gut in diese Zeit. Aber keine Angst: Ich werde nicht moralisch: Vergesst die Gefangenen nicht! Oder ähnliches. Vielmehr geht es mir darum: Was könnte für Sie interessant sein aus meiner Perspektive? Vielleicht so: Täglich habe ich Umgang mit Menschen, die an ein Ende gekommen sind – und wir schauen nach neuen Wegen. Sehr oft ist es sogar so, dass es gar nicht mehr weiter zu gehen scheint – und wir gucken auf das, was vielleicht doch noch möglich ist. Alles Gejammer und Lamentieren mag wichtig sein – zur eigenen Entlastung. Es sollte aber nicht zur Untätigkeit oder gar zum Aufgeben führen. Jedes „Alles wird schlechter" heißt auch: Ich weiß nicht weiter. Und die Erfahrung lehrt: Es ist nicht so. Sie merken: Wir sind schon wieder einen großen Schritt auf Ostern zugegangen. Bei den hoffnungslosen Fällen lernt man die Hoffnung wieder neu, buchstabiert ganz alte Ereignisse wie das Geschehen an Ostern wieder neu. Und so wünsche ich Ihnen allen bei den Krisen, die Sie zu bewältigen haben, den Weg der Osterzeit: Durch das Leid über die Hoffnung zum Leben.

Barbara Hauschild
Zwischenruf am 06.04.2002

# „Nimm mit, was gewachsen ist …"

Der Umzug rückt näher. Das große Räumen beginnt. Nicht nur, dass der vorhandene Hausrat Stück für Stück noch mal in die Hand genommen, begutachtet und etwas abgestaubt wird, bevor er in Kisten wandert – nein, in so einer Umzugssituation stehen plötzlich auch unerwartete Begegnungen an. Da tauchen Dinge auf, die ich längst vergessen hatte. Bei manchen wundere ich mich über mich selbst: Warum in aller Welt habe ich damals diese alten Zeitungen nicht weggetan? Und diesen merkwürdigen Pullover habe ich seit Jahren nicht vermisst. Aber sie sind alle da – weil ich dachte, ich würde sie eines Tages doch noch brauchen.

Es fällt oft schwer, Dinge abzulegen und ruhen zu lassen. Es fällt schwer, darauf zu vertrauen, dass es auch ohne sie geht. Man weiß ja nie. Sicherheitshalber lieber festhalten?

Nachdem ich mich einmal durch den Kleiderschrank gearbeitet habe, stelle ich fest: weglegen tut manchmal auch gut. Da werden Kapazitäten frei, da entsteht Platz für Neues. So ist es nicht nur mit alten Kleidern, sondern auch mit Dingen, die ich in meinem Leben ansammle. Da sind Erinnerungen und Erfahrungen, Gedanken, die mich beschweren und mir Zeit rauben, ohne dass ich damit jemals fertig würde. Sie sind da, aber helfen mir nicht weiter. Wie gut täte das, wenn man auch diese Dinge in einen Altkleidersack packen und aus seinem Leben räumen könnte! Wenn man den Mut hätte, Dinge auf sich beruhen zu lassen und sie nicht immer wieder aufzuwühlen …

In den Tagen von Umzug und Abschied bekam ich eine Karte. Sie liegt auf meinem Schreibtisch und hilft mir beim Packen, beim Aussortieren und beim Loslassen. Es steht darauf: „Nimm mit, was gewachsen ist, damit es blühen kann und Früchte bringt. Lass ruhen, was schwer wurde und zu Boden fiel, damit es aufgehen und neuen Segen tragen kann." So kann es wohl klappen.

Heinz-Dieter Krohn
Zwischenruf am 24.08.2002

# Wem das Wasser bis zum Halse steht …

Unvorstellbar war zuvor, was sich seit zwei Wochen entlang der Elbe abspielt. Tote und Vermisste, Zigtausende evakuiert, Menschen stehen weinend vor den verschlammten Resten ihrer Heime[1]. Gleichwohl erleben wir die ganze Bandbreite guter menschlicher Möglichkeiten, selbst da, wo es aussichtslos erscheint: Alte und Junge, Männer und Frauen schuften bis zum Umfallen, Arme und Reiche spenden viel oder (zu) wenig. Türkische Mitbürger haben zu Spenden aufgerufen, denn sie haben die deutsche Erdbebenhilfe nicht vergessen. Russland schickt uns einen Konvoi mit Hochwasserspezialisten und und und …

Es gilt, diese Erfahrungen von Güte und Hilfsbereitschaft, von zupackender und materieller Solidarität auch noch in drei Wochen, drei Monaten und drei Jahren vermitteln und erleben zu können. Davon leben wir alle. Und vom Trost, den wir spenden, von der Hoffnung, die wir säen und vom Mut, den wir machen. Die guten Erfahrungen dieser Tage müssen zu unserer aller inneren Haltung werden. „Wenn du durch Wasser gehst, will ich bei dir sein, dass dich die Ströme nicht ersäufen sollen." So spricht Gott durch Jesaja seine geschundenen Menschen an (Jesaja 43,2).

Und so erleben heute die Betroffenen all jene Freiwilligen und Profis, Helferinnen und Helfer für Leib und Seele: Wir wollen bei euch sein, damit ihr die Hoffnung nicht verliert. Wir wollen bei euch sein, damit Gott eine Chance bei uns hat.

---

[1] Anm. des Herausgebers: Der Autor bezieht sich auf die Flutkatastrophe 2002: Mit orkanartigen Windböen in Berlin begann die Katastrophe 2002, Anfang August hieß es dann Land unter in Bayern und Baden-Württemberg. In Bayern waren rund 3.000 THW-Kräfte aus dem ganzen Bundesgebiet im Einsatz, um gegen die Wassermassen anzukämpfen. Während sich die Lage in Süddeutschland wieder normalisierte und die Pegelstände zurückgingen, schwappte die Flutwelle auf der Elbe und ihren Nebenflüssen weiter Richtung Sachsen. Die Wassermassen gefährdeten jedoch nicht nur Menschen und ihre Häuser: Krankenhäuser mussten geräumt, historische Bauten drohten zerstört zu werden. Zu den bekanntesten Beispielen gehörten die Semperoper, die Frauenkirche und die Staatskanzlei in Dresden.
https://www.thw.de/SharedDocs/Meldungen/DE/Meldungen/national/2012/08/meldung_001_Flut2002.html

Burghard Boyke
Zwischenruf am 10.07.2004

# Modern ist, wenn keiner verliert

Griechenland ist neuer Europameister. Glückwunsch Griechenland. Glückwunsch Otto. Nach dem Wunder von Bern hat das Fußballeuropa sein zweites Wunder. 2004 heißt es: das Wunder von Lissabon. Man mag über den griechischen Defensiv-Fußball denken wie man will. Er war erfolgreich. „Modern spielen, heißt gewinnen," hörten wir Otto Rehagel während der EM kontern. Vor allem aber wurde der Zusammenhalt der Mannschaft allseits gelobt. Der Torschütze des einzigen Tores im Finale, Angelos Charisteas, antwortete auf die Frage nach seinem sensationellen Siegtor: „Ja, ich habe das Tor gemacht, aber die Mannschaft hat hier das Spiel gemacht und gewonnen." Otto Rehagel ist es gelungen, aus einer Schar von Individualisten ein Team zu gestalten. Am Abend des Triumphes verkündete er: „Wir haben in den letzten drei Jahren ein Team entwickelt. Meine Mannschaft hat hart gearbeitet. Dieses Team hat ein Wunder vollbracht." Rezeptur des Erfolgs war also ein „Gemeinsam sind wir stark". Biblisch gesprochen: Einer trage des anderen Last. Otto, ist das nicht „unmodern" im Zeitalter der Ich-AG's?

„Meine Mannschaft hat hart gearbeitet." Wunder fallen nicht vom Himmel. Sie sind nicht nur im Sport Fuß- und Handarbeit. Wunder gibt es immer wieder, wo Menschen in ihrer Nachbarschaft nicht einfach weggucken und weghören, sondern mit ihren Möglichkeiten helfen. Wo Menschen einfach da sind, Traurigkeit und Trauer mittragen. Wo Menschen mit Hilfe anderer ihre Alkoholsucht in den Griff bekommen. Einer trage des anderen Last.

Unmodern? Nein. Modern ist, wenn keiner verliert.

Gert Hofmann
Zwischenruf am 14.01.2006

# Heiraten: Zwischen Traum und Desaster

Hoch-Zeit für Hochzeitsmessen. Zwei Tage auf der Bochumer Hochzeitsmesse im Ruhr-Congress waren wir, zwei evangelische Pfarrer, dabei. Und wir stellen fest: Es gibt ihn noch, den zerbrechlichen Traum junger Frauen und Männer: schön gestylt in einer schnuckeligen alten, naturnahen Kirche dem Menschen ihres Herzens das Ja-Wort geben, dann in den Oldtimer steigen und auf dem Schloss die Sektkorken knallen lassen.

Nicht nur fürs Erinnerungsfoto wichtig ist die Wahl des Priesters, der Pfarrerin, des Pfarrers. Sie stehen immer noch für Seelsorge und Beratung im Vorfeld der Zeremonie wie für ihr Gelingen.

Katholische Brautleute, die schon einmal verheiratet waren, haben bei einem zweiten Versuch ein Problem: sie dürfen nicht wieder katholisch heiraten, es sei denn, sie erklären die erste Ehe für nichtig. Das ist eine hohe Hürde für viele.

Dann lieber ökumenisch heiraten. Am besten mit einem ansprechenden Mix aus katholischem Priester mit Anerkennungslizenz und evangelischer Pfarrerin – damit sich zum Fest auch die nahen Verwandten mit ihrer Konfession vertreten fühlen können. Macht sich auch gut fürs Foto: schön bunt. Die erfahrene Braut erkennt man am Creme-Ton oder Tiefweinrot. Visagistin und Friseuse stylen das Gesicht wind-, wetter- und emotionenfest. Der Bräutigam lächelt dazu sportlich aus dem perfekt farblich mit dem Brautkleid abgestimmten Jackett.

Heiraten bleibt riskant, ein zerbrechlicher Traum. Die Chancen fürs Gelingen stehen fifty-fifty. Es gibt nur wenige Vorbilder für eine gelungene Liebesbeziehung, die sich zeitweise zur Wirtschaftsgemeinschaft mit doppelten Pflichten und halben Rechten entwickelt: wenn Nachwuchs kommt und frauenfreundliche Kinderbetreuung fehlt.

Es ist nicht leicht für Paare heutzutage, ihren eigenen Ansprüchen und denen der Gesellschaft zu entsprechen, Paarbeziehung, Familie und Kinderwunsch unter einen Hut zu bekommen und dabei nicht auf der Strecke zu bleiben.

Rainer Mittwollen
Zwischenruf am 10.06.2006

# Begeistert!

Um es gleich vorweg zu sagen: Ich verstehe nicht viel von Fußball. Lange Zeit war mir das Geschehen auf dem Spielfeld ebenso fremd wie die Erregung auf den Zuschauerrängen. Erst vor acht Jahren habe ich mich zum ersten Mal mit ins Stadion schleppen lassen. Und dann hat es mir die Atmosphäre von Leidenschaft und Begeisterung rund um den Ball doch angetan! Zugegeben: Als Pastor kann man da schon neidisch werden, denn eine so starke Resonanz erleben wir in der Kirche fast nie. Dabei könnte die Kirche eigentlich Urheberrechte auf das Wort „Begeisterung" geltend machen: Das Pfingstfest erinnert an ein Ereignis in Jerusalem vor knapp 2000 Jahren, bei dem die völlig verschüchterte „Fangemeinde" Jesu regelrecht begeistert wurde. Die Christen waren sich zuvor ihrer Sache so wenig sicher, dass sie sich in ihrem „Vereinslokal" geradezu verbarrikadiert hatten. Was sie glaubten und worauf sie hofften, trauten sie sich nicht mehr laut zu sagen – bis Gottes Geist sie so packte, dass sie völlig aus dem Häuschen gerieten. Mit Begeisterung gingen sie auf die vielen Gäste unterschiedlichster Herkunft und Sprache zu, die damals zum Fest in Jerusalem waren. Enthusiastisch erzählten sie ihnen von der Liebe Gottes und steckten viele mit ihrer Freude an.

Seit gestern ist „die Welt zu Gast bei Freunden", auch in unserer Region. Die Kirche muss dabei nicht erst für Stimmung sorgen – aber sich verstimmt zurückziehen, weil die Menschen von anderem begeistert sind, muss sie auch nicht! Unsere Begeisterung über Gottes Liebe kann sich hören lassen – auch bei der WM!

Rainer Mittwollen
Zwischenruf am 30.09.2006

# Eigentum

Ich bin zurzeit ziemlich eigen. Mein Eigentum behalte ich scharf im Blick. Vor allem einen jungen Baum, der in unserem Gärtchen steht. Der ist brechend voll mit Früchten – die Zweige können die Last kaum tragen. Die Früchte werden gerade reif und leuchtend gelb. Ich bin stolz darauf! Nun steht der Baum am Gartenzaun zur Straße hin. Und auf der gehen täglich Hunderte von Schülern vorbei. Natürlich sind die Äste auf der Straßenseite schon geplündert. Man kann gar nicht genug aufpassen! Ich ärgere mich! Der Baum steht auf meinem Grundstück! Ich habe ihn gepflanzt und gepflegt – der Ertrag ist mein Eigentum, und ich bin nicht der „von Ribbeck auf Havelland", der all seine Birnen verschenkt! Lieber schneide ich die Äste auf der Straßenseite ab! Morgen wollte ich eigentlich einige Früchte auf den Erntedanktisch in meiner Kirche legen. Die wären dann auch weg – und was bleibt mir?

Da kommt mir – wie ein Zwischenruf – ein alter Bibelvers in den Sinn: „Was hast du, das du nicht empfangen hast?" (1. Korintherbrief 4,7) „Entspann dich!", so höre ich da heraus. „Du hast dein Leben mit all seinen Früchten doch auch geschenkt bekommen! Wenn du nur eifersüchtig dein Eigentum bewachst, kannst du nicht Erntedankfest feiern!"

Gar nicht so einfach, sich zu entspannen. Aber vielleicht schneide ich doch die Äste auf der Straßenseite nicht ab. Nur das Gartentor bleibt abgeschlossen – da bin ich eigen!

Rainer Mittwollen
Zwischenruf am 20.01.2007

# Zeugnis oder Martyrium?

Gestern gab es Zeugnisse! Zwar nur ein „Zwischenzeugnis" – aber doch von entscheidender Bedeutung für viele Schülerinnen und Schüler: Für Viertklässler entscheidet es über die Wahl der weiterführenden Schule und für viele höhere Jahrgänge gehört es zu den Bewerbungszeugnissen. Es stellt dann Weichen für den weiteren Lebensweg. In jedem Fall hat es Einfluss auf das Selbstwertgefühl von Kindern und Jugendlichen. Schön, wenn es stärkt und ermutigt! Schlimm, wenn es das Selbstbewusstsein schwächt und mutlos macht. Dann kommt viel darauf an, dass junge Menschen Halt finden bei Verwandten oder Freunden und dabei spüren, dass ihr Lebenswert nicht an einem Stück Papier hängt. Sonst wird das Zeugnis leicht zum Martyrium.

Tatsächlich ist „Zeugnis" die wörtliche Übersetzung des griechischen „Martyrion". Christen, die ihren Glauben bezeugten, wurden „Märtyrer" genannt. Erst durch die Christenverfolgungen bekam das Wort den Beigeschmack des Leidens.

Entscheidend für das christliche Zeugnis bleibt: Mein Lebenswert hängt nicht von dem ab, was ich leisten kann oder davon, wie andere mich beurteilen. Mein Leben ist wertvoll, weil Gott mich liebt. Jesus Christus steht auf meiner Seite, selbst wenn ich versage.

Damit kann ich mich zwar nicht bewerben – aber ein starkes Selbstbewusstsein gibt mir dieses Zeugnis allemal!

Rainer Mittwollen
Zwischenruf am 12.05.2007

# Zielgerichtet

Morgen ist Marathontag im Ruhrgebiet. Unzählige Menschen sind dabei! Einige Tausend laufen mit – noch viel mehr stehen an den Strecken und schauen zu. Viele Wege sind versperrt, um den Weg freizuhalten, auf den es ankommt. Leider haben so einige meiner Gemeindeglieder keine Möglichkeit, zu ihrer Kirche zu kommen. Aber das macht nichts – wenn sie stattdessen den Läufern zuschauen. Sie könnten kaum eine bessere Predigt bekommen: Sie werden Menschen sehen, die alles geben, um ihr Ziel zu erreichen; Menschen, die sehr bewusst ihre Kräfte einteilen, um durchzuhalten; Menschen, die mit höchster Konzentration laufen und sich von nichts ablenken lassen; Menschen, die für diesen Lauf vieles andere zurückgesteckt haben.

Schon der Apostel Paulus hat diese Sportler gut beobachtet. Er nimmt sie zum Vorbild für den Lebenslauf der Christen: Konzentration auf das Wesentliche, klare Ausrichtung auf das Ziel, keine Ablenkungen und Abwege, keinen unnötigen Ballast – zu welchem Zweck? Um am Ende auf's fromme Siegertreppchen steigen zu können?

Nein! Hier endet der Vergleich: Christen laufen nicht um ihr Leben. Dafür hat Christus allen Einsatz gebracht. Ihr Einsatz soll denen gelten, die im Leben zurückbleiben, die ziellos und hoffnungslos sind. Dafür können wir noch viel Training gebrauchen!

Volker Heidelbach
Zwischenruf am 26.05.2007

# Kerze und Zündholz

Es kam der Tag, da sagte das Zündholz zur Kerze: „Ich habe den Auftrag, dich anzuzünden." „Oh, nein", erschrak die Kerze, „nur das nicht. Wenn ich brenne, sind meine Tage gezählt. Niemand mehr wird meine Schönheit bewundern." „Aber willst du denn dein Leben lang kalt und hart bleiben, ohne zuvor gelebt zu haben?"

„Aber Brennen tut doch weh und zehrt an meinen Kräften", flüsterte die Kerze unsicher und voller Angst. „Es ist wahr", entgegnete das Zündholz, „aber das ist doch das Geheimnis der Berufung: Du und ich sind berufen, Licht zu sein. Was ich als Zündholz tun kann, ist wenig. Zünde ich aber nicht an, so vergesse ich den Sinn meines Lebens. Ich bin dafür da, Feuer zu entfachen. Du bist eine Kerze. Du bist da, zu leuchten und Wärme zu schenken. Alles, was du an Schmerz, Leid und Kraft hingibst, wird verwandelt in Licht. Du gehst nicht verloren, wenn du dich verzehrst. Andere werden dein Feuer weitertragen. Nur wenn du dich versagst, wirst du sterben."

Da spitzte die Kerze ihren Docht und sagte voller Erwartung: „Wenn das so ist, wie du gesagt hast, dann zünde mich bitte an."

Jesus hat einmal gesagt: „Denn wer sein Leben erhalten will, wird es verlieren; wer aber sein Leben verliert um meinetwillen, der wird's erhalten. Denn welchen Nutzen hätte der Mensch, wenn er die ganze Welt gewönne und verlöre sich selbst oder nähme Schaden an sich selbst?" (Lukasevangelium 9,24-25).

Jesus Christus ist als die Flamme und das Licht Gottes in die Welt gekommen, um in uns Leben und Licht zu entfachen. Zugegeben, es kostet seinen Preis. Sich darauf einzulassen, erfordert zuweilen Mut, auf jeden Fall aber Hingabe und Vertrauen. Das Ergebnis? Ein Leben in der Würde und der Bestimmung, die Gott einem jeden von uns zugedacht hat. Der Weg dorthin? „Komm und sieh! Sei bereit, dich entzünden zu lassen!"

Bernd Reitmeyer
Zwischenruf am 08.09.2007

# Dein Freund und Helfer

Szene 1: Sofort geht mein Fuß vom Gas. Das Radarmessgerät steht am Straßenrand, der dazu gehörende Polizeiwagen ist in einem Seitenweg geparkt. Daneben zwei weitere Fahrzeuge, deren Fahrer die Anweisung „Tempo 30" wohl nicht ernst genommen haben. Mich haben sie diesmal nicht erwischt – zum Glück.

Szene 2: Er verliert nicht die Geduld, der Polizist der Wache Mitte, auch dann nicht, als er all die Formulare noch einmal ausfüllen muss. Dazu hat der angezeigte Diebstahl nur geringes Ausmaß und wird wohl nie aufgeklärt werden. Das gestohlene Handy hat mein Sohn – wie zu erwarten war – nicht wiedergesehen. Das Verfahren wurde eingestellt. Aber als kleinen Trost gibt der freundliche Beamte wenigstens eine Autogrammkarte mit: „Für Marcel. Toto."

Jesus hätte aus so unterschiedlichen Erfahrungen wahrscheinlich wieder eine seiner berühmten Gleichnisgeschichten gemacht: „Wenn einer es mit Gott und seinem Himmel zu tun bekommt, dann ist das so: Da entdeckt einer, der Gott bisher für eine Art Oberaufpasser hielt, der einem immerzu ein schlechtes Gewissen machen will, völlig verblüfft, dass Gott sein Freund und Helfer ist." Diese Erfahrung wünsche ich Ihnen auch.

Jürgen Thomas
Zwischenruf am 05.04.2008

# Grenzenlose Begeisterung

Vor einigen Jahren besuchte ich ein orthodoxes Kloster. Der Priester, der uns durch die Anlage führte, war so begeistert von seiner Sache, dass ich später augenzwinkernd zu meiner Frau sagte: „Hätte er eine halbe Stunde länger reden können, wäre ich gleich dageblieben."

Ich liebe es, wenn Leute mit brennendem Herzen für ihr Anliegen kämpfen. Zum Beispiel Karlheinz Böhm für die Menschen in Äthiopien[1], Mutter Teresa für die Ärmsten in Kalkutta[2] oder auch der VfL Bochum, wenn er für den Sieg gegen Schalke fightet. Wer dagegen nur das Nötigste tut und seinen Vorteil kühl nach Aufwand und Ertrag kalkuliert, hat schwerlich unsere Sympathien. Das gilt sogar dann, wenn es um gute Taten geht.

Gottes Begeisterung für die Menschen ist grenzenlos. Weil er wusste, dass wir ohne ihn vor die Hunde gehen würden, machte er sich selbst auf, um uns zu retten. An Jesus Christus, dem Sohn Gottes, sehen wir, wozu Gottes Liebe und Begeisterung fähig sind. Ohne sein Sterben und Auferstehen gäbe es für Menschen keine Hoffnung. Begeisterung ist ansteckend. Wir möchten gern mitmachen, wo Menschen Außerordentliches zu geben bereit sind, begeistert einem Hobby nachgehen, sich für andere Menschen einsetzen, Sport treiben oder ihren Beruf ausüben. Ich bin fest davon überzeugt, dass Gott und die Gute Nachricht von Jesus Christus uns völlig begeistern können, wenn wir neu nach Gott fragen. Und ich finde, dass die Zeit zwischen Ostern und Pfingsten, dem Fest der Be-Geisterung, eine gute Gelegenheit ist, damit anzufangen.

---

[1] Anm. des Herausgebers: Karlheinz Böhm (geb. 1928; gest. 2014) war österreichischer Schauspieler deutscher Herkunft und Gründer der Stiftung Menschen für Menschen. Seine Organisation hilft unter dem Motto „Hilfe zur Selbstentwicklung" notleidenden Menschen in Äthiopien. https://de.wikipedia.org/wiki/Karlheinz_Böhm

[2] Anm. des Herausgebers: Mutter Teresa (geb. 1910; gest. 1997) war indische Ordensschwester und Missionarin albanischer Abstammung. Weltweit bekannt wurde sie durch ihre Arbeit mit Armen, Obdachlosen, Kranken und Sterbenden, für die sie 1979 den Friedensnobelpreis erhielt. https://de.wikipedia.org/wiki/Mutter_Teresa

Johannes Waschk
Zwischenruf am 13.02.2010

# „… weil mich mein Gott das Lachen lehrt, wohl über alle Welt." (Hanns Dieter Hüsch[1])

Karneval – nicht gerade eine klassische Domäne des Protestantismus. Dafür steht eher die katholische Tradition nach dem rheinischen Motto: Sünde hin – Seligkeit her, wenn „dä Zoch kütt", wird kräftig mitgefeiert. Am Aschermittwoch ist dann wieder Schluss mit lustig. Aber keiner soll sagen, dass die Evangelischen nichts zu lachen hätten. Im Gegenteil: Wenn man manche protestantische Eigenart betrachtet, kann man fast auf den Gedanken kommen, dass der Karneval nimmer aufhört. Erwähnt sei hier die merkwürdige „rabies theologorum" – auf Deutsch: Die Wut der Theologen. Je nach Sichtweise reizt sie entweder zum Lachen oder zum Heulen. Denn der zähe und bedeutungsschwere Kampf um Glaubensfragen wurde fast immer „mit schweren Geschützen und Kanonendonner" geführt. Die elegante Auseinandersetzung mit dem Florett findet man selten.

Von eher robuster Art war Johann Georg Joch (27.12.1676 – 01.10.1731), ab 1709 Superintendent in Dortmund. Über den wird in einer alten Chronik berichtet, dass er „in Dortmund einen schlechten Zustand des kirchlichen Lebens vorfand; es ist damals vorgekommen, daß ein Prediger vor einem anderen ausspie und dann auf der Kanzel seiner Gemeinde rieth, sie möchte, falls der Teufel (welcher noch dazu sein eigener naher Verwandter war) wieder auf die Kanzel käme, ihn herunter reißen und aus der Kirche stoßen." Und weiter heißt es über den streitbaren Theologen: „An den vielen Zänkereien, in welchen er die rabies theologorum reichlich erfuhr, war er selbst zum großen Theil schuld; denn er war ein heftiger Charakter und liebte sein Licht vor den Leuten im eigenen Interesse leuchten zu lassen, wie er z.B. nie unter zwei Stunden öffentlich gesprochen haben soll." So etwas konnte natürlich nur in Dortmund geschehen. Da sind wir hier in Bochum aus dem Schneider. Und „wat lernt uns dat?" Das Lachen – gerade auch über sich selbst – ist nicht nur im Karneval erlaubt. Sondern grundsätzlich und lebenslang. Und Kirchenleuten allemal.

---

[1] Anm. des Herausgebers: Hanns Dieter Hüsch (geb. 1925; gest. 2005) war Kabarettist, Schriftsteller, Kinderbuchautor, Schauspieler, Liedermacher, Synchronsprecher und Rundfunkmoderator. Er gilt als einer der produktivsten sowie erfolgreichsten Vertreter des literarischen Kabaretts im Deutschland des 20. Jahrhunderts. https://de.wikipedia.org/wiki/Hanns_Dieter_Hüsch

Rainer Mittwollen
Zwischenruf am 24.04.2010

# Bodenhaftung

Mit beiden Füßen fest auf der Erde zu stehen und die Bodenhaftung nicht zu verlieren – normalerweise ist das wünschenswert. Während ich diese Zeilen schreibe, ist die Stimmung vieler Menschen aber ganz anders: Dass sie am Boden bleiben müssen ist ein riesiges Ärgernis für sie. Das Flugverbot über weiten Teilen Europas hindert ungezählte Reisende am Fortkommen, und richtet zudem ungeheuren wirtschaftlichen Schaden an[1]. Ich kenne Menschen, die festsitzen, und weiß: Für sie ist das alles andere als eine Erholungspause! Diese Form von Bodenhaftung rührt an eine der ältesten menschlichen Kränkungen: Ohne Hilfsmittel können wir nicht fliegen! Allgemeiner: Unseren Möglichkeiten sind Grenzen gesetzt. Und wer Entfernungen nicht mehr in wenigen Flugstunden angeben kann, sondern viele Kilometer nennen muss, wirkt plötzlich sehr klein!

Schlimm? Für mich ist diese Ausnahmesituation nicht nur ärgerlich. An die Grenze meiner Möglichkeiten zu kommen, heißt ja auch, da nachzuschauen, wer mir weiterhelfen kann. Für mich gilt da immer noch das alte Psalmwort: „Meine Hilfe kommt von dem Herrn, der Himmel und Erde gemacht hat." Das gibt mir einen festen Stand – im besten Sinn des Wortes: „Bodenhaftung".

---

[1] Anm. des Herausgebers: Der Ausbruch des Vulkans Eyjafjallajökull begann am 20.03.2010. Er hatte über Island hinaus großräumige Auswirkungen. Insbesondere wurde Mitte April 2010 auf Grund der ausgetretenen Vulkanasche der Flugverkehr in weiten Teilen Nord- und Mitteleuropas eingestellt, was eine bis dahin beispiellose Beeinträchtigung des Luftverkehrs in Europa infolge eines Naturereignisses darstellte.
https://de.wikipedia.org/wiki/Ausbruch_des_Eyjafjallajökull_2010

Ute Diepenbrock
Zwischenruf am 09.10.2010

# Herbstwanderung

Der Wanderweg endete in einer Sackgasse. Enttäuscht lehnte ich mich an den entwurzelten Baumstamm, der mir den Weg versperrte. Drunter her kam ich nicht. Auch nicht drum herum, da sich rechts eine Felswand befand und links eine Schlucht. Da dachte ich: Diese Wanderung ist wie mein Leben mit Gott. So wie der Weg anfangs direkt am Rande des Sees verlief, so war auch Gott immer bei mir, als ich noch ein kleines Kind war. Aber nun ist Gott so weit von mir entfernt, wie der entfernt gelegene See. Und so, wie der Wanderweg in einer Sackgasse steckt, so verhält es sich auch mit meinem Leben. Während ich so nachsann, bewegte ein leiser Windhauch die Blätter. Da erst bemerkte ich den schmalen Pfad, den die vertrockneten Zweige des umgestürzten Baumes verhangen hatten. Nun ging es doch weiter – aber in die falsche Richtung: Fort vom See. Dieser von saftigem Gras gesäumte Pfad verlief über mehrere Biegungen, bis er unerwartet zum Seeufer und damit zur Quelle des Sees führte. So kam ich doch ans Ziel! Als ich von dort zurückblickte, erkannte ich: Mein Weg führte immer am See entlang, mal näher und mal weiter entfernt. Und der schmale Pfad, der vom Hauptweg mit dem Baumstamm fortführte, war kein falscher Weg! Zwar ein Umweg, aber er führte doch zum Ziel. Da wurde mir bewusst: Mein Leben entspringt aus Gott und wird einst dort wieder einmünden. Und egal wie weit ich mich von Gott entferne, er bleibt an meiner Seite und schenkt mir täglich neue Lebenskraft. Ich beschloss darauf zu vertrauen: Ist Gott bei mir, dann wird er auch dort, wo es nicht weiterzugehen scheint, einen Pfad öffnen und mich zum frischen Wasser leiten. Worte eines alten Beters fielen mir ein: „Der Herr ist mein Hirte, mir wird nichts mangeln … Er weidet mich auf einer grünen Aue und führet mich zum frischen Wasser." (Psalm 23)

Wolfgang Mann
Zwischenruf am 05.03.2011

# Wahrhaftigkeit

„Mama, guck mal da beim Rosenmontagszug. In dem Wagen da. Da hat sich ein Mann als Prinzessin verkleidet. Und der daneben hat so einen komischen Hut auf." „Das sind Jungfrau und Bauer." „Und was sind das für seltsame Sachen? Das Schwert, der Schlüssel und der Knüppel?" „Das sind Schwert, Stadtschlüssel und ein Dreschflegel." „Und warum haben die diese Sachen?" „Das sind die Zeichen dafür, dass sie die Stadt beschützen, und für ihre Treue und ihre Wahrhaftigkeit."

„Was heißt das, Wahrhaftigkeit?" „Dass man immer die Wahrheit sagt und anderen nichts vormacht. Auch wenn das schwierig ist." „Das find ich gut. Man muss sich ja aufeinander verlassen können." „Meinst du?" „Ja. Stell dir vor, die Freunde in der Schule würden einem etwas vormachen. Man weiß dann doch nicht mehr, wem man glauben kann!"

„Und das Schummeln bei der Klassenarbeit? Oder das Foulspiel beim Fußball?" „Mama, das hat doch keiner gesehen." „Sicher, aber man ist nicht mehr wahrhaftig. Man macht anderen etwas vor, weil es Vorteile bringt." „Aber, das ist doch was ganz anderes!"

„Wirklich?"

Christine Jung-Borutta
Zwischenruf am 11.05.2013

# Vom Glück verfolgt

Wenn ein Mensch Glück hat, fragt er dann: Warum gerade ich?

Oder haben Sie sich je diese Frage gestellt, wenn die Sonne herrlich scheint oder Sie den Topf kurz vorm Überkochen noch von der Platte ziehen können?

Die Frage „Warum gerade ich?" ist der Klassiker, wenn uns etwas Schlimmes zustößt. Dann beginnen wir zu fragen: Womit habe ich das verdient? Warum trifft z.B. die entsetzliche Krankheit gerade diesen Menschen, der nie einer Fliege etwas getan hat? Vielleicht kommt uns keine andere Erklärung, als dass es eine Strafe ist …

Nur – wissen Sie, was ich vermute? Menschen, die sich ein Unglück so erklären, die kennen Gott nicht. Einer, der Gott sehr gut kennt, Jesus, hat nie von Strafe gesprochen. Gott ist anders, sagt Jesus, und erzählt uns das Gleichnis vom Feigenbaum, der nicht abgehauen werden darf, obwohl er keine Früchte trägt (Lukasevangelium, Kap. 13). Jeder bekommt eine Chance, jeder wird umhegt und gut versorgt. So ist Gott!

Zum Glück gibt es das „in Echt". In unserer Stadt engagieren sich viele Menschen ehrenamtlich. Auch wenn es traurig oder hart wird, weil ein Leben zu Ende gehen muss. Dann umsorgen sie die Betroffenen mit Lebensnotwendigem: Gemeinschaft, Gespräch, Gebet, Geborgenheit.

Das (!) hat jeder Mensch verdient …

Jürgen Thomas
Zwischenruf am 24.08.2013

# Grenzüberschreitung

Neulich auf der Autobahn: in einer längeren Baustelle nahm der Fahrer vor mir dreist die Mittellinie auf der Fahrbahn zwischen seine Räder und zockelte scheinbar ungerührt an der Spitze einer Autoschlange einher. Niemand konnte überholen, bis die Baustelle zu Ende war.

Nicht, dass ich hier rasen wollte, aber ich fand es unverschämt, dass jemand buchstäblich seine Grenze überschritt und anderen die Freiheit nahm, ihre Geschwindigkeit zu fahren.

Am Ende der Baustelle, als ich wieder etwas abgekühlt war, dachte ich, dass die Bibel das wohl mit dem altmodischen Begriff „Sünde" meint. Menschen überschreiten ihre Grenzen und hindern andere am Leben. Dabei können es andere Grenzen sein als Mittelstreifen auf der Autobahn. Ob ich schwarz Straßenbahn fahre, die Steuern hinterziehe oder jemanden umbringe, es ist immer das Gleiche: Ich überschreite eine Grenze und beeinträchtige die Lebensräume meiner Mitmenschen. Immer muss jemand für meine Grenzüberschreitung zahlen. Jede Schuld wird bezahlt. Fragt sich nur, von wem.

Bei jeder Sünde ist auch Gott beteiligt, weil er möchte, dass wir leben. Ja, Gott ist das Leben; er steht für das Leben in Freiheit nicht nur für die Privilegierten, sondern für alle. Jede Sünde geht Gott deshalb etwas an.

Unsere Grenzüberschreitung hat die Brücke zwischen Gott und uns zerstört, und nicht Gott, sondern wir müssten die Zeche eigentlich zahlen. Deshalb ist Gott in Jesus Christus Mensch geworden, um auf seine Kosten Frieden zu machen. Wir sind seitdem nicht mehr Geiseln und Sklaven der Sünde, sondern freie Menschen.

Ich finde, diese gute Nachricht rechtfertigt ein bisschen den Anlass, der zu dieser Erkenntnis geführt hat. Trotzdem: Überschreiten Sie keine guten Grenzen, die das Leben erst ermöglichen!

# Engeln begegnen

Ein Engel, der dir deinen Weg weist,
der dich leitet, wenn du ziellos durch das All kreist,
ein Engel, der dich an die Hand nimmt
und, wenn du Angst hast, ein Liedchen für dich anstimmt.
Ein Engel, der dir immer nah ist, der für dich da ist,
wenn du in Gefahr bist.
Ein Engel als tröstendes Licht.
Du sagst, diesen Engel gibt es nicht.
Doch dieser Engel ist da,
um dich zu schützen und zu halten.
Dieser Engel ist da,
jeden Tag, in verschiedenen Gestalten.
Er lässt dich nie im Regen stehn.
Er lässt dich nie allein.
Doch er ist leicht zu übersehn,
denn er kann überall sein.

*Wise Guys*


Ein Engel -: ein im Himmlischen Zerstreuter,
der um dich ist seitdem du hier erschienst;
kaum jemals trauriger, kaum je erfreuter,
doch immer strahlender in deinem Dienst ….

*Rainer Maria Rilke*

Heike Lengenfeld-Brown
Zwischenruf am 27.09.2003

# Engel in Bochum gesichtet!

Letzten Sonntag war Welt-Alzheimertag. Eine bekannte Krankheit – aber weitgehend ein Tabu in der öffentlichen Diskussion. Eine betroffene Ehefrau sagte zu mir beim Gottesdienst zu diesem Thema: Geben Sie meine Erfahrungen ruhig weiter. Vielleicht hilft es jemandem:

Im September '94 teilte mir der Arzt mit, dass mein Mann an Demenz erkrankt sei. Es traf mich wie ein Blitz. Ich war verzweifelt. Keiner darf es wissen, dachte ich, nur meine Familie. Wenn mein Mann auffiel, habe ich mich sofort zurückgezogen. Die Krankheit schritt voran, meine Seele wurde auch krank. Alte Freunde zogen sich zurück. Ich stürzte in ein tiefes Loch. Ich habe Gott angefleht: Hilf und gib mir Kraft. Schick' mir bitte einen Engel, der mir den Weg zeigt. Mein Engel sagte mir: „Schau in den Stadtspiegel. Die Alzheimer Beratungsstelle macht Haus der offenen Tür. Geh' dorthin." Man nahm mich herzlich in ihre Mitte. Ich war gar nicht alleine mit dieser Krankheit. So viele hatten dasselbe Schicksal. Der Mittwochnachmittag wurde mein schönster Nachmittag, mein Mann wurde gut betreut und wir Angehörigen haben uns alles von der Seele geredet. Mir ging es von Tag zu Tag besser, abends habe ich meinen Engel gefragt: Wie sieht es morgen aus, schaffe ich es? Du schaffst es!

Dann kaufte ich mir den ersten Blumenstrauß nach langer, langer Zeit, da wusste ich, ich habe wieder Kraft. Es sind 9 Jahre vergangen, die Krankheit hat ihre Spuren hinterlassen, ohne meinen Engel hätte ich es nicht geschafft. „Gott sende dir einen Engel, der dich behüte auf deinem Weg!" (nach 2. Mose 23,20)

Ortwin Pfläging
Zwischenruf am 15.02.2003

# Bist Du ein Engel?

Engel behüten und bewahren und bringen als Boten Gott den Menschen nahe. Es war kurz nach Buß- und Bettag: „Was ihr den geringsten meiner Brüder angetan habt, …" hieß es da (Matthäusevangelium 25, 40).

Ich fuhr nachts eine regennasse Hauptstraße bergab. Plötzlich springt die Tür einer Kneipe auf und heraus torkelt ein volltrunkener Mann, mitten auf die Straße. „Gut, dass ich das vorausgesehen hab'", dachte ich stolz. „Guter Gott! Lass ihn nicht unter die Räder kommen!" „Du kannst ja helfen!" Waren das meine Gedanken, waren das Gottes Gedanken? Schnell das Fahrzeug gewendet. Tür auf: „Wo musste' hin?" „Rathenaustraße!" „Komm rein, ich bring dich nach Hause, bevor dich einer platt fährt!" Kaum im Auto jammerte er los: „Job weg, Frau weg, und jetzt flieg' ich noch ausse' Stammkneipe! Und nu' kommst du! Bist du ein Engel?" „Ich bin kein Engel!" – „Das sagen alle!" Beim Abschied: „Und du bist doch ein Engel. Ohne dich läg' ich jetzt unterm Auto und würde auf Wolke sieben Harfe spielen! Aber jetzt …!"

Da blitzte der Buß- und Bettagstext wieder auf. Bin ich mit dem Besoffenen Christus selbst begegnet? Hat er mir nicht ebenso Gott nahe gebracht? „Weißt du was: Du bist selbst ein Engel!" „Du spinnst!" „Nein wirklich, du hast mich auf Gottes Spur gesetzt!"

So wird man ein Engel. Wer sich den Geringsten zuwendet, kann etwas erleben. Wer weltweit unter die Räder kommen wird, ist allen klar. Gut, dass weltweit Christen sich einig sind, sich von deren Schicksal bestimmen zu lassen.

# Urlaub haben

Im Nichtstun bleibt nichts ungetan.

*Laotse*


Wer nicht innezuhalten vermag,
hat keinen Zugang zum ganz Anderen.
Erfahrungen verwandeln.
Sie unterbrechen die Wiederholung des Gleichen.
Empfänglich für Erfahrungen wird man nicht dadurch,
dass man aktiver wird.
Vielmehr ist eine besondere Passivität notwendig.
Man muss sich angehen lassen von dem,
was sich der Aktivität des handelnden Subjekts entzieht.

*Byung-Chul Han*

Mechthild Horney-Mersch
Zwischenruf am 15.07.2000

# Geschenkte Zeit

Ich bin schon oft im Sommer zu Hause geblieben und habe gearbeitet. Wenn viele in die Ferien gefahren sind, gehen auch in Bochum die Uhren langsamer.

Es gibt irgendwie mehr Zeit. Weniger Stress und Hektik auf den Straßen, in den Geschäften und in vielen Büros. Es ist viel weniger los. Der Sommer bietet mir Gelegenheiten. Im Beruf kann ich Unerledigtes aufarbeiten und für die Zukunft Pläne machen. Privat ist durch die größere Ruhe vielleicht auch mehr Zeit für die Menschen übrig, an denen mir liegt. Ich kann mit alten Freunden und Bekannten wieder mehr Zeit verbringen, eingeschlafene Kontakte wieder neu beleben, vielleicht sogar neue knüpfen.

Auch für mich kann ich etwas tun. Zeit für Spaß und Erholung. Zeit für Freude. Einfach nur Zeit für mich. Geschenkte Zeit. Wenn wir Zeit und Ruhe wie Geschenke annehmen, bleibt nicht viel Raum für Stress und Hektik – weder am Urlaubsort, noch im Alltag.

Gott wünscht uns Zeiten, in denen wir zur Ruhe kommen können, sei es am Strand, in den Bergen oder eben zu Hause. Zur Ruhe kommen – dafür bietet der Sommer gute Gelegenheiten.

Thomas Vogtmann
Zwischenruf am 22.07.2000

# Urlaub nehmen vom Alltag

Sommerzeit – Ferienzeit – Urlaubszeit! Viele nutzen den Sommer für einen Urlaub – für eine schöne Unterbrechung des „Alltags".

Herrlich, so in den Tag hineinzuleben, ohne Verpflichtungen und Zeitvorgaben, Zeit und Muße zu haben für Dinge, die ansonsten zu kurz kommen. Anderes tun und lassen als das, was ich alle Tage mache. Das tut gut!

Eine neue Erfahrung ist das nicht. Schon die Bibel kennt die gute Abwechslung: Arbeiten, für den Lebensunterhalt sorgen, die täglichen Verrichtungen tun und dann – abschalten, ausruhen und im Gegenüber zum gewöhnlichen Leben sich vertiefen. Sich auf den tragenden Grund des Lebens besinnen. Ein wohltuender Rhythmus von Alltag und „herausgenommener" Zeit – von Arbeit und Ruhe, wie es die Bibel sagt.

Aus dieser Einsicht heraus ein kleiner Urlaubstipp, der nicht viel kostet: Besuchen Sie die Kirche in Ihrer Nähe! Gönnen Sie sich die ruhige Atmosphäre eines Kirchenraums! Lassen Sie sich auf andere Gedanken bringen! Spüren Sie den Wurzeln des Lebens nach! Begegnen Sie dem lebendigen Gott und gewinnen Sie neue Perspektiven für Ihr Leben. Ein Gottesdienst als Kurzurlaub!

Einen schönen Urlaub wünsche ich Ihnen!

Rainer Mittwollen
Zwischenruf für den 07.08.2004

# Ein Reisesegen im Stau

Lutz Gram steht im Stau und ist genervt. Angespannt blättert er durch den Reiseatlas. Da muss es doch noch andere Wege geben! Die Radiodurchsage erspart ihm weiteres Suchen: Alles ist dicht! „Erholungsurlaub" hat er jetzt – aber eigentlich kämpft er mit den gleichen Problemen, wie in seiner Arbeit: Es geht nicht vor und nicht zurück. Der Stress, dem er entkommen will, sitzt mit im Auto. Im Radio singt jetzt ein Chor (O weh, die Morgenandacht!) „Befiehl du deine Wege und was dein Herze kränkt der allertreusten Pflege, des, der den Himmel lenkt". Lutz Gram muss schmunzeln. Zuhause hat ein Organist mal so heftig in den Mai hineingefeiert, dass ihm am darauffolgenden Sonntag nichts mehr einfiel als „Komm, lieber Mai, und mache …" Nicht nur als Vorspiel, auch beim ersten Gemeindegesang hat er es gespielt. Das war eigentlich das schwermütige Lied „Befiel du deine Wege" – aber o Wunder: Es passte genau auf den Maischlager – nur dass es damit einen ungewohnten Schwung bekam!

Lutz Gram summt leise auf Maimelodie … der Wolken, Luhuft und Winden gibt Wehege, Lahauf und Bahn, der wird auch Wege fihinden, da dahein Fuß gehehen kann. „Eigentlich ein richtiger Reisesegen, dieses Lied!" So denkt er sich. „Meinen Stress – ‚was mein Herze kränkt' – Gott überlassen und meine Wege dem anvertrauen, der für alles den richtigen Weg weiß. Na, ja – davon wird der Stau nicht kürzer."

Aber das Herz ist ihm doch schon ein wenig leichter geworden.

Rainer Mittwollen
Zwischenruf am 03.09.2005

# Viel verpasst?

Mehrere Wochen war ich im Sommer im Ausland und hatte dort keine Möglichkeit, die Nachrichten zu verfolgen. Für mich war das ein seltsames Gefühl, von allen Informationen abgeschnitten zu sein: Was passiert in der Welt? Was geschieht in meiner Heimat? Verpasse ich etwas? Es hat ein wenig gedauert, bis ich mich darauf einstellen konnte, nicht gleich von Tagesbeginn an ständig mit Informationen aus aller Welt versorgt zu werden. Stattdessen habe ich dann aber viel mehr von den Menschen wahrgenommen, die unmittelbar um mich herum waren – meine eigene Familie und die Mitglieder unserer Freizeitgruppe. Und ich habe gemerkt: Was ich von diesen Menschen wahrnehme, das geht mich jetzt an! Das betrifft mich und darauf kann ich direkt reagieren. Das sind „Nachrichten von Nächsten", mit denen ich unmittelbar etwas anfangen kann.

Wo kommt sie nur her, die Sorge, etwas zu verpassen, wenn ich nicht alle Nachrichten über das Weltgeschehen mitkriege? Die Flut der Informationen kann ich doch meist gar nicht verarbeiten – aber oft genug verstellt sie mir den Blick für die Menschen, die mir nahe sind und für die ich Nächster sein kann.

Nein, ich wünsche mir keine Nachrichtensperre – gut informiert zu sein, halte ich weiterhin für wichtig. Aber ich wünsche mir eine Art persönlichen Filter: Aus der Fülle der Informationen will ich vor allem das herausfiltern, was die Menschen angeht, mit denen ich lebe und für die ich da sein kann. Ich möchte nicht verpassen, ihnen ein „Nächster" zu sein.

143

Bernd Reitmeyer
Zwischenruf am 19.05.2007

# Wie ein kleiner Urlaub

„Nehmen Sie es nicht wie eine ärgerliche Pflicht, die Sie hinter sich bringen müssen. Nehmen Sie es eher wie einen kleinen Urlaub, der Ihren Tag schöner macht." Freude am Laufen wollte der vermitteln, der diese Zeilen geschrieben hat.

Sich ein wenig Zeit nehmen, die bewusst anders gestaltet ist als der übrige Tagesablauf, das tut gut. Dem Kopfarbeiter hilft die körperliche Aktivität, dem Erschöpften eine Zeit der Ruhe. Ich schätze diesen kleinen Urlaub sehr. Wenn ich, statt am Schreibtisch zu sitzen oder mit anderen neue Pläne zu erarbeiten, in meinen Laufschuhen unterwegs bin und mir der Duft der Holunderblüten in die Nase zieht oder ein Fuchs meinen Weg kreuzt, dann freue ich mich an Gottes Schöpfung, und der Tag bekommt ein anderes Gesicht. Der kleine Urlaub darf dabei durchaus ein wenig anstrengend sein, denn das Gefühl, etwas geschafft zu haben, beflügelt.

Einen kleinen Urlaub für die Seele möchte ich Ihnen empfehlen. Der Aufwand ist nicht besonders groß. Eine Kirche, die Ihnen jeden Sonntag (und manche auch noch öfter) ein entsprechendes Angebot macht, werden die meisten von Ihnen in nicht allzu weiter Entfernung finden. Manches dort mag erst einmal ungewohnt sein, aber fast überall gibt es freundliche Menschen, die einem über die Anfangsschwierigkeiten hinweghelfen.

„Gammeln unter der Sonne Gottes" hat einer meiner Freunde so einen Sonntagsbesuch in der Kirche genannt. Das war seine Weise zu sagen, was er dort gefunden hatte: Die Freude darüber, die Zuneigung Gottes erlebt zu haben.

Rainer Mittwollen
Zwischenruf am 07.07.2007

# Heimatgefühle

Sommerzeit ist für viele Menschen Reisezeit. Sie bietet Gelegenheit, Abstand zu gewinnen und Neues zu sehen. Mitunter macht der Abstand es auch möglich, das Zurückgelassene mit neuen Augen zu betrachten – vielleicht sogar Heimatgefühle zu entwickeln?

Das Verhältnis zur Heimat ist sehr unterschiedlich, aber kaum ohne Gefühl! Heimat ist eben nicht nur ein Ort oder eine Landschaft, sondern meine Beziehung zu diesem Ort und dieser Landschaft und meine Erinnerungen daran. An Heimat erinnert mich ein Vers aus Psalm 84: „…die Schwalbe hat ein Nest gefunden für ihre Jungen, deine Altäre, Gott Zebaoth" (Vers 4). Zu meiner Erinnerung an Heimat gehören flaches Land, plattdeutsche Sprache, ammerländische Bauernhäuser – und die Schwalben, die an den Dachbalken dieser Bauernhäuser nisten. Schwalbennester hoch oben unter dem Dach – gut geschützt vor Regen und Räubern – sind für mich ein Sinnbild für Heimat: Ich verbinde damit: Unterschlupf und Geborgenheit finden – und auch: Flügge werden und Freiraum erobern.

Dass an Gottes Altären Schwalbennester kleben, ist eine seltsame Vorstellung. Aber dass ich bei Gott Unterschlupf, Geborgenheit und Freiraum finde, das ist mir vertraut. Für mich ist der Glaube ein gutes Stück Heimat – das ich übrigens auf jede Reise mitnehmen kann.

Johannes Waschk
Zwischenruf am 28.06.2008

# Endlich Urlaub!

An diesem Wochenende findet das große Finale statt. Einmal am Sonntag in Wien, wo der neue Fußball-Europameister gekürt wird. Es gibt aber auch sozusagen ein zweites Finale: Die Arbeit liegt – zumindest in Nordrhein-Westfalen – mit dem Beginn der Ferienzeit für ein paar Wochen hinter uns. Endlich Ferien. Geschafft. Auch die Kicker werden nach dem Ende des Turniers mit einem großen, erleichterten Seufzer sagen: Endlich Urlaub! Wie und wo auch immer: Urlaub kann heilsam sein, wenn wir entdecken, dass der Sinn des Lebens eben nicht nur aus mühseliger Plackerei besteht. Zum Leben gehört mehr als Arbeit und Sorge. Es kann buchstäblich lebenswichtig sein, aus der endlosen Geschäftigkeit einmal bewusst auszusteigen, um sich selbst und andere wieder wahrzunehmen.

Jeder Mensch braucht eine Zeit der Erholung: Genauso, wie ein Wanderer durch die Wüste eine Oase braucht, um wieder Kraft zu bekommen. Das gilt aber nicht nur für die Urlaubszeit. Drei oder vier Wochen im Jahr „Mensch zu sein" ist wahrhaftig zu wenig. Wer in diesem Sinn anders leben will, sucht eine Orientierung, ein Modell für ein gelingendes und erfülltes Leben. Gerade auch im Alltag. Ich finde in diesem Zusammenhang das Verhalten Jesu ermutigend und beispielhaft. In seinen Begegnungen mit anderen Menschen wird eine große Ruhe, Souveränität und Gelassenheit wahrnehmbar. Nicht zuletzt deshalb, weil er immer wieder die Stille mit Gott – das Gebet – gesucht hat: Als Kraftquelle für sein Leben.

Im Buddhismus gibt es den schönen Begriff der „Achtsamkeit". Aufmerksam und achtsam mit sich und anderen umgehen heißt ja unter anderem, die positiven Möglichkeiten und Ressourcen von Leistung und Arbeit, aber auch die Grenzen der Belastbarkeit zu erkennen – und danach zu leben. Achtsam und gelassen. Um sich dann mit frischen Kräften wieder ins Getümmel zu stürzen, „... damit der Tod uns lebendig finde – und das Leben uns nicht tot!" (Inschrift an den Mauern der Pariser Sorbonne im Mai 1968)

Hajo Witte
Zwischenruf am 30.06.2012

# Runter vom Gas!

Der Polizist und ich drücken schweigend auf den Klingelknopf. Mit Herzklopfen warten wir darauf, dass uns geöffnet wird. In wenigen Sekunden werden wir den Eltern mitteilen, dass ihr Sohn, die Schwiegertochter und die beiden Enkelkinder nicht mehr leben. Auf dem Weg in den Urlaub passierte es. Ein Lkw fuhr ins Stauende, in Sekunden war alles vorbei … jede Hilfe kam zu spät. Vier Leben ausgelöscht – wegen einer Sekunde Unachtsamkeit, Übermüdung, zu hoher Geschwindigkeit.

An meinem Schlüsselbund hängt ein kleines Stück Stoff, auf dem steht: „Runter vom Gas!" – Titel einer bundesweiten Präventionskampagne. Unfälle passieren jeden Tag, oft wären sie vermeidbar gewesen. Eine Sekunde Unachtsamkeit, Übermüdung, überhöhte Geschwindigkeit, den Gurt vergessen, Alkohol im Spiel, mit dem Handy gespielt, am Navi was eingegeben, die Zigarette aus der Packung gefummelt. Durch den Mitfahrer abgelenkt. Unfälle basieren auf eigenem Verschulden, oft auch auf Fremdverschulden. In Sekundenbruchteilen wird Leben ausgelöscht. Lebensplanungen durchkreuzt. „Runter vom Gas!" das Tempo rausnehmen. Fahren und Leben auf der Überholspur? Was bringt es? Spaß? Vielleicht. Zeitersparnis? Manchmal. – Klicken Sie mal auf www.runter-vom-gas.de. „Runter vom Gas!"

Bald beginnen die Ferien. Wir freuen uns auf die arbeitsfreie Zeit, den Strand, die Berge, die Insel. – Der Urlaub beginnt im Kopf, bei der Planung, nicht erst am Urlaubsort. Es tut gut, schon zuhause den Schalter umzulegen, sich zu entschleunigen. Zwischenziele einzuplanen, an denen zu verweilen sich lohnt. In diesen Tagen erbitten wir in den Gottesdiensten Gottes Segen, Zeit zu verweilen, wo es deiner Seele bekommt. „Er schenke dir Muße, zu schauen, was deinen Augen wohltut. Er schenke dir Brücken, wo der Weg zu enden scheint. Gott segne, die dich begleiten und dir begegnen. Er halte Übles von dir fern. Er bewahre dich und uns."

# Von Kindern und Eltern

Wer sich etwas Gutes tun möchte,
der hilft dem Kind in sich selbst,
dass es leben und träumen darf.

*Jörg Zink*


Eure Kinder sind nicht eure Kinder.
Sie sind Söhne und Töchter der Sehnsucht des Lebens
nach sich selber.
Sie kommen durch euch, aber nicht von euch,
und obwohl sie mit euch sind, gehören sie euch doch nicht.

*Khalil Gibran*

Petra Hockertz
Zwischenruf am 27.05.2000

# Kindern zuhören

Clara, sechs Jahre alt, Freundin meines Patensohnes, fragt ihre Mutter: „Mama, was ist Sünde?" Die Mutter von Clara antwortet: „Sünde ist, wenn du Gott vergisst." – „Aber Mama", sagt daraufhin Clara etwas empört, „ich kann Gott doch gar nicht vergessen. Gott ist doch in mir."

Sünde – ein schweres Thema – mit dem viel Missbrauch betrieben wurde und auch zum Teil noch wird. „Jahrelang litt ich unter der Drohung, ich könnte was falsch machen, so dass mich Gott nicht mehr liebt", sagte eine Frau bei einem Krankenbesuch zu mir, und sie fuhr fort: „Dabei ist es umgekehrt: Sünde ist, wenn ich vergesse, dass mich einer liebt." So gesehen, hat Sünde nichts mit Moral zu tun, sondern mit unserer Beziehung zu Gott. Ich erzähle der Frau von Clara: „Ich kann Gott doch gar nicht vergessen. Gott ist doch in mir." Clara weiß mit ihren sechs Jahren, Gott ist da, wir sind geliebt, so wie wir sind, auch wenn wir es nicht immer fühlen. Und aus Gottes Liebe können wir nicht herausfallen, egal was wir tun oder lassen.

Vielleicht sollten wir häufiger den Kindern zuhören, denn die Sache mit Gott ist gar nicht so schwer, sondern oft leichter, als wir glauben.

Karl-Heinz Gehrt
Zwischenruf am 24.06.2000

# Eine Chance zum Leben erhalten

Als Timo ein halbes Jahr alt war, war nicht klar, ob er die nächsten Monate überleben würde. Herzfehler, akute Atemnot, Operationen. Heute ist er vierzehn, schwimmt wie ein Fisch und entwickelt Bärenkräfte.

Man kann ihn an seinen Schlitzaugen und seinem fröhlichen Grinsen erkennen. Die Fachleute sprechen vom Down-Syndrom oder Trisomie 21. Timo verdankt sein Leben außer Gott der ärztlichen Kunst und der modernen Intensivmedizin.

Außerdem noch dem „Zufall"? Ob es der Arzt zu spät entdeckte oder die Mutter eine Entscheidung zum Abbruch zu lange hinausschob?

Ich weiß nur, dass Kinder wie Timo oft ihr Leben verlieren, bevor sie geboren werden. Nach vorgeburtlicher Untersuchung raten viele Ärzte, falls eine Behinderung zu erwarten ist, zu einer Abtreibung. Der Punkt ist, dass Menschen dabei entscheiden über „lebenswertes" und „lebensunwertes" Leben.

Diese Entscheidung – davon bin ich überzeugt – steht uns nicht zu, weil Gott ein Freund des Lebens ist, der jedes, auch das schwächste Menschenkind, schützen will.

Oder geht es bei vorgeburtlicher Untersuchung um die „Folgekosten"? Fällt der ungeteilte Schutz des Lebens der Kostendämpfung zum Opfer? Wollen wir eine Gesellschaft sein, die nur „normales, gesundes" Leben zulässt? Davor würde mir grauen.

Um nicht missverstanden zu werden. Ich weiß, wie schwer das Leben mit einem behinderten Kind sein kann. Aber manches Lachen, mancher Blick, die Welt so zu sehen, wie nur seine Schlitzaugen sie sehen, wäre mir ohne Timo entgangen.

Deshalb: Menschen wie er müssen eine Chance zum Leben bekommen und behalten.

Ursula Heckel
Zwischenruf am 23.12.2000

# Gott schaut uns in jedem Kind an

Es begab sich am Heiligen Abend im Jahre 1998. Auf die Intensivstation für Neugeborene kam ein Mädchen, das vor ihrer Zeit auf die Welt kam, mit 980 g und 36 cm. Judith ist ihr Name. Es begab sich am Heiligen Abend im Jahre Null; in einem Stall zu Bethlehem wurde ein Kind geboren. Jesus ist sein Name. Beide Kinder waren sehnlichst erwartet, für beide Kinder hatten sich die Eltern sicher einen anderen Start in dieses Leben gewünscht. Am Anfang ihres Lebens waren sowohl Judith wie auch Jesus in großer Lebensgefahr:

durch das zu unausgereifte biologische Leben für diese Welt die eine, durch die Obdachlosigkeit und die Soldaten des Kaisers der andere.

Viele Menschen gehen den Weg dieser beiden Kinder in den unterschiedlichen Zeiten mit. Allen voran die Eltern. Sie haben die Zuversicht in dieses Leben ihrer Kinder bei allem Auf und Ab nicht verloren. Sie nehmen ihre Kinder bedingungslos an, und sie ahnen etwas von der Größe ihrer Kinder, von dem Göttlichen, das in jedem Menschen seinen Ausdruck findet, mag er noch so klein sein. „Darin liegt das Berückende an Kindern, dass mit jedem von ihnen alle Dinge neu geschaffen, und dass das Weltall wieder auf die Probe gestellt wird." (G.K. Chesterton[1]) Gott hat durch die Menschwerdung seines Sohnes Jesus einen neuen Ausdruck seiner großen Liebe zu uns Menschen geschaffen. Er hat sein JA zu einem jeden von uns erneuert. Diese Liebe gibt auch den Eltern von Judith die Kraft, ihr Kind zu begleiten, wie immer auch ihr Weg sein wird. Dieses JA begleitet auch die Eltern von Jesus auf dem Weg seines Lebens. Wie sehr Gott uns in jedem Kind anschaut, macht die Menschwerdung Jesus Christus leibhaft erfahrbar. Es geschieht am Heiligen Abend im Jahre 2000; wir feiern das Leben Gottes mit uns und unter uns.

---

[1] Anm. des Herausgebers: Gilbert Keith Chesterton (geb. 29. Mai 1874 in London; gest. 14. Juni 1936) war ein englischer Schriftsteller und Journalist. https://de.wikipedia.org/wiki/G._K._Chesterton

151

Volker Heidelbach
Zwischenruf am 28.05.2005

# Umarmt von Gott

Von dem berühmten polnischen Konzertpianisten Ignace Paderewski (1860-1941) erzählt man sich die folgende Geschichte: Ein kleiner Junge wurde einmal von seiner Mutter zu einem Konzert des Maestros mitgenommen, und zwar mit dem Hintergedanken, ihn für sein eigenes Klavierspiel motivieren zu können. Nun, als sie ihre Plätze eingenommen hatten, die sich ziemlich weit vorn befanden, wurde die Mutter abgelenkt und merkte nicht, wie ihr kleiner Sohn auf Entdeckungsreise ging. Der Beginn des Konzertes war gekommen, der Saal wurde abgedunkelt, das Raunen der Menge verstummte.

Im Lichtkegel der Scheinwerfer stand majestätisch ein großer Steinway-Flügel, und alle erwarteten den Auftritt des Paderewski. Aber was sich dem erstaunten Publikum darbot, war ein kleiner Junge, der mit unschuldiger Miene „Leise rieselt der Schnee" auf dem Klavier anstimmte. Der Mutter blieb das Herz stehen. Was sollte sie nur tun? Aber bevor sie überhaupt etwas unternehmen konnte, um ihren Kleinen aus dem Rampenlicht zu holen, betrat Paderewski – der in aller Welt bekannte, geschätzte und große Pianist – die Bühne und ging schnellen Schrittes zum Flügel. „Hör nicht auf! Spiel weiter!", flüsterte er dem Jungen ins Ohr. Dann beugte sich der Meister zu ihm hinunter und begann eine Bassstimme dazu zu spielen. Anschließend nahm er seine zweite Hand dazu, umgab das Kind mit beiden Armen und entwickelte ein sog. „obligato" – eine selbständig geführte Einzelstimme. So schlugen der alte Meister und der junge Anfänger das Publikum gemeinsam in ihren Bann.

Die gute Nachricht ist, dass, was auch immer in Ihrem Leben geschehen ist, was auch immer Sie auf dem „Kerbholz" haben mögen, da gibt es jemanden, der Sie umarmen möchte und der will, dass Ihr Leben gelingt: Gott! Er ist bereit dazu, wenn Sie es wollen!

Rainer Mittwollen
Zwischenruf am 05.08.2006

# Loslassen!

„Ich geh' dann, ja?" Ein kritischer Augenblick: Eine Mutter verab-schiedet sich von ihrer Tochter an deren erstem Kindergartentag. Was kommt jetzt? Gibt es Tränen? Hat das Kind Angst? Wird das Loslassen gelingen – oder wird es schreien und klammern?

„Ich geh' dann, nicht?" – Die Mutter macht einen zweiten Anlauf – allerdings nur mit Worten, denn in Wirklichkeit tut sie keinen Schritt. Und plötzlich merke ich: Es ist die Mutter, die sich nicht lösen kann! Ihre Tochter hat längst etwas zum Spielen gefunden und ist neugierig auf die neue Welt. Der Mutter dagegen nützt alles „Drohen" nichts – ihr Kind will einfach nicht anfangen zu weinen! Und so bleibt ihr nichts anderes übrig, als tatsächlich zu gehen.

Zugegeben: Die Szene hat mich ein wenig amüsiert. Dabei kenne ich selber den Kloß im Hals nur zu gut, wenn man ein Kind „abgeben" muss und es nicht mehr selbst beschützen kann. In der nächsten Woche werde ich ihn wohl wiederhaben: Unsere Jüngste kommt in die Schule und ihre große Schwester wechselt die Schule. Ich muss wieder ein Stück mehr loslassen. Gar nicht so leicht!

Was mir hilft ist, dass ich für meine Kinder beten kann. Ich vertraue sie Gottes Segen an und hoffe darauf, dass er sie beschützt und auf allen Wegen begleitet.

Gottes Segen – das wünsche ich für die kommende Woche allen Kindern und allen Eltern, für die ein neuer Weg beginnt und die dafür loslassen müssen!

Johannes Waschk
Zwischenruf am 15.12.2007

# Eine Weihnachtsgeschichte

In ein paar Tagen ist es wieder soweit: Weihnachten steht vor der Tür. Ein wunderbares Fest. Im Mittelpunkt steht ein Kind, dessen Geburt wir feiern. Es gibt viele Geschichten, die sich um dieses Fest ranken: Darunter auch manch dramatische Erzählung – theologisch gehaltvoll und bewegend. Hier ist eine der anderen Art. Eher klein und heiter, vielleicht auch etwas frech. Aber doch eine Weihnachtsgeschichte.

Während des Gottesdienstes am Heiligen Abend ging ein Kind nach vorn und klaute das Christkind aus der Krippe. Eine Gemeindehelferin wollte es ihm wieder abluchsen, aber das Kind holte es sich wieder. Ungefähr fünfmal.

Dann gab die Gemeindehelferin entnervt auf – und die versammelte Gemeinde klatschte begeistert. Die Menschen in der Kirche, die vorher so aussahen, als müssten sie möglicherweise gleich betroffen dreinblicken, bekamen nach und nach von diesem Kind glänzende Augen, rote Wangen und Lachfältchen. Der Herr Jesus persönlich war anscheinend zu Besuch gekommen und hatte die Regie des Weihnachtsgottesdienstes und die Predigt gleich mit übernommen.

Beim Lied „O du Fröhliche …" sahen sich die Menschen an und zwinkerten sich zu. Alle Weihnachtskritiker waren bekehrt.

Und was soll das nun bedeuten?

Ja, um Himmels Willen: Es wird am Ende alles gut werden, auch wenn es ganz klein und schief anfängt. Auch das gehört – mit einem Augenzwinkern – zu Weihnachten.

Michael Rosenkranz
Zwischenruf am 13.09.2008

# Kampf Eltern mit Kind

„Wenn jemand einen widerspenstigen … Sohn hat, der auf die Stimme seines Vaters und seiner Mutter nicht hört, … so sollen ihn sein Vater und seine Mutter ergreifen und ihn heraus, zu den Ältesten seiner Stadt bringen … So sollst du das Böse aus deiner Mitte hinweg schaffen." (Deut. 21,18f)

Auch wenn es vermutlich nie so weit gekommen ist, so sind doch schon manche Eltern an ihren heranwachsenden Kindern, und manche Kinder an ihren älter werdenden Eltern verzweifelt. Einerseits haben sich die Eltern die Welt, in die die Kinder hineingeboren wurden, aufgebaut und nach ihren Bedürfnissen eingerichtet. Sie erwarten von ihren Kindern, dass sie diese Welt, das Werk ihrer Eltern, achten, schätzen und bewahren. Andererseits war in dieser Welt zwar die Wiege für die Kinder gebaut, aber es ist nicht die Welt, die sich die Kinder selbst aufbauen und sich nach ihren Bedürfnissen einrichten wollen. Ihre Bedürfnisse stammen aus dieser Zeit, nicht aus jener der Eltern. So ist in jeder Generation ein Konflikt dieser Art vorprogrammiert.

Gewiss, die Eltern wollen auch gerne, was sie aufgebaut haben, fortbestehen und gedeihen sehen und es dafür ihren Kindern zum Erbe geben, zu guten Händen, wie sie hoffen. Dies kann aber auch eine unangemessene Bürde für die Kinder werden, die lieber Eigenes gründen möchten und sich durch den alten Kram unter Umständen nur belastet fühlen.

Es gibt Eltern, die nur ihr eigenes Maß gelten lassen und die Wünsche der Kinder als nicht maßgeblich abtun, ablehnen, gar unterdrücken, teilweise mit grober Gewalt, bis das Kind keine eigenen Wünsche mehr hat, sein Leben fortan zerbrochen und angepasst fristet. Aber es gibt auch Kinder, die Kraft genug haben sich gegen diese Unterdrückung aufzulehnen, in ihrer Verzweiflung und Unerfahrenheit dann oft das rechte Maß aber nicht kennen.

Die Mythologie ist voll von Geschichten, in denen Väter ihre Kinder den eigenen Interessen opfern. Aber so könnte die Welt nicht fortbestehen. Und so heißt es denn auch: „Es soll sich bei dir keiner finden, der seinen Sohn oder seine Tochter durchs Feuer führt." (Deut. 18,10).

Denn das würde alles Leben auf dieser Erde ersticken. Lasst uns mit Liebe, mit Freude, mit Bewunderung anschauen, was unsere Kinder bauen wollen und errichten. Auch wenn es nicht in allem mit dem übereinstimmt, wie wir es taten oder getan hätten. Sie haben gewiss auch von Unserem gelernt und es fortgeführt, auch wenn wir es nicht sogleich entdecken. Nur so wird Dankbarkeit das Band zwischen uns und ihnen bleiben können. Und die Welt sich fortentwickeln.

Michael Rosenkranz
Zwischenruf am 10.04.2010

# Waren es Versager?

In der Frühlingsvollmondnacht gedenken die Israeliten jedes Jahr des Auszugs aus Ägypten, wo sie einst versklavt worden waren und ermordet werden sollten. Der Ewige hatte sie befreit, und sie waren freie Menschen geworden. Mit Freude hätten sie nun ihren Weg gehen und selbstbestimmt all das tun können, was ihnen in Ägypten verwehrt worden war. Aber, es war ihnen nicht danach. Anfangs freuten sie sich noch, nicht mehr geschlagen zu werden. Doch all dies Schlimme vergaßen sie schnell angesichts des steinigen Wegs, der vor ihnen lag. In Ägypten lebten sie zwar ärmlich, hatten aber zu essen und zu trinken.

Und jetzt: Ausgedörrter Boden, glühende Sonne. In den wenigen Tümpeln ungenießbares Brackwasser. War dieser Zustand wirklich besser als der zurückgelassene? Und dieser Moses, der sie anführte, der von Freiheit und verheißenem Land sprach – wusste er denn, in welches Abenteuer er sie da geführt hatte? Und: Was wusste er überhaupt von ihnen, von all den Leiden und Demütigungen, die sie in ihrem Leben schon erlitten hatten? Er, der im Königspalast aufgewachsen war! Das Gefühl, wegen ihrer Einfachheit von ihm verachtet zu werden, wurde unerträglich. Welches Recht hatte er, sich über sie zu setzen, ihnen zu befehlen, sie als verzagt und rückwärts gewandt zu schelten? Hatten sie dafür all das Leid ertragen, im Willen, zu überleben, um sich jetzt Kleingeistigkeit vorwerfen lassen zu müssen? Dieses Land, wohin er sie führen wollte, voller Riesen – würde es nicht ihren Tod bedeuten? Woher sollten sie die Kräfte nehmen, um all das zu meistern?

Und ihre Kinder? Waren sie nicht ihre einzige Hoffnung? Sie sollten es einmal besser haben. Sie träumen nachts nicht von den Peitschenhieben. Ihnen macht diese Wüste, in der sie geboren wurden, keine Angst. In ihren Augen sind die Riesen keine Riesen. Sie sehen nur die Schönheit des vor ihnen liegenden Landes. Unbeschwert spielen sie und stärken ihre Kraft. Gewiss werden sie das Land erobern. Dann aber, wenn sie gesiegt haben – werden sie dann verstehen können, wie beschwerlich das Leben ihrer Eltern gewesen war, wie viel sie opfern mussten, um so weit zu kommen, und warum sie auch nach der Befreiung noch Gebeugte waren und es geblieben sind?

Christian Schnaubelt
Zwischenruf am 08.01.2011

# „Kinder zeigen Stärke"

In diesen Tagen ziehen sie wieder durch die Straßen und bringen den Neujahrssegen zu vielen Menschen: Die Sternsinger. Die kleinen Könige mit ihren bunten Gewändern tragen den Stern aus Betlehem vor sich und sammeln dabei für Kinder in Not.

Unterstützen auch Sie das Engagement der Kinder für Kinder, es lohnt sich. Denn die kleinen Könige geben dabei etwas sehr Kostbares: Ihre Zeit und ihr Engagement und dies ganz ohne Gegenleistung. Sie zeigen Stärke und uns Erwachsenen, wie einfach konkrete Hilfe sein kann. Ohne große Konzepte oder langes Abwägen, sie folgen einfach ihrem Herzen und einer guten Idee.

Der Erlös der 53. Aktion Dreikönigssingen, bei der bundesweit rund 500.000 Sternsinger rund um den 6. Januar von Haus zu Haus unterwegs sind, kommt 2011 Kambodscha zugute. Getragen wird die Aktion gemeinsam durch das Kindermissionswerk „Die Sternsinger" und den Bund der Deutschen Katholischen Jugend. Das Motto lautet dieses Mal: „Türen und Herzen öffnen!"

Auch wir sollten diesem Beispiel folgen und öfter auf unser Herz hören. Auch wenn dies nicht immer der bequemste und schnellste Weg ist, führt uns dieser auch näher an die Botschaft Jesu Christi heran: Anderen Menschen ein Segen sein. Und wer könnte uns dies besser vor Augen führen als Kinder, unsere Zukunft.

# Gesellschaft und Kirche mitgestalten

Jeder einzelne Mensch,
jede einzelne Stimme in einer Gesellschaft ist wichtig.
Keiner und keine ist überflüssig oder unwichtig.
Wir alle bilden gemeinsam einen Klang.

*Mahatma Gandhi*


Der Einsatz sucht uns, nicht wir den Einsatz.
Darum bist du ihm treu, wenn du wartest, bereit.
Und handelst, wenn du vor der Forderung stehst.

*Dag Hammarskjöld*

Jochen Wendt
Zwischenruf am 20.01.2001

# Fremde sind gar nicht anders

Wer kennt das nicht: den Badeurlaub in der Türkei, die Safaritour in Kenia oder den Besuch in der „alten Heimat" tief im Osten? Überall begegnen uns liebenswerte Menschen, die uns den Aufenthalt erleichtern, verschönern, unvergesslich machen. Wenn wir es ernst meinen, gewähren sie uns einen Einblick in ihre Kultur oder gar in ihre Familie. Das ist der Stoff, aus dem Träume sind.

Zu Hause angekommen, sehen diese Menschen, die aus solchen Ländern kommend unter uns leben, ganz anders aus. Hier sehen wir sie in einem anderen Kontext, der nicht Urlaub heißt, sondern vielleicht Vorurteil, Hass, Furcht, Angst oder Unkenntnis.

Die Bibel sieht den Fremden mit Gottes Augen. Da heißt es: „Gott hat Fremde lieb, darum sollt auch ihr Fremde lieben" oder „Die Fremdlinge sollst du nicht schinden noch unterdrücken." Das jüdische Volk, dem diese Worte ursprünglich gesagt sind, war in der ägyptischen Gefangenschaft und zu allen Zeiten, zuletzt in der Zeit des Nationalsozialismus, selbst immer wie ein Fremder, der nicht dazugehört, behandelt worden. Wir, die wir in einem christlich geprägten Land leben, sollen uns und unseren Umgang mit Ausländern an solchen Worten der Bibel messen lassen.

Wie kann unser Alltag, unsere Stadt, unser Leben aussehen, wenn wir gemeinsam unsere ausländischen Mitbürger mit Gottes Augen, den Augen der Liebe ansehen? Wenn wir im Fremden den Menschen entdecken und aus Begegnungen Freundschaften entstehen, dann sind wir Gottes Willen einen Schritt näher gekommen.

Michael Hüstebeck
Zwischenruf am 31.03.2001

# Dankbarkeit, keine Selbstverständlichkeit?

Eine Frau hatte in der Kälte des Kriegswinters 1943/44 einen Schal gestohlen. Nach 57 Jahren erschien die heute 84-Jährige nun auf der Polizeiwache, um endlich reinen Tisch zu machen und ihr Gewissen zu erleichtern. Nach dem Geständnis konnte sie gehen. Mit Blumen und einem Brief bedankte sie sich für die Einfühlsamkeit des Polizisten. Dem war solche Dankbarkeit bisher nicht vorgekommen, schrieb eine Tageszeitung.

Ein schöner Artikel. Gleichzeitig hat er mich jedoch nachdenklich gemacht. Wie außergewöhnlich ist es, sich für etwas zu bedanken? Haben wir keinen Grund mehr, dankbar zu sein?

Hier soll es nicht um das andere Extrem „Du musst doch dankbar sein!" gehen, das manche noch als Totschlagargument und Auslöser eines schlechten Gewissens von früher kennen. Nein, an unseren Kindern merken wir, dass sich Zufriedenheit nicht einfordern oder anerziehen lässt, dass Dankbarkeit eben nicht auf Befehl entsteht. Sie steht erst am Ende eines langen Wegs und entspringt dem offenen Auge für die Freundlichkeit und Zuneigung, die uns entgegengebracht wird. Unser Herz kann zufriedener, ausgeglichener und dankbarer werden, wenn wir merken, dass schöne Erlebnisse und Freundlichkeiten nicht selbstverständlich sind. Selbst unser eigenes Leben nicht, das uns allein aus Gottes Zuneigung und Liebe zukommt.

Vielleicht ist das ja ansteckend, wenn andere merken, dass wir nicht aus Zwang dankbar sind, sondern weil wir uns über Freundlichkeiten anderer freuen.

Ina Annette Bierbrodt
Zwischenruf am 21.04.2001

# Fremde sind Freunde

Es ist dunkel. Ich tauche ein in die Tiefe des Raumes. Aus acht überdimensionalen Fotos schauen mich Augen an. Es sind Menschen, die in Deutschland Asyl gesucht haben. Es sind Menschen, die Opfer fremdenfeindlicher Gewalt geworden sind. – Eine Ausstellung des Fotokünstlers Marcus Kiel.

50 Schülerinnen und Schüler aus Hauptschulen, Gesamtschulen und Gymnasien sind in die Christuskirche am Rathaus gekommen, sie lesen selbst verfasste Gedichte. Die ausdrucksstarken Gesichter der Menschen auf den Fotos erhalten eine Stimme. Die Jugendlichen sind evangelisch, katholisch und muslimisch, gehören gar keiner Religion an. Einige sind nicht in Deutschland geboren. Dann erzählt eine engagierte Frau aus Bochum von ihren Begegnungen mit Menschen in Asylbewerberheimen, von ihren Ängsten anfangs, von bewegenden Gesprächen, von Freundschaften, von Hoffnung. Ich spüre: es geht etwas vor mit diesen jungen Leuten. Sie haben Schwellen überschritten, Grenzen überwunden.

Mit ihren Lehrerinnen und Pfarrer Röttger waren sie mehrfach in der Christuskirche, um sich die Bilder anzuschauen. Später erfahre ich: Eine Klasse hat nach der Veranstaltung in der Christuskirche ein nahe gelegenes Asylheim besucht und mit einigen Bewohnern und Bewohnerinnen gesprochen. Eine Familie erwartete Nachwuchs. Also haben sie ein Paket gepackt: mit Kinderkleidung, Spielzeug, Lebensmitteln und vielen guten Wünschen.

Am späten Abend verlasse ich die Kirche, gehe vorbei an der Asylstelle, vorbei am Rathaus. Über den Arkaden zum Innenhof lese ich: „Auch in Bochum: Fremde sind Freunde!" Am Husemannplatz blicke ich mich noch einmal um. Ich sehe auf die erleuchtete Spitze des Christuskirchturms, des „Denkmals gegen Gewalt".

Michael Rosenkranz
Zwischenruf am 30.06.2001

# Hilf deinem Bruder, wenn er gefallen ist

„Wenn dein Bruder neben dir verarmt …, so sollst du ihn stützen, Fremdling wie Beisaß, dass er neben dir leben kann …" (Thorah, III. Buch Mose 25,33-38). In jedem Gesellschaftssystem gelingt es einem großen Teil der Mitglieder nach den Spielregeln des Systems zu leben. Dann können sie erfolgreich sein. Aber es gibt immer auch einen Teil der Mitglieder, denen es nicht gelingt, den Gleichschritt anzunehmen oder durchzuhalten. Für sie wird das System zu einer ständigen Stolperfalle, an der sie zugrunde gehen werden, wenn ihnen nicht Hilfe zuteil wird. Während die Gleichschritt-Kolonne ohne Verzögerung weitermarschiert, müssen den seitlich Herausfallenden besondere Bedingungen gegeben werden, um ihr Weiter-Leben, ihr Mitkommen zu ermöglichen.

Der größte Teil der Menschen Europas, Nordamerikas, Japans und Australiens lebt in Wohlstand und ist durch eine dynamische Zivilisation zum Schrittmacher für die übrige Welt geworden. Der größte Teil der Weltbevölkerung, in Südasien, Afrika und Südamerika, lebt dagegen weit unterhalb der Armutsgrenze mit schlechter Infrastruktur, schlechten Bildungsmöglichkeiten, schlechten Gesundheitsbedingungen, deren Ursachen vielfältig und teilweise von den wohlhabenden Ländern mit verschuldet sind.

Im südlichen Afrika ist 1/5 bis 1/3 der Gesamtbevölkerung durch das AIDS-Virus infiziert und wird sterben, wenn nicht Hilfe kommt. Als die südafrikanische Regierung per Gesetz die Herstellung der überaus teuren AIDS-Medikamente zu erschwinglichen Preisen durch Nachahmer-Firmen ermöglichte, strengten die betroffenen Pharmazie-Firmen einen Prozess an, um ihre Patentrechte zu verteidigen. Erst unter dem Druck der Weltöffentlichkeit waren die Firmen bereit, besonderen Bedingungen für die am stärksten betroffenen Länder zuzustimmen. Schön und zufriedenstellend.

Und wir? – Sind wir denn bereit unseren bedürftigen Mitmenschen Nachlass von unseren Forderungen zu geben, einen Dienst am Nächsten gar ohne Bezahlung zu leisten? Wie leicht und schnell können doch auch wir bedürftig werden![1]

---

[1] Quellenangabe: Olaf Gersemann, Michaela Hoffmann, Susanne Kutter, Frank Räther: „Systematisch unterschätzt", Artikel in „Wirtschaftswoche", Nr. 17, 19.04.2001

163

Michael Rosenkranz
Zwischenruf am 11.01.2003

# „Helfen macht stolz!"[1]

Wenn in der dunklen Jahreszeit jeder auf Licht und Wärme hofft, sich nach Liebe und Zuwendung sehnt, dann ist auch die Bereitschaft, Bedürftigen zu geben, größer. Von zahlreichen in der Fürsorge tätigen Organisationen erhält man dann Post mit Spendenaufrufen, versehen mit Texten und Bildern, die Mitgefühl erregen. Es wird einem einfach gemacht, Gutes zu tun, ohne sich dem Bedürftigen direkt aussetzen zu müssen, – das tun andere für einen, man muss sie nur dafür bezahlen, dabei die warme Stube nicht verlassen und kann den überwiesenen Betrag von der Steuer absetzen.

Auch gibt es prominente Persönlichkeiten, die, telegen geschminkt und in einem adretten Kleid, in einem Notstandsviertel sich ein armes Waisenkind auf den Schoß setzen und so, in die Kameras lächelnd, ihren persönlichen Einsatz demonstrieren. Und es gibt Bürger, die in ihrer Gemeinde angesehen sind, da jede Parkbank ein Schild mit dem Namen ihres Spenders trägt. Von Spendern dieser Art lassen sich große Spendensummen herauskitzeln, ohne die die Arbeit der Fürsorge kaum gewährleistet werden könnte. Aber jene verbinden ihre Spende mit Eigennutz. Es sind berechnete Wohltaten, die die Empfänger zum Werkzeug der eigenen Interessen machen. Die Spender erwarten überdies Dankbarkeit und genießen es, diese erkaufen zu können. Sie erheben sich über die Bedürftigen und schauen selbstgefällig auf diese herab. Diese Art von Stolz verletzt. Denn auch der Ärmste will nicht nehmen, ohne etwas dafür geben zu können. Das Gleichgewicht zwischen Nehmen und Geben bewahrt die Würde des Menschen und ermöglicht Partnerschaft und gegenseitige Achtung. Natürlich ist der Bedürftige momentan in der schwächeren Position oder in einer Notlage, die ihn auf Hilfe angewiesen macht. Jedem von uns kann solches in jedem Augenblick geschehen. Auch kann kein Gemeinwesen funktionieren ohne unentgeltlichen Einsatz seiner Mitglieder. Wenn Hilfe dann spontan und von Herzen, ohne Berechnung und Aufrechnung, gegeben wird, wird sie auch gerne angenommen, wird Dankbarkeit gerne gezeigt. Und der Helfer, der gar im Stillen hilft, ungenannt und unbemerkt, dessen Dank die erstaunte Erleichterung über die unerwartete Hilfe ist, – er hat tatsächlich Grund stolz zu sein, stolz darüber, dass er es geschafft hat, Freude zu bereiten, ohne zu beschämen.

---

[1] Aus einem Spendenaufruf Oktober 2002

Michael Rosenkranz
Zwischenruf am 18.10.2003

# Kopftuch: Ist das undemokratisch?

Als im sogenannten Kopftuchstreit das Bundesverfassungsgericht am 24. September 2003 erklärt hatte, jedes Bundesland müsse selbst per Gesetz darüber entscheiden, ob eine muslimische Frau im öffentlichen Dienst ein Kopftuch tragen dürfe oder nicht, löste dies in den Leserechos zahlreicher Zeitungen heftige Stellungnahmen aus, meist mit dem Tenor, das Kopftuch sei Symbol für ein die Frau unterdrückendes System und dürfe daher in unserem Land nicht geduldet werden. Denn bei uns hier kann eine Frau ihre Reize ungeniert zur Schau stellen, ohne befürchten zu müssen, dass ein Mann dies falsch versteht und ihr ungebeten zu nahe tritt. Ausdruck weiblicher Freiheit hier.

Was aber ist, wenn eine Frau ihre Reize nicht ungeniert zur Schau stellen möchte? Sei es, weil sie es von ihrer Erziehung her nicht möchte; sei es, weil sie es aus persönlicher Überzeugung nicht möchte, sich exhibitionistisch vorkäme; sei es, etwa nach der Hochzeit, um ihre Reize nur für ihren Mann zu bewahren, wie es nicht nur im Islam, sondern auch im traditionellen Judentum und Christentum bekannt ist, wo verheiratete Frauen in der Öffentlichkeit ein Kopftuch oder eine Haube tragen. Zugegeben, dies ist in jüdischen und christlichen Kreisen moderner Prägung heute hier nicht mehr üblich, muss aber deshalb nicht falsch und nicht unbedingt eine Unterdrückung der Frau sein.

Das Problem liegt doch viel eher bei der Freiwilligkeit des Tuns. Aber, ist das Nabelfrei- und Ausschnitt-Tragen unter den heutigen Schülerinnen nicht auch ein heftiger Gruppenzwang, dem sich die Einzelne kaum mehr entziehen kann? Andersherum: Wie mag eine Frau empfinden, die das Bedürfnis hat, sich zu verhüllen, wenn man sie gewaltsam – z. B. um einer freiheitlich-demokratischen Rechtsordnung willen – entblößt? Die Kündigung einer Arbeitsstelle oder ein Arbeitsverbot – ist das nicht auch Gewaltanwendung?

Fred Sobiech
Zwischenruf am 13.03.2004

# Ja zur Synagoge!

JA – für eine Synagoge in Bochum[1]. NEIN – gegen Neonazis und ihre Hetzparolen. JA – zu klarer Solidarität mit der jüdischen Gemeinde. NEIN – zu antisemitischem Missbrauch demokratischer Grundrechte. JA – zu einem vorurteilsfreien und friedlichen Miteinander in Bochum. In einem gemeinsamen Aufruf setzen sich Muslime und Christen für den Bau einer neuen Synagoge in Bochum ein und erklären sich mit der jüdischen Gemeinde solidarisch. Im Glauben unterschiedlich und doch: Einander mit Achtung und Wertschätzung begegnen. Das Gemeinsame entdecken. Mit Respekt. Konstruktiv. Im Dialog. Das hat in Bochum Tradition. Und nun auch: Öffentlich Position beziehen. Gegen antisemitische Parolen. Gegen rechtsradikale Propaganda. Gegen neonazistische Bauernfängerei. Das ist ein gutes Zeichen. „Es gibt keinen Zwang in der Religion" (Sure 2,256), sagt der Koran. „Glücklich, die Frieden stiften, denn Gott wird sie seine Kinder nennen" (Matthäus 5,9), sagt Jesus. Reflexion statt Reflexe. Sich nicht durch lautstarke Marschierer zur Gewalt provozieren lassen. Dann bekommen sie die negative öffentliche Aufmerksamkeit, die sie haben wollen. Sich aber provozieren lassen zu einem gelassenen, selbstbewussten Widerstand: Wir lassen uns unser friedliches Miteinander hier in Bochum nicht kaputtmachen. Romano Guardini[2] hat einmal gesagt: „Man ändert den Kurs eines Schiffes nicht, indem man darin hin und her läuft."

Also, Ihr Bochumer: „Raus aus den Kabinen!" Sagt in aller Öffentlichkeit deutlich und klar JA: JA – zu einer Synagoge für Bochum. JA – zur Solidarität mit der jüdischen Gemeinde. Und sagt genauso klar und deutlich NEIN: NEIN – zu Neonazis und ihren Hetzparolen.

---

[1] Anm. des Herausgebers: Die frühere Alte Synagoge an der heutigen Huestraße (ehemals Wilhelmstraße 18) wurde während der Novemberpogrome 1938 zerstört. Das neue Gebäudeensemble wurde von 2005 bis 2007 unter der Leitung des Architekturbüros Peter Schmitz errichtet, die Gesamtkosten betrugen sieben Millionen Euro. Vorausgegangen war 2003 die Schenkung des repräsentativen, 4.300 Quadratmeter großen Grundstückes von der Stadt Bochum an die jüdische Gemeinde. Ende 2005 wurde der Grundstein für die neue Synagoge gelegt. Am 16. Dezember 2007 wurde die neue Synagoge feierlich eröffnet.
https://de.wikipedia.org/wiki/Neue_Synagoge_Bochum
[2] Anm. des Herausgebers: Romano Guardini, Taufname Romano Michele Antonio Maria Guardini (geb. 1885; gest. 1968) war katholischer Priester, Jugendseelsorger, Religionsphilosoph und Theologe.
https://de.wikipedia.org/wiki/Romano_Guardini

Satilmis Aditepe
Zwischenruf am 27.03.2004

# Weshalb Dialoge?

Wie in verschiedenen Teilen der Welt, finden seit fünf Jahren auch in Bochum interreligiöse Dialoge statt. Es ist ein an uns gerichtetes Gebot, mit den Mitmenschen, die anderen Religionen angehören, im brüderlichen Dialog zu leben und mit ihnen gemeinsam zu handeln, so oft es möglich ist. Durch den interreligiösen Dialog ist nicht beabsichtigt, die Religionen miteinander zu vereinigen oder eine einzige Religion zu entwickeln. Vielmehr ist es ein Versuch – unter Beibehaltung der Verschiedenheiten und ohne dem anderen etwas aufzuzwingen – mit Toleranz und Verständnis uns über gemeinsame Themen auszutauschen und nach gemeinsamen Lösungswegen zu suchen. Die Kommunikationstechniken entwickeln sich und lassen die Welt wie ein einziges Dorf erscheinen. Ist es somit nicht nur natürlich, wenn die „Kinder Abrahams" – wie Christen, Juden und Muslime genannt werden – gemeinsam Dialoge führen? In der jetzigen Zeit haben die Menschen mehr denn je das Bedürfnis nach Frieden und gegenseitiger Liebe. Unsere Aufgabe ist: Entgegen unserer Verschiedenheiten und Andersartigkeit gemeinsam in Frieden und Brüderlichkeit zu leben. Sind Kirchen, Synagogen und Moscheen nicht die Orte, in denen der Name desselben Schöpfers ausgesprochen wird? Haben die Menschen, die diese Orte aufsuchen, nicht alle den Wunsch, diesem Schöpfer nah zu sein? Kürzlich wurde durch die Behörden der Erbauung einer Synagoge die Erlaubnis gegeben. Sie wird ein weiterer Ort des Gebets sein, ein Ort, in dem Menschen ihrem Schöpfer nah sein möchten. So möchte ich sagen, dass Menschen, die gegen den Bau sind, gleicherweise dagegen sind, das der Name des Schöpfers ausgesprochen wird. Jeder ist in seinem Glauben und in seinen Gebeten frei. Dies ist, so denke ich, auch ein Bestandteil jeder Demokratie. Ebenso ist es unsere Aufgabe, gegen die Probleme, wie den Terrorismus, Atheismus, Satanismus, Alkoholismus, Drogen, Hunger, Krieg, Rassismus, Fremdenfeindlichkeit auch gemeinsam Stellung zu beziehen."

Hermann-Josef Bittern, Fred Sobiech
Zwischenruf am 13.11.2004

# Sie tun viel mehr, als Sie glauben

Wer zahlt schon gerne Steuern, aber Ihre Kirchensteuer macht erst viele Arbeiten in der Kirche möglich. Wussten Sie, dass die beiden großen Kirchen der zweitgrößte Arbeitgeber in Deutschland sind? Denn in den Kirchen arbeiten Menschen für Menschen. Die Arbeitsfelder der Kirchen sind vielschichtig. Sie verbreiten die Botschaft von Gottes Liebe in Wort und Tat. Deshalb engagieren sich die Kirchen in vielen Bereichen. Durch ihren finanziellen Beitrag – und da ist die Kirchensteuer der wichtigste – helfen sie, dass Menschen an wichtigen Punkten ihres Lebens begleitet werden können: Bei der Geburt eines Kindes, beim Sterben, bei einer Beerdigung. Menschen, die in Not geraten sind, finden in kirchlichen Beratungsstellen oder bei der Telefonseelsorge kostenlose Hilfe. Kindern und Jugendlichen bieten die Kirchen einen Ort, wo sie ernst genommen werden und Orientierung finden können. Seniorenarbeit ist ebenso wichtig wie die Unterstützung von Asylsuchenden und Arbeitslosen. Auch im Bereich der Kultur und der Bildungsarbeit ist die Kirche aktiv. Sicher, manche Arbeitsbereiche werden durch öffentliche Zuschüsse erst ermöglicht oder unterstützt, doch ohne Ihren finanziellen Beitrag könnten diese Arbeitsbereiche nicht weiter existieren. Die Kirchensteuer ist solidarisch, da sie prozentual an die Lohn- oder Einkommensteuer gekoppelt ist. Wer mehr verdient, zahlt auch höhere Kirchensteuer. Wer nicht arbeitet, weil es für ihn keine Arbeit gibt, weil er zu jung oder zu alt oder zu krank ist, zahlt keine. Für diese Kirchenmitglieder zahlen die anderen mit.

Deshalb: Danke für Ihre Solidarität, Danke für Ihr Engagement, Danke für Ihre Unterstützung.

Ayla Schmelzer
Zwischenruf am 08.10.2005

# „Frieden für unsere Stadt"

Bochums Muslime begehen in diesen Wochen Ramadan, den Fasten-monat. Es sind Wochen, in denen die Welt im Licht der göttlichen Barm-herzigkeit aufstrahlt. Es ist die Zeit der Versöhnung und der Einkehr, der Gemeinschaft und des Gesprächs. Wer fastet, weitet sein Herz und öffnet sich dem Frieden Gottes.

Und öffnet seine Türen: die Gastfreundschaft gehört zum Ramadan wie das gemeinsame Essen nach Sonnenuntergang. Für Muslime ist das abendliche Fastenbrechen, als lade Gott selber, der Schöpfer der Welt, zum Festmahl ein. Und diese Einladung reicht die DiTiB-Gemeinde mit Freuden weiter: Bis zum Ramazan Bayrami, dem Zuckerfest am 3. No-vember, laden wir jeden Abend zum gemeinsamen Essen in die Zentral-moschee ein. An die 180 Personen werden täglich in der Schmidtstraße 29 erwartet, und Abend für Abend sind uns Nachbarn und Gäste, gleich welcher Religion, herzlich willkommen.

„Eine offene Moschee für eine offene Gesellschaft." So beschreibt Hodscha Satilmis Aditepe diesen Weg, den die türkische Gemeinde in Bo-chum geht. „Der Dialog mit anderen Religionen, den wir bereits seit Jahren führen, hat sich zu einem Dialog mit der Gesellschaft geweitet. Es geht nicht alleine darum, einander die Hand zu reichen, sondern gemeinsam Hand anzulegen. Es geht nicht allein darum, sich kennen zu lernen, sondern darum, gemeinsam Probleme zu lösen."

So etwa die Frage, wie Altenheime beschaffen sein könnten, damit die erste Generation der Bochumer Muslime hier ihren Lebensabend verbringen kann. Solche Fragen, die – zuletzt am Tag der offenen Moschee – in den öffentlichen Diskussionen aufgeworfen wurden, sollen weiter diskutiert werden, gerade in der Fastenzeit. Weil das Fasten zum Nachdenken, zur Taffakur befreit. Und das gemeinsame Nachdenken, so Hodscha Aditepe, „ist die Voraussetzung für den sozialen Frieden in unserer Stadt. Möge Allah uns niemals auseinanderbringen."

Fred Sobiech
Zwischenruf am 04.03.2006

# „Kirche zwischen Soll und Haben"

Auch für die Kirche gilt, was für jeden Haushalt, jede Familie gilt: Sie muss mit ihrem Einkommen auskommen. Wenn man mit dem Einkommen nicht mehr auskommt, kann man – als Familie und als Kirche – lange nach Schuldigen suchen, die das verursacht haben: die Steuerpolitik, das Management, die Demografie, der Zeitgeist, die Gesellschaft. Man kann sich aber auch der Herausforderung und mühseligen Aufgabe stellen, Soll und Haben auszugleichen. Dabei sind vier schlichte Fragen zu beantworten: Was ist der Auftrag der Kirche? Welche Aufgaben entsprechen diesem Auftrag? In welcher Form kann das mit welcher Wirkung umgesetzt werden? Ist das nachhaltig finanzierbar? Nur von der Kirche erwartet man – übrigens reichlich unbiblisch – dass alles so bleibt, wie es ist.

Veränderung als Erneuerung ist unausweichlich und geboten. Dabei ist für die Kirche der Auftrag leitend, immer wieder die frohe, befreiende und kritische Botschaft von der Güte und Menschenfreundlichkeit Gottes wach zu halten – zu erzählen, zu feiern und zu tun. In welchen Formen auch immer. Evangelische Kindergartenarbeit ist ein Teilbereich kirchlichen Handelns. Im Erneuerungsquadrat von Auftrag, Aufgaben, Umsetzungsformen und Finanzierbarkeit ist auch dieser Bereich – wie alle anderen auch – zu überprüfen. Für diesen Teilbereich ist bei schwierigen Rahmenbedingungen, auf die zum Teil weder die Stadt noch die Kirche Einfluss haben, eine faire Lösung gefunden worden.

Mehr mag man sich wünschen. Mit weniger sollte man sich nicht zufrieden geben. Auch und gerade im Blick auf die Kinder, für die diese Einrichtungen zuerst vorgehalten werden. Weil es diese Kinder und die mit ihnen verbundenen gesellschaftlichen und kirchlichen Aufgaben gibt, gibt es in diesem Bereich Arbeitsstrukturen und Arbeitsplätze. Nicht umgekehrt. Der Prediger Salomo (9,4) drückt es so aus: „Ein lebender Hund ist besser als ein toter Löwe".

Eva-Maria Ranft
Zwischenruf am 16.12.2006

# Faire Blumen zur Weihnachtszeit

Erinnern Sie sich – im Sommer gab es in Bochum eine Stadtwette zwischen Oberbürgermeisterin Dr. Ottilie Scholz und der evangelischen und katholischen Kirche: Wetten, dass ... die beiden Kirchen schneller 500 Blumensträuße aus fairem Handel auf den Tisch bringen als die Stadt Bochum! Die Kirchen haben die Wette gewonnen und Frau Dr. Scholz verkauft nun als Wetteinsatz fair gehandelte Blumen – mit Unterstützung des Superintendenten und des Propstes!

Schnittblumen kommen bei uns oft aus Afrika oder Lateinamerika. Sie werden unter menschen- und umweltfeindlichen Bedingungen hergestellt. Faire Blumen sind da eine Alternative – sie bieten Blumenarbeiter/-innen in Kolumbien oder Tansania existenzsichernde Löhne, Gesundheitsschutz vor Spritzgiften und Arbeitnehmerrechte. Faire Blumen sind gerade jetzt im Winter eine Alternative, denn Schnittblumen wachsen hier ja kaum noch. Faire Blumen sind aber auch unsere Chance, einen Beitrag zu leisten zu einer gerechteren Welt. Faire Produkte sind ein echter Lichtblick in dieser Welt, in der wir uns oft so ohnmächtig fühlen. Auch, wenn Ihnen der einzelne faire Blumenstrauß, den Sie kaufen, wenig erscheint, so sind Sie doch Teil einer großen Bewegung von Menschen, die der Welt ein menschenfreundlicheres Gesicht geben will. Auch Sie halten die Hoffnung wach von Frieden und Gerechtigkeit für alle Menschen.

Möge Gott Ihnen zur Weihnachtszeit immer wieder Lichtblicke und Hoffnungsblumen schenken, die den Traum von einem friedlichen und gerechten Zusammenleben auf unserer Erde stark und lebendig halten.

171

Johannes Waschk
Zwischenruf für den 02.06.2007

# „Lebendig und kräftig und schärfer…" (Hebräer 4,12)

Der 31. Deutsche Evangelische Kirchentag in Köln beginnt in einigen Tagen – was wird er bringen? Rund 3.000 Veranstaltungen, ein Programmheft von rund 600 Seiten und voraussichtlich 100.000 Gäste. Fast zeitgleich findet ein ganz anderes Großereignis statt: das G8-Treffen in Heiligendamm. Erste Randale im Vorfeld, Razzien, Geruchsproben von militanten Globalisierungsgegnern und ein Zaun, der schlimme Assoziationen weckt. Da macht das Kirchentagsprojekt „The Power of Dignity" doch einen ganz besonderen Sinn: nämlich anlässlich des G8-Gipfels „eine öffentliche Diskussion zur humanen und sinnvollen Gestaltung der Globalisierung auszulösen und einer Besinnung der Menschheit auf gemeinsame geistige Grundlagen den Weg zu bereiten".

Es geht also um nicht weniger als die Unbedingtheit und Unantastbarkeit der Würde jedes Menschen und der Natur. Sie sind die Grundlage jeder menschlichen Kultur und Gesellschaft. Und sie sind der Maßstab, ob politische und wirtschaftliche Macht der Würde jedes Menschen und der Achtung der Natur dient. Ein deutliches und unmissverständliches Bekenntnis zur Würde des Menschen kann dem Kirchentag nur nützen. Was im Vorfeld des G8-Gipfels schon an Würdelosigkeit geschieht, kann einem das Vertrauen in die politische Kultur in diesem Lande vollends nehmen. Wenn der Evangelische Kirchentag mit einem solchen Projekt Position bezieht – und zwar mit seiner programmatischen biblischen Losung „Lebendig und kräftig und schärfer …" – dann kann man ihn nur beglückwünschen. Dann nimmt die Evangelische Kirche die Herausforderungen der Zeit theologisch und politisch an, indem sie sich einmischt. Noch einmal aus dem Programm des Projekts „The Power of Dignity": „Wenn wir die Globalisierung human gestalten wollen, brauchen wir nichts Geringeres als ein neues Bekenntnis zur Würde des Menschen und der Natur. Die Welt braucht eine Globalisierung der Würde, eine Globalisierung jener Werte, die Würde schaffen und ausdrücken wie beispielsweise Gerechtigkeit. (…) Die Macht der Würde ist unsere beste Macht." Das Kirchentagsfeeling stellt sich nicht nur ein, wenn man in seiner Gruppe auf der Isomatte Quartier bezieht oder gemeinsam in der Straßenbahn auf dem Heimweg singt. Sondern sich einmischt und Position bezieht: Lebendig und kräftig und schärfer …

Fred Sobiech
Zwischenruf am 16.06.2007

# Nicht mogeln, Herr Minister!

Post für den Tiger? Nein: Post für den Minister. 10.000 Postkarten von Kindern, Eltern, Erzieherinnen und Erziehern. Warum? Weil ein KiBiz noch keinen Bildungssommer macht. KiBiz ist kein Vogel, sondern ein Gesetz. Das neue Kinderbildungsgesetz. Mehr Bildung und Betreuung für Kinder. Eine gute Idee.

Eine schlechte Idee, diese gute Idee mit so wenig Mitteln auszustatten, dass Experten und Praktiker schon jetzt sagen: Das wird nicht funktionieren. Unterfinanzierung verschlechtert die Qualität in den Kindergärten. Setzt Mitarbeiter und Mitarbeiterinnen unter zusätzlichen Druck. Führt zu finanziellen Mehrbelastungen für Eltern, Kommunen und Träger. Kurz und gut: KiBiz ist kniepig.

Darum: Post für den Minister. 10.000 Grüße aus Bochum und wohl auch aus anderen Städten. Damit die gute Idee, in die Bildung unserer Kinder zu investieren, kein schön gerechnetes und schön geschriebenes Lippenbekenntnis bleibt.

Und damit klar bleibt, was klar ist: Angebote für Kinder unter 3 Jahren sind wichtig – aber mit Qualität! Familienzentren sind wichtig – aber nicht als Sparmodell! Wahlfreiheit für Eltern ist wichtig – aber unabhängig von der Kassenlage! Pädagogische Qualität ist wichtig – aber mit Fachkräften!

Auch ein KiBiz kann man an seinen „Früchten" (Matthäusevangelium 7,16) erkennen. Nicht mogeln, Herr Minister!

Christian Schnaubelt
Zwischenruf am 12.01.2008

# Für die eine Welt

Sie trotzten wieder Kälte und Regen: Die vielen Sternsinger, die rund um den Dreikönigstag in Bochum den Neujahrssegen „Christus segne dieses Haus" an die Türen schrieben und zudem Spenden „für die eine Welt" sammelten. Und in diesem Jahr konnten das Kindermissionswerk „Die Sternsinger" und der Bund der Deutschen Katholischen Jugend (BDKJ) den 50. Geburtstag der Sternsingeraktion feiern. Gratulation und Dank an die 500.000 Sternsinger und 80.000 Begleitpersonen, die auch in diesem Jahr bundesweit unterwegs waren.

„Stern über Bethlehem, zeig' uns den Weg", so heißt es in dem wohl bekannten Sternsingerlied, das auch ich schon früher als Kasper, Melchior und Balthasar vor den Haustüren gesungen habe. Für viele Menschen gehört der Besuch der Sternsinger fest zum Jahresbeginn dazu. Und auch wenn man selber nur wenig Geld hat, für die wackeren Sternsinger in ihren liebevoll gestalteten Kostümen und mit geweihter Kreide ausgestattet, ist immer noch irgendwo ein Euro vorhanden. Denn mit der Spende unterstützt man als „gute Tat" Hilfsprojekte für Kinder, zum Beispiel in Ghana, Indien, Vietnam, Peru, Kenia.

Doch was macht das Besondere an der Sternsingeraktion aus? Es ist die Botschaft aus Bethlehem, die die kleinen Sterndeuter von Haus zu Haus tragen. Ähnlich wie die Pfadfinder bei der Aktion „Friedenslicht aus Bethlehem" bringen die Sternsinger die Friedensbotschaft zu allen Menschen, die offen dafür sind; eine Botschaft, die nicht neu, aber gerade derzeit wichtiger denn je ist. Denn es geht dabei nicht nur um Frieden zwischen Staaten und Religionen, sondern auch um sozialen und ökologischen Frieden in der einen Welt.

Und dazu kann jeder etwas beitragen, nicht nur am 6. Januar.
„Wir alle zusammen, wir setzen ein Zeichen.
Der Vater im Himmel wird nicht von uns weichen.
Sein Segen sei jetzt auch in diesem Haus.
Wir bitten euch herzlich: Tragt ihn weit hinaus."
Mit diesen Worten der Sternsinger wünsche ich allen Lesern Gottes Segen für 2008!

Hartmut Schröter
Zwischenruf am 26.01.2008

# 1933

In diesen Tagen, am 30. Januar vor 75 Jahren wurde Adolf Hitler zum Reichskanzler ernannt. Es war also zunächst keine Machtergreifung, sondern eine Machtübergabe. Was macht gerade das Jahr 1933 für eine Rückbesinnung so interessant? Was bedeutet es, dass die Bewegung des Nationalsozialismus auch von der Kirche und der Pfarrerschaft zu einer Zeit begeistert aufgenommen wurde, als sich noch niemand dazu gezwungen sah? Danach wird eine Veranstaltung von Professor Günter Brakelmann[1] in der Evangelischen Stadtakademie am Beispiel Bochum fragen (Dienstag, 29. Januar, 19.30 Uhr). Der Nationalismus der christlichen Mehrheit, wird eine Antwort sein. Also eine hochgeachtete Gesinnung, die sich über ein Jahrhundert aufgebaut hat. Ich will hier nur ein paar Fragen zur Aufgabe der Erinnerung an 1933 stellen, die sich daraus für mich ergeben.

Meiner Ansicht nach ist es eine große Schwäche der öffentlichen Auseinandersetzung mit dem Nationalsozialismus gewesen, immer nur die Mitwisserschaft des Holocaust zum Kriterium zu erheben. Lag alles andere im Bereich dessen, womit man in der Politik rechnen muss? Etwa nach dem Motto, wenn sie nur nicht diesen Fehler mit der Judenverfolgung gemacht hätten? War das Regime nicht auch schon zu Zeiten seines Aufbaus und seiner Erfolge etwas noch nie Dagewesenes, wie Thomas Mann schon 1933 (verkürzt wiedergegeben) zu erkennen glaubte? „Niemand kann leugnen, dass die „nationale Erhebung" von 1933 die ungeheure Dynamik echter Revolution besaß. Ihr ganzes Wesen ist jedoch nicht Erhebung, Freude, Hochherzigkeit, Liebe, sondern Hass, Ressentiment, Rache, Gemeinheit. Den Deutschen war es vorbehalten, eine Revolution nie gesehener Art zu veranstalten, gegen Freiheit, Wahrheit und Recht. Dabei ungeheurer Jubel der Massen, die glauben, dies wirklich gewollt zu haben".

Was wäre dann die Aufgabe der Erinnerung an das Anfangsjahr 1933, wenn wir daraus eine Lehre ziehen wollten? Wehret den Anfängen, pflegt man darauf zu antworten. Aber die Anfänge von was? Man stelle sich nur einen Augenblick vor, unsere Kinder und Kindeskinder schauten in 75 Jahren auf unser Heute zurück. Würden sie da das Wiedererstarken von rechtsradikalen Kräften als den Anfang dessen nennen müssen, was ihre Lebensgrundlagen und ihre Moral erschüttert haben könnte? Wären da

175

nicht eher Errungenschaften und Kräfte zu nennen, deren weltweiten Erfolg wir heute feiern? In Bezug auf die Klimaveränderungen beginnen wir zu ahnen, was Ulrich von Weizsäcker einmal vermutet, dass nämlich gerade die Erfolge unserer Weltausbeutung diese Erde in einem nie gekannten Ausmaß verändern und ruinieren könnten.

Und werden dann nicht Nachrichten, die ich an einem Tag in der Zeitung las, viel relevanter für die Gefährdung von Freiheit, Wahrheit und Recht sein, als rechtsradikale Randgruppen? Da lese ich in einer seriösen Tageszeitung Überschriften wie: „Surfen im Erbgut. Künftig kann sich jeder seine DNS via Internet analysieren lassen", oder: „Der Skandal der Terrorlisten. Die Macht des Verdachts – Weil zu Unrecht Aufgeführte kaum Rechtsschutz haben, halten Kritiker die Listen für skandalös", oder: „Die Würde des Menschen wird antastbar – Horst Dreier schließt Folter nicht aus – er soll Richter am höchsten Deutschen Gericht und bald auch dessen Präsident werden".

Wer garantiert uns, dass der Zugriff auf die nie da gewesenen Datenmengen nicht einmal auf eine Weise ausgenutzt wird, die alles in den Schatten stellt, was 1933 an Kontrolle begann? Was hätten wir dann dagegen getan? Hätten wir es überhaupt genügend ernst genommen? Hätten wir etwas tun können?

---

[1] Anm. des Herausgebers: Günter Brakelmann (geb. 1931 in Bochum) war von 1972 bis 1996 ev. Professor für Christliche Gesellschaftslehre an der Fakultät für Evangelische Theologie der Ruhr-Universität Bochum. https://de.wikipedia.org/wiki/Guenter_Brakelmann

Ayla Wessel
Zwischenruf am 03.05.2008

# Eine versprochene Stadt

Irgendwann kamen diese T-Shirts auf, balkengroß das Datum von diesem oder jenem Finale bzw., liebe Schalke-Fans, dem Viertel vom Finale, darunter der Satz „Ich war dabei". T-Shirts einer kurzen Ewigkeit, die – „ich war dabei" – vorbei ist.

Etwas anders die Tradition des Pessach-Festes, das die Jüdische Gemeinde gerade gefeiert hat. Das Fest erinnert daran, wie Israel der Versklavung entkommen ist, das liegt 3000 Jahre zurück. Generation für Generation aber wird jeder Einzelne am Pessach-Fest verpflichtet, „sich vorzustellen, er selbst sei aus Ägypten ausgezogen." Jeder war dabei, wenn jeder sich vorstellt, dass er dabei ist. So ernst wird hier der Einzelne genommen und seine Vorstellung, die einzelne Vorstellungskraft. Es gibt kein Bild außer dem, das man sich selber macht.

Und eben das sind die Bilder, die Erinnerung bilden durch alle Generationen hindurch: Dass nämlich alle Menschen gleich sind und gleiche Rechte haben, das ist, „was Gott für mich getan hat, als ich aus Ägypten zog." Das ist, was die Jüdische Gemeinde für uns, uns alle in dieser Stadt, an Pessach erinnert. Ich mag dieses Gefühl, dass andere sich nicht nur an mich, sondern für mich erinnern. Dieses Empfinden dafür, in eine Erfahrung hineingenommen zu werden, in eine Geschichte gestellt zu sein.

Ich mag es sehr, mir vorzustellen, dass so, wie ich auf den Schultern anderer stehe, andere auf meinen Schultern stehen werden, und dass sie es können werden, weil ich es kann, weil andere vor mir es konnten. Als würden sie, die vor mir waren, mir etwas anvertrauen für die, die nach mir sind. Als würden sie mir etwas zuflüstern für die, die nach mir kommen, und würden zu mir sprechen, damit ich mir etwas verspreche.

Die Idee von Jochen Gerz[1], einen Platz des europäischen Versprechens zu gründen, leuchtet mir unmittelbar ein. Darum habe ich auch mit Vielen über diese Idee gesprochen, darüber, was man sich zutrauen kann, wenn einem etwas anvertraut ist. Darüber, wie ernst hier der Einzelne genommen wird, die einzelne Vorstellungskraft.

Und dass es kein Bild gibt außer dem, das wir uns von uns machen. Und eben so, im Sprechen über das Versprechen, ist es entstanden, ein

Bild von uns. Es sind Juden darauf und Muslime, Christen und Menschen ohne Konfession, ich habe nie danach gefragt, warum denn auch, wir wurden doch alle zusammen befreit. Und ziehen jetzt zusammen heim in eine Stadt, die wir uns versprochen haben.

---

[1] Anm. des Herausgebers: Jochen Gerz (geb. 1940) ist ein Konzeptkünstler, der sein Leben zum großen Teil in Frankreich verbracht hat. Seit 2007 lebt Jochen Gerz in Irland. Als Teil der europäischen Kulturhauptstadt RUHR.2010 entstand seit 2004 im Auftrag der Stadt Bochum der „Platz des europäischen Versprechens" in unmittelbarer Nähe zum Rathaus im Zentrum der Stadt. Die Teilnehmer waren eingeladen, sich und Europa ein persönliches Versprechen zu geben, das unveröffentlicht bleibt. Anstelle der Versprechen füllen Namen aus ganz Europa den Platz vor der Christuskirche. Insgesamt 14.726 Namen konnte der „Platz des europäischen Versprechens" aufnehmen, bis er am 11.12.2015 der Öffentlichkeit übergeben wurde.
https://de.wikipedia.org/wiki/Jochen_Gerz

Christel Eglinski-Horst
Zwischenruf am 06.09.2008

# Haus der lebendigen Steine

In allem Tun geschieht Begegnung. Und was Begegnung meint, erzählt folgende Geschichte von der Rose: Als Rainer Maria Rilke[1] bei dem großen Bildhauer Rodin[2] Sekretär war, ging er allmorgendlich mit einer Freundin spazieren. An einer bestimmten Stelle ihres Weges saß eine Bettlerin mit gesenktem Kopf, die Hand geöffnet, um Almosen bittend. Ab und zu legte Rilkes Freundin eine Münze in diese Hand. Und sie fragte Rilke, warum er das nicht auch tue. Und er sagte: „Man müsste ihrem Herzen etwas geben." Eines Tages legte er in diese geöffnete Hand eine Rose. Da schaute die Frau zum ersten Mal auf, lächelte und ging fort. Viele Tage war sie an diesem Ort nicht mehr zu sehen, dann saß sie wieder dort, mit gesenktem Kopf und geöffneter Hand. Und die Freundin Rilkes fragte ihn: „Was glaubst du, wovon hat sie in dieser Zeit gelebt?" – „Von der Rose!" antwortete er. In dieser Geschichte passiert Begegnung in dem Augenblick, da ein Herz berührt wird und uns ein Lächeln trifft. In der Rilkeschen Rose sehe ich das Sinnbild für das Miteinander in einer Gemeinde. In unserer Gemeinde in Harpen sind wir bei der Suche nach einem neuen Leitbild auf das Bild vom Haus der lebendigen Steine gestoßen (1. Petrus 2,5). Es ist ein Haus, das Gott sich baut, um darin zu wohnen. Dies Bild wollen wir für unsere Gemeindearbeit zugrunde legen. Mit diesem Wort wende ich mich an Sie: Versuchen auch Sie, lebendiger Stein im Gefüge unserer Gemeindegebäude zu sein, damit das Gebäude nicht nur auf einem Fundament, auf dem des Pfarrers, steht! Denn eines ist klar: Er allein kann nicht leisten, was früher drei geleistet haben. Die fetten Jahre sind vorbei. Wir schöpfen nicht mehr aus dem Vollen. Das bedeutet: Mit anpacken! Kreativität und Freude am gegenseitigen Dienen ist angesagt. Das Sich-Zurücklehnen in einem erwartungsvollen „Mal sehen, was Kirche und Gemeinde mir bieten" geht nicht mehr. Und das ist unsere große Chance. Wir wollen unsere Kirchen öffnen. Dazu brauchen wir Menschen. Überlegen Sie sich mal, wie Sie sich einbringen könnten! Lassen Sie uns dann gemeinsam so handeln, wie es das Sinnbild der Rilkeschen Rose vorgibt: Füreinander – Miteinander.

---

[1] Anm. des Herausgebers: Rainer Maria Rilke (geb. 1875; gest. 1926) war österreichischer Lyriker deutscher und französischer Sprache. https://de.wikipedia.org/wiki/Rainer_Maria_Rilke

[2] Anm. des Herausgebers: François-Auguste-René Rodin (geb. 1840; gest. 1917) war französischer Bildhauer und Zeichner. https://de.wikipedia.org/wiki/Auguste_Rodin

Karl-Heinz Gehrt
Zwischenruf am 23.01.2010

# Seelenruhr – oder was ist die Seele des Ruhrgebiets

In seiner Hymne zur Kulturhauptstadt hat er sich auf die Suche nach der Seele des Ruhrgebietes gemacht. Herbert Grönemeyer versucht zu beschreiben, was uns Menschen im Flussrevier ausmacht und er erfindet ein neues Wort: Seelenruhr. Einige haben gemeint, was er singt, mag früher mal gewesen sein, heute klänge es etwas nostalgisch nach Bergmannsidylle und Stahlkocherromantik. Andere mögen die Streicheleinheiten in seiner Liebeserklärung an den Pott, sie tun einfach nur gut.

Seelenruhr – damit stellt sich im Jahr 2010 einmal mehr die Frage: Wie verstehen wir uns und wer wollen wir sein? Wie soll das Ruhrgebiet künftig aussehen, so dass wir gerne hier leben und wohnen, arbeiten und feiern?

Kultur – wenn etwas zum „Kult" wird oder einfach „kultig" ist, dann hat das etwas mit der Pflege des Landes und des Lebensraumes zu tun. Gott setzte am Anfang den Menschen in einen Garten, damit er ihn baue und bewahre (1. Mose 2). Es geht um den Raum, in dem Menschen miteinander leben und sich entfalten. Wir brauchen Räume, wo wir uns begegnen, kennenlernen, miteinander reden und unsere Region (darin unsere Städte und Stadtteile) gestalten. Wie jüngst bei einer Bürgerversammlung in unserer Kirche. Mehr als dreihundert Bürgerinnen und Bürger aus der Kappskolonie Hordel waren dazu gekommen. Der Bedarf ist offensichtlich da. Aber warum treffen wir uns nicht öfter, um uns zu verständigen, in welcher Stadt wir morgen leben wollen?

Das Schöne ist: Jede und jeder ist ein Stück Seele des Reviers. Jeder kann mitmachen: bei einer Konferenz im Stadtteil, in der Nachbarschaftshilfe, bei einer Aktion, wo Leute gemeinsam eine Grünfläche säubern und pflegen, mit einem freundlichen Gruß an Fremde oder bei einem Quätschchen mit anderen, die an der Haltestelle warten. Im Ruhrgebiet kann es durch uns heller, freundlicher, wärmer und menschlicher werden und das weit über das Kulturjahr 2010 hinaus.

Michael Rosenkranz
Zwischenruf am 16.10.2020

# Beiträge zur neuen Kultur

Zwanzig Jahre sind seit der Wiedervereinigung Deutschlands vergangen. Deutschland hatte die Welt mit einem Krieg überzogen, der unendliches Leid verursachte, Millionen Menschen das Leben kostete und in Mitteleuropa eine über Jahrhunderte gewachsene Kultur zerstörte. Es war danach nichts mehr wie zuvor. Deutschland wurde in zwei Teile gespalten, die sich fortan unterschiedlich voneinander entwickelten; – und eben, durch glückliche Fügungen, schließlich wiedervereint werden konnten. Doch damit war das Geschehene nicht ungeschehen gemacht. Die ermordeten Menschen, die zerstörte Kultur hatten Leerräume hinterlassen, die durch andere Menschen mit anderen Denkweisen, aus anderen Kulturen, gefüllt wurden. Diese Menschen wurden teilweise von Deutschland hierhergeholt und halfen, das zerstörte Land wieder aufzubauen. Teilweise kamen diese Menschen aus Not hierher und fanden hier eine Lebensmöglichkeit. Viele fügten sich gut in das hiesige Leben ein; manchen fällt es schwer. Denen, die sich gut einfügten, wurde Deutschland zur Heimat, und sie werden hier eine neu entstehende Kultur mitgestalten, die sich aus den übrig gebliebenen Resten der mitteleuropäischen Kultur und den kulturellen Hintergründen der Neubürger im Laufe der Zeit zu etwas Neuem bilden wird. Natürlich gibt es Menschen, denen das Ehemalige viel bedeutet, die es gerne behalten und neu beleben würden. Doch eine zerbrochene Vase, wenn man die Teile wieder zusammenklebt, bleibt eine zerbrochene Vase. Dagegen bringen die Neuankömmlinge vielfältiges kulturelles Gepäck mit, das für eine neu erstehende Kultur nicht nur notwendige Anregungen geben wird, sondern auch substantielle Bereicherung verspricht. Und, indem sie zu dieser Gesellschaft dazu gehören, werden sie zu ihr beitragen.

Lothar Gräfingholt
Zwischenruf am 19.02.2011

# „Wir müssen reden"

Mit diesem Aufruf hat die Arbeitsgemeinschaft der katholischen Organisationen einen offenen und strukturierten Dialog von Bischöfen und
Laien zu überfälligen Fragen in der katholischen Kirche gefordert. Die
Deutsche Bischofskonferenz hat eine Dialoginitiative angekündigt und erklärt, das praktische Erschließen von Brennpunkten der Gegenwartsge-
sellschaft gehöre zu dieser dialogischen Initiative. Das ist gut so, denn in
der katholischen Kirche leiden viele Gläubige daran, dass sie mit den Antworten der Amtskirche zu den sie bedrängenden Fragen der Zeit nicht
mehr leben können. Viele haben ihr deswegen den Rücken gekehrt.

Ganz viele sagen weiter Ja zur Kirche, aber Nein zum „Weiter so"! Sie
setzen große Hoffnungen in eine Dialoginitiative und auf andere Antworten.
Dazu gehören auch über 200 Theologinnen und Theologen sowie maß-
gebliche christlich-demokratische Politikerinnen und Politiker. Wenn auch
bisher ein Brief des Ruhrbischofs zu dieser Dialoginitiative fehlt, so sollten
wir einen Satz von ihm in diesem Sinne interpretieren: „So soll sich uns
zeigen, dass wir geistliche Kirche sind, die sich … nicht scheut, Abschiede
zu nehmen und Neues, oftmals auch Gewagtes auf den Weg zu bringen."

Daran sollten wir ihn messen. Auf Stadtebene wird der Katholikenrat
Bochum+Wattenscheid alle Pfarrgemeinderatsmitglieder einladen, sich am
Dialog zu beteiligen und auch in den Gemeinden und Pfarreien unserer
Stadt den Dialog anzustoßen, um Neues auf den Weg zu bringen. Denn
auch in Bochum gilt:
Wir müssen reden.

Christian Schnaubelt
Zwischenruf am 16.04.2011

# Farbe bekennen

In diesen Tagen ziehen bundesweit rund 30.000 junge Menschen (auch in der Pfarrei Liebfrauen) durch die Straßen. Nicht um die (berechtigte) Kritik gegen die Zerstörung der Schöpfung durch Atomkraft zu bekunden, sondern um ein Zeichen für den Glauben abzugeben. Unter dem Motto „Aus Seiner Sicht" nehmen sie am Ökumenischen Jugendkreuzweg 2011 teil. Die jungen Menschen, deren Generation oft reine Spaßorientierung vorgeworfen wird, setzen sich dabei mit Leben, Tod und dem eigenen Glauben auseinander.

Dabei ist es heute im Alltag gar nicht einfach, Christ und speziell Katholik zu sein, sowie dies auch öffentlich zu zeigen. Zu groß sind die Probleme und Missstände in der (katholischen) Kirche. Nicht nur die katholische Jugend setzt hier auf Erneuerungen. Daher trifft der Aufruf des Katholikenrates „Ja zur Kirche, aber Nein zum Weiter so" die derzeitige Stimmung in der Kirche gut.

Gemeinsam unterwegs

Dass man gemeinsam was bewegen kann, darauf setzt zum Beispiel die Pfarrei Liebfrauen und versucht einen Aufbruch: Über den Tellerrand der Gemeinde und des Stadtteils hinausschauen und beim Pfarreitag am 18. September gemeinsam im Bochumer Nordosten unterwegs sein, ist das Ziel. So kann man die (drängenden) Probleme zusammen angehen und die Zukunft von Kirche gestalten.

Auch wir persönlich sollten diesem Beispiel folgen und öfter einmal schauen, wen wir uns für unseren eigenen (Glaubens-) Weg „mit ins Boot" holen wollen.

Allen Stadtspiegel-Lesern frohe Kar- und Ostertage.

Michael Ludwig
Zwischenruf am 04.06.2011

# Paradies gesucht, zu finden in der Kirche??

So provokativ ist die Anfrage zur Gestaltung von Installationen für neue Künstler und Künstlerinnen in der Kunstkirche Christ König am Steinring in diesem Jahr (www.kick-2011.de). Denn die Kirche ist seit jeher kein Selbstzweck, sondern hat weltweit immer noch einen aktuellen Auftrag. Denn wir Menschen wurden, so erzählt uns die Bibel, am Anfang der Welt aufgrund des sündigen Verhaltens aus dem Paradies vertrieben. Aber die Sehnsucht danach und nach Erlösung überhaupt ist uns geblieben. Die Erinnerung daran müssen wir durch die Kirche in den Menschen wachhalten. Wir Christen wissen, dass wir das als schwache Menschen nicht allein schaffen. Auch die Missbrauchsskandale und das Fehlverhalten von Offiziellen haben beschämend gezeigt, was überhaupt nicht paradiesisch ist auf Erden und in der Kirche. Dennoch lädt uns die Botschaft Jesu Christi ein und verpflichtet uns auch, das Reich Gottes auf Erden mitzugestalten und den Himmel offen zu halten, denn das zukünftige Paradies steht allen offen.

Die provokanten Installationen wie die aktuelle in der Kunstkirche zeigen uns, was begrenzt und zugleich phantasievoll erhofft und ersehnt wird. Schon deshalb ist Kirche notwendig, um dieser Hoffnung einen Raum zu schaffen.

Als Pfarrer der Kunstkirche ist es dann für mich eine doppelte Herausforderung, mich diesen Anfragen zu stellen und zugleich in der Begegnung mit den Besuchern und Künstlern der Kunstkirche diesen Dialog zu suchen und die Hoffnung auf Gottes paradiesisches Reich zu bezeugen.

Karl-Heinz Gehrt
Zwischenruf am 09.07.2011

# Wo mehr zählt als Zahlen …

Es war eine schwierige Sitzung, weshalb sie sich auch unnötig in die Länge zog. Immerhin hatten wir mit Briefen an den Bundesverkehrsminister erreicht, dass wir unser Anliegen vor Ort in einem Gespräch mit Fachvertretern aus Bund und Land erläutern konnten. Wir wollen, dass größere Schilder schon in weiterer Entfernung vor der Abfahrt auf die Autobahnkirche RUHR in Bochum[1] hinweisen. Die jetzigen kleinen Reiter auf den Autobahnschildern werden zu leicht übersehen. Dabei wollen die Richtlinien für die Beschilderung beachtet sein. Andererseits sind nicht wenige Autobahnkirchen in Deutschland wesentlich besser ausgeschildert. Warum soll in NRW unmöglich sein, was in Niedersachsen oder Bayern keine Schwierigkeiten macht? Ein Argument von Seiten der Behörden verdient einen „Zwischenruf", weil es zum Nachdenken anstößt. „Dann könnte ja auch ein Kaufhaus, z. B. ein großer skandinavischer Möbelhersteller, ein Schild an der Autobahn beantragen. Die haben sicher mehr Kunden als eine Kirche."

Zugestanden, so kann man das auch sehen – auf den ersten Blick ganz wertneutral. Aber es erstaunt mich, wenn Verantwortliche für unser Gemeinwohl den Unterschied zwischen einem Kaufhaus und einer Kirche nicht zu schätzen wissen. Gotteshäuser – egal welcher Religion – stehen dafür, dass es Wichtigeres gibt als Profit und Schnäppchen. Der Mensch ist mehr als Kunde und Konsument. Wir leben von Werten, die sich eben nicht verrechnen lassen. Wir brauchen Orte, wo wir Vertrauen, Zuwendung und Zuversicht atmen – Mehrwert, der nicht zu bezahlen ist. Für jeden einzelnen Besucher, der in einer Kirche eine Pause der Besinnung sucht, ist es wert, ein Hinweisschild aufzustellen. Mancher dankbare Eintrag in das ausliegende Buch für Besucher bestärkt uns, weiter einzuladen und eine bessere Beschilderung zu fordern. Über Konfessions- und Religionsgrenzen hinweg ist es an der Zeit, dafür einzutreten, dass für uns mehr zählt als das, was man zählen kann – um Himmels und der Menschen willen.

---

[1] Anm. des Herausgebers: Die evangelisch-lutherische Epiphaniaskirche in Bochum-Hamme entstand ab 1929. Sie wurde am 30.05.2010 als erste Autobahnkirche in einer Großstadt eröffnet und 2011 in die Route der Industriekultur aufgenommen.

Wolfgang Mann
Zwischenruf am 14.01.2012

# Vorbilder

Zwei Mütter warten vor dem Kindergarten. „Hast Du heute schon Zeitung gelesen? Das von den Präsidenten?" „Ja, das wird immer schlimmer. Diese Skandale. Selbst den höchsten Politikern ist nicht mehr zu trauen. Denen geht es nur noch ums Geld." „Früher war's besser. Damals gab es noch Vorbilder."…

Vorbilder sind Menschen, die so sind, wie man selbst gern wäre, die man nachahmt. Wie Mutter Teresa[1] oder Albert Schweitzer[2]. Vielen sind auch „Mama" oder „Papa" ein Vorbild. Dennoch haben herausgehobene Menschen etwas Vorbildliches. Musiker, Schauspieler auch Staatsmänner sind für andere prägend. Ihr Verhalten hat Einfluss auf das Verhalten vieler Menschen. Als Christen kennen wir Vorbilder des Glaubens. Sie werden auch als „Heilige" bezeichnet. Heilig bedeutet „etwas Besonderes" oder „Gott zugeordnet".

Aufgrund der Taufe ist jeder Christ ein Heiliger, Gott zugeordnet. So gesehen ist jeder für andere ein Vorbild. Das bedeutet nicht, dass wir vollkommen sein müssten. Doch leben wir jeden Tag in dem Bewusstsein, dass wir bei unserem Tun und Lassen Verantwortung haben. Für uns und für andere. Und dass wir uns irgendwann einmal verantworten müssen. Vor Gott. Daran gemessen ist es zweitrangig, aber nicht gleichgültig, ob sich andere vorbildlich verhalten. Es kommt auf das an, was wir selbst tun.

---

[1] Anm. des Herausgebers: Mutter Teresa (geb. 1910; gest. 1997) war eine indische Ordensschwester und Missionarin albanischer Abstammung. Weltweit bekannt wurde sie durch ihre Arbeit mit Armen, Obdachlosen, Kranken und Sterbenden, für die sie 1979 den Friedensnobelpreis erhielt.
https://de.wikipedia.org/wiki/Mutter_Teresa

[2] Anm. des Herausgebers: Ludwig Philipp Albert Schweitzer (geb. 1875; gest. 1965) war deutsch-französischer Arzt, Philosoph, evangelischer Theologe, Organist, Musikwissenschaftler und Pazifist. Er gründete ein Krankenhaus in Lambaréné im zentral-afrikanischen Gabun. 1953 wurde ihm der Friedensnobelpreis zuerkannt.
https://de.wikipedia.org/wiki/Albert_Schweitzer

# Frieden und Gerechtigkeit üben

Wehe den Völkern, die ganze Länder zu ihren Kolonien und
ganze Völker zu ihren Arbeitern machen.
Wehe den Staaten, die Vorräte für viele Jahre stapeln,
während in anderen Ländern Millionen Menschen verhungern.
Wehe den Großgrundbesitzern, die allein das Land besitzen,
während dem Bauern das Land fehlt, das seine Arbeit lohnt.

*Walter Schmithals*


Als ich mich der Armen erbarmte, lobte man mich
und nannte mich einen Heiligen.
Als ich öffentlich fragte, warum die Armen arm sind,
beschimpfte man mich und nannte mich einen Kommunisten.

*Dom Helder Camara*

Hartwig Burgdörfer
Zwischenruf am 01.04.2000

# Gebetsraum für alle Religionen

Wussten Sie schon, dass in jedem Bochumer Stadtteil ein kleiner Balkon oben an eine Kirche gebaut wird? Diese Kirchen werden zu religiösen Zentren umgestaltet: Sonntags finden Gottesdienste der verschiedenen christlichen Kirchen statt; Juden halten dort ihre Sabbatfeier; freitags ruft der Muezzin vom Balkon zum Gebet. Alle übrigen Kirchen und Moscheen werden vermietet oder verkauft. Jetzt können alle Bochumer/-innen Vorschläge machen, welche Gebäude zu religiösen Zentren werden sollen.

Sie meinen: Das kann doch nicht stimmen? Sie haben Recht: Ja, selbst ein Pfarrer will Sie in den April schicken! Andere Ereignisse sind selbstverständlicher zu glauben: Wenn sich in Nordirland evangelische und katholische Christen bis aufs Blut bekämpfen; wenn Kriege zwischen Christen und Moslems geführt werden; wenn Juden und Zeugen Jehovas für ihren Glauben ermordet wurden; wenn religiöse Minderheiten unterdrückt werden: Solche Nachrichten erstaunen kaum noch.

Aber ich möchte mich nicht daran gewöhnen. Hier in Bochum sollten wir zeigen, dass man anders miteinander umgehen kann: In Achtung, Liebe und Frieden, wie es ja den Grundsätzen aller Religionen entspricht.

In Witten treffen sich Menschen verschiedenster Religionen. Gemeinsam beten sie um Frieden und lernen sich gegenseitig kennen. Sie stehen zum je eigenen Glauben und verzichten darauf, andere zu bekehren. Nun haben sie mich besucht und Ideen für die Einrichtung eines Gebetsraums aller Religionen mitgebracht. Hoffentlich wächst auch hier der Frieden zwischen den Religionen!

Dirk Brüseke
Zwischenruf am 17.02.2001

# Bitte, verzeiht mir!

Bitte, verzeiht mir – Vor einiger Zeit war das die Schlagzeile in Deutschlands größtem Boulevardblatt. Über Weihnachten war der Meistermacher Christoph Daum nach Amerika geflüchtet. Nun trat er überraschend vor die Presse und bat um Verzeihung.

Wie ist das bei Ihnen, wenn jemand Sie um Verzeihung bittet? Wie reagieren Sie, wenn jemand, der Sie gekränkt hat, sagt: Verzeih mir! Und fällt es Ihnen schwer, selbst um Verzeihung zu bitten?

Es gibt Dinge, die schiebt man besser nicht auf. Dazu gehört, um Vergebung zu bitten. Dazu gehört auch, dem anderen Vergebung zu gewähren. So etwas auf die lange Bank zu schieben, heißt: Ich schleppe Lasten mit mir herum, die ich vielleicht nie mehr ablegen kann.

Im Altenheim erlebe ich es immer wieder, wie Menschen unter solchen Altlasten leiden. Also: Jetzt ist die Gelegenheit, jetzt eröffnet eine ehrliche Versöhnung neue gemeinsame und unbelastete Zeit!

„Vergib uns unsere Schuld, wie auch wir vergeben unseren Schuldigern", so heißt es im Vaterunser (Matthäusevangelium 6,9-13). Wenn ich meine eigenen Fragen und Ängste, wenn ich mein Versagen vor Gott bringe, dann gibt er mir die Kraft, dass auch ich auf den anderen zugehen kann. Im wirklichen Leben funktioniert das seit Tausenden von Jahren. Wenn es ernst gemeint ist, demnächst vielleicht auch im Fußball.

Dirk Reschke
Zwischenruf am 03.11.2001

# Mut zum Brückenbauen

„Herr, gib mir Mut zum Brückenbauen" so heißt ein Lied des Lieder-
dichters Kurt Rommel[1]. Die Strophen dieses Liedes hängen in Form einer
Postkarte über meinem Schreibtisch. Der Text geht folgendermaßen weiter:
„Gib mir den Mut zum ersten Schritt. Lass mich auf deine Brücken trauen
und wenn ich gehe, geh du mit".

In letzter Zeit kommt es mir jedoch eher so vor, als wenn vielerorts
daran gearbeitet wird, Brücken zum Einsturz zu bringen, anstatt daran zu
bauen. Die Brücken unseres Friedens haben tiefe Risse bekommen. Und
so manche Sicherheit ist sehr wackelig geworden. So auch die Sicherheit,
mit der wir in unserer westlichen Welt wussten, wie zu handeln ist. Wissen
Sie durch die Ereignisse der letzten Wochen noch wirklich, was richtig
und gut ist? Dass Terror verachtungswürdig und unmenschlich ist, kann
nicht in Frage gestellt werden. Sich dagegen zu solidarisieren, ist die Aufgabe aller friedliebenden Menschen. Doch bauen wir immer noch an den
Brücken des Friedens? Bauen wir noch Brücken, die Menschen aus verschieden Völkern verbinden? Dazu braucht es den Mut, von dem in dem
erwähnten Lied die Rede ist; Mut, verantwortungsvoll zu handeln; Mut,
eigene Ängste und Zweifel offen auszusprechen, wo die Sachlage vorder-
gründig so klar erscheinen mag.

Ich glaube, dass Gott mir und auch Ihnen diesen Mut schenken kann.
Damit wir wieder gemeinsam Friedensbrücken zu anderen bauen. Und
Brücken baut man nicht zuletzt immer zu den Menschen, die auf der ande-
ren Seite des Flusses sind.

---

[1] Anm. des Herausgebers: Kurt Rommel (geb. 1926; gest. 2011) war württembergischer Pfarrer, Kirchenlied-
dichter und geistlicher Autor.

Hermann-Josef Bittern
Zwischenruf am 27.04.2002

# Maiabendfest – ein Friedensfest

Blau-weiß bestimmt in diesen Tagen das Bild unserer Stadt. Blau-weiße Fahnen, Schützenmützen und Schärpen, wohin man sieht. Durch die Straßen schallt die Musik der Blaskapellen und das Bochumer Jungen-lied mit seinem so charakteristischen Pfiff. Bochum feiert sein 614. Mai-abendfest.

Der Ursprung dieses ältesten Heimatfestes im Ruhrgebiet ist ja bekannt-lich ein doppelter: einmal die überlieferte Heldentat der Bochumer Jung-gesellen in der Dortmunder Fehde im Jahr 1388, als in einer von Krieg und Gewalt, Rechtsunsicherheit und Pest erschütterten Zeit, die alles andere als die „gute alte Zeit" war. Andererseits die Verbindung dieses kriegeri-schen Ereignisses mit einem friedlichen Frühlingsbrauchtum, das in die graue Vorzeit zurückreicht: das Einholen des Maibaums, einem Lebens-symbol. Graf Engelbert III. oder unsere Vorfahren haben offenbar ein krie-gerisches Ereignis in ein Friedensfest umgewandelt.

Nach der Katastrophe des Zweiten Weltkriegs, der die Allmachtfantasien und die Fremdenfeindlichkeit der Nationalsozialisten grausam hinweggefegt hat, haben Bochumer Bürger es gewagt, das traditionelle Maiabendfest wieder aufleben zu lassen.

Ein Fest zu feiern, das ist echte Friedensarbeit. Ein Fest führt viele un-terschiedliche Menschen in einem entspannten Raum zusammen. Es ver-bindet Jung und Alt, Eingesessene und Zugezogene, Bochumer Bürger und Bürger unserer Partnerstädte.

„Fremde werden Freunde" verkündete anspruchsvoll das Transparent am Rathaus. Ich wünsche uns allen, dass unser Maiabendfest, das seit 614 Jahren im schönen Frühling dem Leben zugewandt ist, mithilft, das Motto „Fremde werden Freunde" mit Leben zu erfüllen und allen lebensfeindli-chen Tendenzen in unserer Gesellschaft entgegenzuwirken.

Christian Schnaubelt
Zwischenruf am 18.05.2002

# Pfadfinder: Auf dem Pfad zum Frieden

„Haben wir alles beisammen? Isomatte, Schlafsack, Zelt …?", diese Fragen stellen sich in diesen Tagen viele Jugendgruppen. Denn das Pfingstfest steht vor der Tür; das Fest des Heiligen Geistes und damit auch das Ende der Osterzeit. Es wird also Zeit, raus zu kommen, und so machen sich auch die Georgspfadfinder aus Bochum und Wattenscheid auf den Weg. Jahr für Jahr zieht es sie an diesem Wochenende wieder ins Grüne, denn sie wollen etwas wagen.

Sie wollen das Wagnis eingehen, manchem Pfingstregen zu trotzen und inmitten der Natur einfach zu leben. Fernseher, Gameboy und Walkman bleiben zu Hause, stattdessen wollen sie mit ein wenig Mut Neues ausprobieren. Kinder und Jugendliche brechen auf, erleben dabei eine Gemeinschaft und knüpfen neue Freundschaften. Und mittendrin wird der Heilige Geist spürbar, wenn am Pfingstsonntag, auf der Wiese oder im Zelt, Gottesdienst gefeiert wird.

Die Taube, das Zeichen des Heiligen Geistes, hat in diesem Jahr eine ganz besondere Bedeutung für die Georgspfadfinder. Denn sie ist auch das Zeichen ihrer Jahresaktion, mit der sie sich für Frieden und Gerechtigkeit im Heiligen Land einsetzen wollen. Daher machen sie sich an Pfingsten, im Sinne des Heiligen Geistes, selber auf den „Pfad zum Frieden".

Ich wünsche ein friedliches Pfingstfest und dass Sie sich auch auf dessen Wagnis einlassen.

**Dirk Reschke**
Zwischenruf am 01.02.2003

# Gibt es Wunder?

Glauben Sie an Wunder? Nicht daran, dass die Menschen längst vergangener Zeiten Dinge für Wunder hielten, die sie sich selbst nicht erklären konnten. Ich meine Wunder, die hier und jetzt in Ihrem Leben passieren können. So, dass Unfassbares wahr wird. Glauben Sie an so was? Von Jesus, nach dem wir Christinnen und Christen unser Leben ausrichten, erzählt uns die Bibel Folgendes: Er wandte sich Menschen in ihren Lebensnöten zu und machte sie heil. Er tröstete und gab Mut, indem er von Gottes Frieden für diese Welt sprach. Und er tat Wunder.

In einem Buch, in dem gesammelt wurde, wie Kinder über Gott und Religion reden, schreibt ein achtjähriges Kind zum Thema Wunder: „Jesus machte die Wunder für die Kinder der Jünger und Apostel. Für die anderen nicht, weil sie nicht glaubten. Es ist sinnlos, Wunder für Ungläubige zu machen, sie könnten glauben, es ist ein Zufall."[1] Ich denke, für viele Wunder dieser Welt haben wir tatsächlich den kindlichen Blick verloren. Wir sind Ungläubige geworden – das meine ich nicht im Hinblick auf eine Religionszugehörigkeit. Ich möchte wieder neu an Wunder glauben können. Gerade da, wo es um den Frieden in unserer Welt geht, möchte ich mich nicht auf Zufälle verlassen müssen.

Ich glaube, dass der amerikanische Präsident nicht zufällig zu der Einsicht gelangt, dass Krieg keine Option zur Konfliktbewältigung sein kann. Ich will nie die Hoffnung aufgeben, dass Wunder möglich sind und sich Kriegstreiber dem Friedenswillen unzähliger Menschen stellen müssen. Da wird das Wunder vom Frieden Gottes wirksam.

---

[1] Anm. des Herausgebers: Maria Antonietta Albanese, Jesus hieß mit Nachnamen Gott, Eichborn-Verlag, 1994, S. 56.

Ayla Wessel
Zwischenruf am 06.09.2008

# Schnitzel statt Türken

Gestern im Traum erschien mir Mustafa Kara. Im vollen Ornat stolzierte er herein, mit Dschinderassa Bums und Militärkapelle. Eine echte türkische Militärkapelle! So was kriegt man auch nicht jede Nacht im Traum geboten, aber Mustafa Kara wollte mit mir feiern, er wollte den 325. Jahrestag seiner glorreichen Belagerung von Wien mit mir feiern: „Als wir am 6. September 1683", er warf sich stolz in die dekorierte Brust, „Wien fast ausgehungert hätten", fiel ich ihm ins Wort und rief: „Du hast es versemmelt!"

Auf meinen Zwischenruf reagierte er verstört und schwieg, ich träumte weiter: „325 Jahre Schnitzel statt Döner", rief ich empört, „seit deinem blöden Krieg müssen wir alle gegen Mozartkugeln kämpfen und Krieg gegen Sachertorten führen!" Mustafa Kara schlug beschämt die Augen nieder, sein Kettenhemd klirrte kleinlaut vor sich hin und seine Militärkapelle verstummte. Eine letzte Zimbel zimbelte davon, ein Becken scheppterte zu Boden, eine Piccoloflöte japste nach Luft: „Habe ich denn alles falsch gemacht?"

„Ja", sagte ich und strich ihm übers Haar, „das einzige, was du gewonnen hast, das waren die Herzen Europas. Aber …" – er horchte auf – „die hast du nicht mit dem Schwert gewonnen, sondern" – Jaa? – „mit der Flöte, deinen Zimbeln und deinen Trommeln." Er brach zusammen, als ich aufwachte.

Seltsamer Traum. Solche Zwischenrufe mache ich doch sonst nicht im Schlaf. Später am Tag schlug ich noch mal nach, und in der Tat, es stimmt: Die Piccoloflöte, die Zimbel und Triangel und Basstrommel, sie sind durch die türkische Militärmusik, die Mehter Marsi, nach Mitteleuropa gekommen, und nach der Belagerung Wiens hat diese „Janitscharemusik" Einzug in die europäische Klassik gehalten. Mozart und so, alles alla turca.

Interessant, dachte ich, wird mal wieder Zeit, Mozart ist schließlich auch schon etwas her, wir sollten mal wieder Einzug halten. Aber dieses Mal machen wir das nicht wie Mustafa Kara damals, das Wien von heute heißt Bochum. Und dieses Mal stehen wir nicht vor den Toren, sondern auf dem Boulevard. Nicht mit dem Schwert, sondern mit der Ney, nicht mit Kugeln, sondern mit der Saz, nicht mit Säbeln, dafür mit Böreks und Ayrans. Und – ganz raffiniert! – dieses Mal kommen nicht nur wir Türken, sondern wir Griechen, wir Afrikaner, wir Koreaner und wir aus Wattenscheid.

Wir Bochumer. Bochumer Musiksommer heißt das was das Gegenteil ist von Mehter Marsi und Militärmusik. Die Stadt des europäischen Versprechens kennt keine Paradestrecken, aber dafür hat sie einen Boulevard, der eignet sich nicht zum Marschieren, nie wieder.

Andreas Menzel
Zwischenruf am 14.11.2009

# Mauern überwinden

Haben Sie sie auch noch vor Augen – die Bilder vom vergangenen Montag in Berlin? 1000 monumentale Styroporblöcke, von Menschen aus aller Welt künstlerisch gestaltet, aufgereiht auf einem Abschnitt der ehemaligen Grenzlinie zwischen Ost und West, fallen wie riesige Dominosteine einer nach dem anderen um: der „Fall der Mauer" – zum 20. Jahrestag gleichnishaft inszeniert[1]. Jemand setzt einen Impuls – und eine Bewegung kommt in Gang. Wie damals, als aus den Nischen der DDR-Kirchen heraus Visionen von Gerechtigkeit, Frieden und Freiheit ins Land ausstrahlten.

Doch da – was ist das? Abrupt stockt der Domino-Lauf. Nachlässige Vorbereitung oder gar Sabotage? Schnell klärt sich der Zwischenfall: Ein Block aus Beton hat die fallenden Klötze aufgehalten. Nahezu beklemmend steht er da, weicht keinen Millimeter dem zarten Anstoß seines Nachbarn.

Ja, es gibt sie noch, Mauern wie diese. Starr und unnachgiebig berauben sie ganze Völker ihrer grundlegenden Rechte. Unüberwindlich stehen sie seit Generationen da oder sind gerade erst im Begriff gebaut zu werden – wie die Mauer der Apartheid zwischen Israelis und Palästinensern. Mauern, die Stärke demonstrieren und bei den Ausgegrenzten auf der anderen Seite Gefühle tiefer Hilflosigkeit und Ohnmacht hervorrufen. Wer hat den Mut, wer hat die Kraft sie niederzureißen?

„Mauern überwinden", so lautet das Motto der diesjährigen Friedensdekade, die in den christlichen Kirchen noch bis zum kommenden Mittwoch begangen wird. Die fallenden Domino-Mauersteine mit ihrer Erinnerung an den real-existierenden Domino-Effekt aus dem Herbst 1989 sind für mich persönlich ein Anstoß, diesen Impuls aufzunehmen und weiterzugeben. Damit auch in Zukunft Mauern einbrechen und Wege sich öffnen: echte Grenzmauern aus Beton und Stein genauso wie die unsichtbaren Trennwände zwischen Arm und Reich, zwischen den Generationen und zwischen Menschen aus unterschiedlichen Kulturen und Religionen – auch in unserer Stadt. Machen Sie mit!

---

[1] Anm. des Herausgebers: Die Berliner Mauer war während der Teilung Deutschlands ein Grenzbefestigungssystem der Deutschen Demokratischen Republik (DDR), das vom 13.08.1961 bis zum 09.11.1989 bestand. Sie wurde am Abend des 9. November 1989 im Zuge der politischen Wende unter dem wachsenden Druck der DDR-Bevölkerung geöffnet. https://de.wikipedia.org/wiki/Berliner_Mauer

Michael Rosenkranz
Zwischenruf am 05.12.2009

# Preiswerter Überfluss?

„Reichtum erwerben verursacht Armut." Diesen verstörenden Satz hörten wir in einem Arbeitskreis, der sich mit dem Thema „Umgang mit Reichtum" befasste. Wenn ich hier darauf bestehe, meinen Kaffee zu sehr niedrigem Preis kaufen zu können, und den niedrigen Preis vom Händler bekomme, weil er den Konkurrenten unterbieten möchte, dann zwinge ich ihn, der, genauso wie ich, Gewinn machen möchte, den Kaffee vom Erzeuger, dem Arbeiter auf der Kaffeeplantage, zu noch niedrigerem Preis zu erwerben. Der ist das schwächste Glied in der Kette. Während wir auf den Kaffee nicht angewiesen sind, ist er auf die Abnahme des Kaffees durch den Händler angewiesen, denn nur das ist sein Erwerb; davon müssen er und seine Familie leben. Dafür arbeitet er, möglicherweise auch seine Frau und seine Kinder, tagein tagaus viele Stunden in den Pflanzungen. Tarifliche Arbeitszeiten, Urlaub, Lohnfortzahlung bei Krankheit, Kündigungsschutz gibt es dort nicht. Wenn der Arbeiter mehr verlangt, weil der erhaltene Lohn zum Essen für seine Familie nicht ausreicht, weil er sonst einen notwendigen Arztbesuch nicht bezahlen kann, oder die Wohnungsmiete, weil seine Kinder sonst nicht zur Schule gehen können, dann wird ihm gekündigt, oder ihm der Kaffee, den er mühsam erzeugt hat, nicht abgekauft. Dann kann er sehen, wo er bleibt, oder verhungern. Hauptsache, ich brauche auf meinen Kaffee nicht zu verzichten, und der Inhalt meines Geldbeutels wird kaum weniger. Die Befürworter dieser Art von Marktwirtschaft wenden ein, dass der Arbeiter ja einverstanden sei mit dem Lohn, den er bekommt, sonst würde er die Arbeit dafür ja nicht leisten. Hat er denn eine Alternative? Ist es nicht so, dass wir hier für einen solchen Lohn nicht zu arbeiten bereit wären, es aber in Kauf nehmen, dass der Plantagenarbeiter um einen ihm zustehenden, wesentlich höheren Lohn durch unser Kaufverhalten betrogen wird, und wir unseren Wohlstand auf seine Kosten erhalten oder gar noch vermehren? Wenn wir nicht so nett wären, täglich Kaffee trinken zu wollen, hätte jener überhaupt nichts, wovon er leben könnte, werden wir einwenden. Stimmt. Aber: Würden wir wirklich ärmer, wenn wir für unseren Kaffee das Doppelte zahlen würden? Würde nicht sogar unser Genuss noch gesteigert, wenn er für uns teurer wäre? Und wenn wir wüssten, dass auch der Arbeiter auf der Plantage glücklicher ist?

197

# Krieg, Terror, Gewalt, Rechtsextremismus widerstehen

Krieg, ja: das ist die Zeit, wenn das Blut gekeltert wird,
Krieg: das ist der mächtige Zorn des Eisens,
jene Zeit, da die Panzer mit gleichmütigen Bissen die Landschaft töten;
Krieg: das ist das grausam lächerliche Abenteuer,
in das sich Männer einlassen,
wenn sie der Hafer des Wahnsinns sticht,
die Tage, da Nachsicht und Geduld rar werden,
da jedem die Stoppuhr läuft –
und keiner kennt die düsteren Zeitnehmer.

*Siegfried Lenz*


Suche Frieden
und jage ihm nach!

*Die Bibel*

Fred Sobiech
Zwischenruf am 15.09.2001

# Die Spirale von Hass brechen

Nichts ist mehr so wie es war. Das ist real, was da im Fernsehen geschah. Das ist real. Diese Flugzeuge mit Menschen, Unbeteiligten, die sich ins World-Trade-Center bohrten, mit Menschen, Unbeteiligten, alles zerstörten, verbrannten in tödlicher Glut.

Und am Abend warten die Kinder auf ihre Eltern, die nicht mehr kommen und nie mehr kommen. Aus der Ferne ein Schrecken. Aus der Nähe ein Grauen, grausamer Schmerz. Jetzt nur nicht flüchten vor dieser Wirklichkeit. Sondern zusammenhalten, zusammenbleiben. Anteilnehmen, von dieser Tragödie im Herzen berührt. Zusammenstehen als Menschen guten Willens.

Entschlossen menschenverachtendem Terror, menschenverachtender Gewalt widerstehen. Mit unauslöschlichem Wissen: Wer den Menschen verachtet, verachtet Gott. Den Ursachen nachgehen. Den Anfängen wehren. Das Schweigen brechen und die Spirale von Hass und Gewalt.

In der Christuskirche – in sich ein Denkmal gegen Gewalt mitten in unserer Stadt – sind wir in dieser Woche zusammengekommen in Achtung voreinander, so wie wir sind. Juden, Muslime, Christen hier in Bochum. Verbunden im Glauben an einen Gott, der den Menschen liebt in seiner Würde. Verbunden im Glauben an einen Gott, mit dem Gewalt und Terror nicht und nie zu rechtfertigen sind. Verbunden im Glauben an den, der Himmel und Erde gemacht hat, der seine Hand hält über unseren zerbrochenen Himmel, über unsere geschundene Erde – und über uns. Es macht Mut, dass so viele gekommen sind.

---

[1] Anm. des Herausgebers: Der Zwischenruf bezieht sich auf die Terroranschläge in den USA am 11.09.2001. „Die Täter entführten vier Verkehrsflugzeuge, lenkten zwei davon in die Türme des World Trade Centers und eins in das Pentagon in Arlington, Virginia. Das vierte Flugzeug sollte wahrscheinlich ein Regierungsgebäude in Washington, D.C. treffen, wurde aber nach Kämpfen mit Passagieren vom Piloten der Entführer bei Shanksville (Pennsylvania) zum Absturz gebracht. Die Anschläge verursachten den Tod von fast 3.000 Menschen." https://de.wikipedia.org/wiki/Terroranschläge_am_11._September_2001

Matthias Hoof
Zwischenruf am 04.05.2002

# Man müsste sich mal wieder aussprechen

Amok. Seit Erfurt geht uns dieses Wort nicht mehr aus dem Sinn.[1] „Blindwütige Mordsucht" lautet eine Definition. Aber irgendwie erklärt das nicht die schreckliche Tat des 19-Jährigen. Schließlich hat er viele ehemalige Mitschüler und seinen Lehrer bewusst verschont. Im indonesisch-malaiischen Sprachraum bedeutet amok: rasend, wütend, verzweifelt sein. Rasend und wütend, ja, das war er. Aber verzweifelt? Kann jemand, der verzweifelt ist, noch so viele Menschen töten? Der Lehrer, der ihm zuletzt in die Augen sah, sagt ja. Und das ist beunruhigend. Psychologinnen und Kriminologen arbeiten fieberhaft an einem Täterprofil, wollen die unfassbare Tat erklären, das Unbegreifliche verstehen. Viele warten gebannt auf ihre Erkenntnisse; nicht nur, weil das, was dort geschah, sich überall ereignen könnte. Auch härtere Gesetze bieten letztlich keinen Schutz. Bedrückender ist die Frage, welche Lebensumstände einen Menschen in solche Verzweiflung bringen können. Zugespitzter: Wird unsere Gesellschaft, in der die Schwellen zur Gewalt stetig gesunken sind, künftig vermehrt solche Menschen hervorbringen? Was können wir dagegen tun, als Einzelne, als Gesellschaft, als Kirche? Ich habe keine Patentlösung. Aber zwei Denkanstöße aus den vielen Interviews und Talkrunden der vergangenen Tage möchte ich weitergeben: Irgendjemand sagte: „Vielleicht müssen wir mehr darauf achten, wo Menschen in unserer Umgebung in Schwierigkeiten geraten." Und eine Frau, die selbst als Kind einen Amoklauf überlebt hat, meinte: „Ich möchte angesichts des Schrecklichen am liebsten beten." Beten heißt übrigens sich aussprechen vor Gott. Allein das könnte schon tröstend sein.

---

[1] Anm. des Herausgebers: Der Amoklauf von Erfurt ereignete sich am Vormittag des 26. April 2002 am Gutenberg-Gymnasium in Erfurt. Dabei erschoss der 19-jährige Robert Steinhäuser elf Lehrer, eine Referendarin, eine Sekretärin, zwei Schüler und einen Polizeibeamten. Anschließend tötete er sich selbst. https://de.wikipedia.org/wiki/Amoklauf_von_Erfurt

Michael Rosenkranz
Zwischenruf am 08.03.2003

# Für den König sterben?

König David begehrte das Weib seines Untertanen. So schickte er ihn in den Krieg, dass jener starb und er sich dessen Weib nehmen konnte. Der Ewige zürnte David wegen dieser Tat und ließ ihm sagen: „In einer Stadt lebten einst zwei Männer; der eine war reich, der andere arm. Der Reiche besaß sehr viele Schafe und Rinder, der Arme aber besaß nichts außer einem einzigen kleinen Lamm, das er sich gekauft hatte. Er zog es auf, und es wurde bei ihm zusammen mit seinen Kindern groß. Es aß von seinem Stück Brot, und es trank aus seinem Becher, in seinem Schoß lag es und war für ihn wie eine Tochter. Da kam ein Besucher zu dem reichen Mann, und dieser brachte es nicht über sich, eines von seinen Schafen oder Rindern zu nehmen, um es für den zuzubereiten, der zu ihm gekommen war. Darum nahm er dem Armen das Lamm weg und bereitete es für den Mann zu, der zu ihm gekommen war." Diese Stelle aus dem zweiten Samuelbuch (Kap. 12) der Heiligen Schrift berichtet uns von einem schweren Vergehen König Davids. Er war zum König gesalbt worden, um sich für Gerechtigkeit und Frieden einzusetzen und für das Wohl des Volkes zu sorgen.

Zu allen Zeiten aber missbrauchten Herrscher ihre Macht, um persönliche und eigennützige Ziele zu verfolgen, Bedürfnisse der eigenen Familie zu befriedigen, sich zu bereichern oder die eigene Macht zu vermehren. Und stets wurden die einfachen Menschen des Volkes dafür eingesetzt, mussten erst für die Rüstung hohe Abgaben zahlen, dann Hof und Felder, Frau und Kinder verlassen und in den Krieg ziehen, mit schlauer Überredungskunst dafür begeistert, meist aber mit Gewalt dazu gezwungen. Ihre Bedürfnisse, ihr Leid interessierten den Herrscher nicht. In seinem Machtrausch sah er es für selbstverständlich an, dass jene für seine Interessen ihr Leben verlieren, ihre Gesundheit, ihre Lebenshoffnungen und Chancen, das Leben ihrer Lieben, ihr Glück. Und es kümmerte ihn nicht, dass die Überlebenden und das ganze Land jahrzehntelang unter den Folgen noch zu leiden haben werden. Kein Herrscher hat das Recht dazu! Keiner darf Krieg für seine Interessen einsetzen.[1]

---

[1] Anm. des Herausgebers: Zwölf Tage nach diesem Zwischenruf, „am 20. März 2003 begann der Irakkrieg oder Dritte Golfkrieg – mit der Bombardierung ausgewählter Ziele in Bagdad und führte zur Eroberung der Hauptstadt und zum Sturz des damaligen irakischen Diktators Saddam Hussein. Am 1. Mai 2003 erklärte US-Präsident George W. Bush den Krieg für siegreich beendet." https://de.wikipedia.org/wiki/Irakkrieg

Karl-Heinz Gehrt
Zwischenruf am 29.3.2003

# „Ein Zwischenruf"

Was soll man da noch rufen? Alle Zwischenrufe, aller Einspruch und alle Einwände haben wohl nichts genützt. Es ist Krieg[1], die Logik der Macht hat ihren Lauf genommen. Es wird gelogen und gebombt. Menschen fliehen (so sie können), ängstigen und verkriechen sich. Menschen verbluten und verrecken, werden verstümmelt und vergiftet. Was soll man da noch schreiben? Es ist doch alles gesagt – und was gesagt wurde, hat es nicht aufhalten können. Ist es da nicht besser zu verstummen und in der Stille mit den leidtragenden Opfern zu trauern? Wo die eigenen Worte ausgehen, ist es gut, einen Fürsprecher zu haben. Im Verstummen, wenn das Geschwätz aufhört, gehen die Ohren auf, für die Worte eines anderen. Dieser Welt, die ihren irrsinnigen Lauf nimmt, ist das Reich Gottes verkündet. Den Mächtigen ist das Ende angesagt, durch den, der Frieden zusagte und den Weg des Friedens ging. Ohnmächtig starb er am Kreuz.

„Selig sind die Sanftmütigen; denn sie werden das Erdreich besitzen. Selig sind, die da hungert und dürstet nach der Gerechtigkeit; denn sie sollen satt werden. Selig sind die Friedfertigen; denn sie werden Gottes Kinder heißen." (Matthäusevangelium 5,5-6+9). „Ihr habt gehört, dass gesagt ist (2. Mose 21,24): ‚Auge um Auge, Zahn um Zahn.' Ich aber sage euch, dass ihr nicht widerstreben sollt dem Übel, sondern: wenn dich jemand auf deine rechte Backe schlägt, dem biete die andere auch dar. Ihr habt gehört, dass gesagt ist: ‚Du sollst deinen Nächsten lieben' (3. Mose 19,18) und deinen Feind hassen. Ich aber sage euch: Liebt eure Feinde und bittet für die, die euch verfolgen, damit ihr Kinder seid eures Vaters im Himmel. Denn er lässt seine Sonne aufgehen über Böse und Gute und lässt regnen über Gerechte und Ungerechte." (Matthäusevangelium 5,38-39, 43-45).

Herzliche Einladung zur Lesung der Bergpredigt Jesu: heute Abend, Samstag 29. März um 19 Uhr in der Epiphanias-Kirche, Dorstener Straße 263, am Bodelschwinghplatz in Bochum-Hamme.

---

[1] Anm. des Herausgebers: Zwölf Tage nach diesem Zwischenruf, „am 20. März 2003 begann der Irakkrieg oder Dritte Golfkrieg mit der Bombardierung ausgewählter Ziele in Bagdad und führte zur Eroberung der Hauptstadt und zum Sturz des damaligen irakischen Diktators Saddam Hussein. Am 1. Mai 2003 erklärte US-Präsident George W. Bush den Krieg für siegreich beendet." https://de.wikipedia.org/wiki/Irakkrieg

Satilmis Aditepe
Zwischenruf am 11.09.2004

# Wahrer Muslim kann kein Terrorist sein

Ein wahrer Muslim kann kein Terrorist sein. Die Religion erlaubt es nicht, einen Menschen zu töten, um ein Ziel zu erreichen.

Einer der Menschen, die man auf der Welt am meisten hasst, ist Osama bin Laden[1], weil er „das helle Erscheinungsbild des Islam getrübt und durch ein schmutziges ersetzt hat." Selbst, wenn wir uns mit aller Kraft bemühen, diesen furchtbaren Schaden zu reparieren, wird es Jahre dauern.

Wir werden das Thema überall, auf unterschiedlichsten Plattformen, zur Sprache bringen. Wir werden sagen: „Das ist nicht der Islam." Bin Laden ist ein Scheusal, genau wie die Leute, die sich um ihn geschart haben.

Wir missbilligen diese Entdeckung. Trotzdem müssen in den Ländern, die als islamisch gelten, die Menschen ihre Probleme lösen, um solche Entwicklungen zu verhindern. Die entscheidenden Fragen werden sein, ob diese Menschen anders denken, wenn sie ihre Führer wählen und ob sie Reformen wollen. Um das Heranwachsen kultivierter Generationen zu ermöglichen, sollten Muslime ihre Probleme lösen. Nicht nur beim Thema Terror, den Gott ganz gewiss verurteilt.

Unsere Schuld ist die Schuld eines ganzen Volkes. Sie ist die Schuld der mangelnden Bildung. Ein wahrer Muslim, der den Islam in all seinen Aspekten versteht, kann kein Terrorist sein. Jemand, der sich an terroristischen Aktivitäten beteiligt hat, kann kaum ein Muslim bleiben. Die Religion billigt es nicht, einen Menschen zu töten, um ein Ziel zu erreichen.

---

[1] Anm. des Herausgebers: Osama bin Laden (geb. vermutlich zwischen März 1957 und Februar 1958; gest. 2011), war ein saudi-arabischer, seit 1994 staatenloser Terrorist. Er war der Gründer und Anführer der Gruppe Al-Qaida und plante u.a. die von ihr ausgeführten Terroranschläge vom 11. September 2001. (u.a. auf das World Trade Center in New York) mit fast 3000 Toten. https://de.wikipedia.org/wiki/Osama_bin_Laden

Okko Herlyn
Zwischenruf am 13.11.2004

# Nicht hinnehmen

Am vergangenen Dienstag, dem 9. November, haben sich wie in jedem Jahr viele Bochumer Bürgerinnen und Bürger auf dem Dr.-Ruer-Platz versammelt, um jener unseligen Nacht im Jahre 1938 zu gedenken, in der sich die Nationalsozialisten an der Synagoge der jüdischen Gemeinde und nicht zuletzt auch an deren Leib und Leben vergriffen. Für Christen hat die Teilnahme an diesem Gedenktag eine helle und eine dunkle Seite. Die helle: Christen sind durch ihren Glauben mit Juden in besonderer Weise verbunden. Gewiss gibt es gewichtige, auch schmerzliche Unterschiede, etwa in der Einstellung zu Jesus, dem Juden aus Nazareth. Gemeinsam aber sind der Glaube an den einen, selben Gott, die Hoffnung auf „einen neuen Himmel und eine neue Erde" (Jesaja 65, 17), die Bindung an Gottes Gebot.

Aber es gibt auch eine dunkle Seite. Die damaligen Übergriffe auf jüdische Mitbürger geschahen auch unter wissentlicher Duldung und nicht selten auch aktiven Teilnahme von Christen. Sie reihten sich ein in eine jahrhundertelange Kette antijüdischer Vorurteile und Verleumdungen von christlicher Seite. Diese geschichtliche Schuld nicht zu vertuschen, sondern sich ihr wieder und wieder zu stellen, gehört für Christen zur Glaubensverantwortung. Eine Haltung mit Konsequenzen. Christen werden es nicht hinnehmen, wenn Judenwitze bei „Big Brother" wieder hoffähig werden. Sie werden es nicht hinnehmen, wenn rechte Flugblätter in unserer Stadt den Neubau der Synagoge als „Verschwendung von Steuergeldern" diffamieren. Auch darum waren Christen am 9. November auf dem Dr.-Ruer-Platz. Sie und andere. Gott sei Dank.

Thomas Wessel
Zwischenruf am 09.09.2006

# Glocken erinnern

„Gedenkfeier vereint Christen, Juden und Muslime in der Christuskirche Bochum", berichtete der Stadtspiegel im September 2001. „Bochumer aller Religionen vereint in der Ablehnung von Hass und Terror." Zum fünften Mal jährt sich am Montag der Tag, an dem Al-Qaida ihre Anschläge in New York, Washington und Pittsburgh verübt hat. Fast 3000 Menschen aus mehr als 92 Nationen wurden am 11. September 2001 ermordet, Christen, Juden und Muslime. In der Reisetasche von Mohammed Atta, einem der Terrorpiloten, fand man später eine „geistliche Anleitung", in der es hieß: „Dies ist die Stunde, in der du Gott treffen wirst."

In Bochum trafen Christen, Juden und Muslime einander in der Christuskirche – und trafen sich in dem gemeinsamen Glauben, dass ein Gott, der Menschenopfer verlangt, kein Gott ist. Der damalige Hodscha der Di-TiB-Zentralmoschee, Fikret Turan, stand auf und zitierte eine Sure aus dem Koran: „Wenn jemand einen Menschen mordet, so soll es sein, als hätte er die Menschheit ermordet."

Ein beeindruckender Moment. Nur zwei Tage nach den Terror-Attacken von Al-Quaida stand der Bochumer Hodscha vor aller Öffentlichkeit und stellte mit dem Koran und aus dem Koran fest: Das war Mord. Das war – wie der Tatbestand aus dem Nürnberger Tribunal gegen die Nazis – ein Verbrechen gegen die Menschheit. Und das so deutlich zu sagen, das war die Stunde, in der wir, Christen, Juden und Moslems in Bochum, Gott getroffen haben. Daran zu erinnern, eröffnet noch heute, fünf Jahre und Hunderte Terrorattacken später, einen gemeinsamen, den menschheitlichen Raum. Diese Erinnerung ist Teil unserer gemeinsamen Erinnerung geworden. Eine, die deutlich macht, dass alle, die in Bochum sind, Bochum sind. Auch daran werden am Montag die Glocken der Christuskirche Bochum erinnern, die zusammen mit den Glocken der New Yorker Kirchen am Jahrestag des Terrors von 14.46 bis 15.03 Uhr läuten werden.

Michael Rosenkranz
Zwischenruf am 16.09.2006

# Vertrauen gegen Angst

Jeden Tag erreichen uns Nachrichten über Terrorakte an verschiedenen Orten unserer Welt, oft begangen mit der Begründung, für die Befreiung von einer Unterdrückung zu kämpfen. Gemeinsam haben die meisten dieser Terrorakte, dass bewusst Tod, Verletzung und Verstümmelung unschuldiger Menschen in Kauf genommen wird, die somit für etwas „bestraft" werden, was sie höchstwahrscheinlich gar nicht zu verantworten haben, auch nicht beeinflussen könnten. Angenommen, die Regierung des Landes, in dem der jeweilige Terrorakt stattfindet, könnte eine Veränderung im Sinne der Terrorverursacher bewirken, – sie würde es nicht tun, da eine Regierung sich nicht von Terroristen vorschreiben lassen will, was sie zu tun hat. Sie wird vielmehr versuchen alles zu tun, um Ruhe und Sicherheit wiederherzustellen, und also Maßnahmen ergreifen, den Terrorverursachern das Handeln zu erschweren. Die Folgen sind verstärkte Überwachung in allen Lebensbereichen, verschärfte Untersuchungen an besonders gefährdeten Stellen und allgemeines Misstrauen gegen jeden und alles. Videokameras werden installiert, Abhörtechniken entwickelt, zeitaufwändige Körper- und Gepäckvisitationen durchgeführt, wie es sie inzwischen nicht nur an Flughäfen, auch in Museen, ja mancherorts selbst am Kinoeingang gibt. Jeder herrenlose Gegenstand flößt Angst ein, inzwischen auch schon jede Saftflasche im Handgepäck. Die Angst vergiftet den arglosen Umgang der Menschen miteinander. Die Maßnahmen zur Terrorabwehr schnüren unsere Spontaneität ab, engen unsere Freiheit, unsere sorglose Unbekümmertheit ein, legen unserem Leben Fesseln an. Und diese werden noch lange bestehen, auch dann, wenn die konkrete Gefahr längst nicht mehr besteht, und wir vielleicht schon gar nicht mehr wissen, warum die Maßnahmen einst einmal eingeführt wurden. Und das ist der schlimme Beischaden, den die Terrorverursacher mitbewirken: Das Vertrauen unter den Menschen wird zerstört, und dies inzwischen global. Vertrauen aber ist die Grundlage für Frieden. Vertrauen muss aktiv bewahrt werden gegen die Angst. Sonst können wir nicht leben, – wie ein neugeborenes Kind nicht leben könnte, wenn es den Menschen nicht volles Vertrauen entgegenbringen würde, denen es ausgeliefert ist!

Fred Sobiech
Zwischenruf am 18.10.2008

# Keine Nazis in Bochum!
# Braun ist uns nicht farbig genug!

Am kommenden Samstag, 25. Oktober, 10.30 Uhr, werden sich hoffentlich wie in früheren Jahren viele Bochumer Bürgerinnen und Bürger auf dem Dr.-Ruer-Platz versammeln, um gegen den Aufmarsch der rechtsextremen NPD zu protestieren. Auch die Bochumer Kirchen rufen wie viele Menschen und Organisationen zum Widerstand auf. Aber das ist nicht alles: Bochum sagt nicht nur Nein zu den Alt- und Neo-Nazis. Bochum sagt in einem von vielen Menschen mitgetragenen Aufruf auch vernehmlich und klar, wofür die Menschen unserer Stadt stehen: „Bochum sagt Ja! Wir bekennen Farbe. Wir wollen eine Stadt, die farbig ist und bunt. Eine Stadt, die das Fremde liebt und den Nächsten. (…) Wir wollen eine friedliche Stadt und wollen den Nazis friedlich widerstehen. Wir wollen einen Protest der Phantasie, einen Widerstand voll Poesie, wir wollen die Schönheit des Plurals." Das bedeutet: Sich nicht durch lautstarke Marschierer zur Gewalt provozieren lassen. So produziert man nur die gewünschte öffentliche Aufmerksamkeit. Sich aber provozieren lassen zu einem selbstbewussten und gelassenen Widerstand. Phantasie, Poesie und die Schönheit des Plurals setzen wir in Bochum gegen einen stumpfsinnigen Marschtritt der Ewiggestrigen. An diesem Marschtritt, der immer wieder mit gesellschaftlichen Angstthemen spielt und mit der Grundmelodie der Fremden- und Menschenverachtung unterlegt ist, erkennt man, dass die modernen Kleider, die der heutige Rechtsextremismus wahl- und zeitweise anlegt, Kostüme von Gauklern sind. Bochum lasst sich nicht verwirren und beirren. Wir lassen uns nichts vorgaukeln. Wir bekennen Farbe. Für eine Stadt, in der es ein friedliches Miteinander von allen Kulturen, Religionen und Lebensformen geben soll. Lassen Sie uns dafür auf die Straße gehen. Ein Zeichen setzen gegen die Nazis. Sie dürfen das, was diese Stadt ausmacht, nicht kaputtmachen.

Johannes Waschk
Zwischenruf am 04.04.2009

# Warum?

Es ist noch keine vier Wochen her: sicher erinnern Sie sich an den Amoklauf eines gerade 17-jährigen, der in dem kleinen Ort Winnenden erst 15 Menschen umbrachte und sich dann zuletzt selbst erschoss[1]. Die Politik ist mittlerweile mit anderen Problemen beschäftigt – so ist das Geschäft. Aber Fragen bleiben. Eine Frage wurde in den Tagen nach dem Amoklauf immer wieder gestellt: Warum? Natürlich gibt es darauf keine schnelle Antwort. Wie auch? Bei allen gutgemeinten Erklärungsversuchen bleibt zuletzt eine große Ratlosigkeit nach dem Motto: man kann es nicht verstehen oder erklären. Aber eine Frage sei erlaubt in diesem Zusammenhang: gibt es etwas, das nicht so stromlinienförmig ins Erklärungsraster der Politik passt? Zum Beispiel die zu Recht gestellte Frage von Jugendlichen, warum von Politikern, Lehrern und Eltern immer nur gebetsmühlenartig das Verbot von Killerspielen oder eine Verschärfung des Waffengesetzes gefordert wird? Warum ist so wenig die Rede von der Schule, die zu oft Niederlagen, Überforderung und Scheitern produziert? Warum wird in der Schule über solche Themen so selten gesprochen? Weil die Mathearbeit wichtiger ist? Weil es nur auf Leistung ankommt? Weil man über Mobbing, Ängste und das Gefühl von Hilflosigkeit und Wut lieber schweigen sollte? Warum produziert unsere Gesellschaft so viel Angst, Hoffnungslosigkeit und soziale Kälte, in der die Gewalt immer wieder explodiert? Warum erleben Kinder und Jugendliche in ihren Familien nicht selten Frust, Langeweile und Desinteresse der Eltern? Warum können sich Erwachsene nur so schwer vorstellen, dass diese brisante Mischung bei Vielen nur noch den Wunsch weckt, sich aus dieser deprimierenden Realität einfach auszuklinken und sich in eine virtuelle schönere Welt weg zu beamen?

Das erklärt natürlich auch nicht erschöpfend die Irrsinnstat des 17-jährigen Tim K. Aber vielleicht sind solche Fragen der erste Schritt zu einer Kultur des Hinsehens und Hinhörens. Man kann sie auch ganz einfach eine Kultur der Menschlichkeit nennen. Eine Kultur der Achtsamkeit und Liebe. Eine Kultur des Lebens – gegen den Tod.

---

[1] Anm. des Herausgebers: Der Amoklauf von Winnenden und Wendlingen ereignete sich am Vormittag des 11.03.2009 in der Albertville-Realschule und deren Umgebung, sowie in Wendlingen am Neckar. Der 17-jährige Tim K. tötete 15 Menschen und zuletzt sich selbst, nachdem er nach mehrstündiger Flucht von der Polizei gestellt worden war. https://de.wikipedia.org/wiki/Amoklauf_von_Winnenden_und_Wendlingen

Thomas Wessel
Zwischenruf am 15.01.2011

# Ein Drittel von uns

Früher wurde das Viertel, in dem die Christuskirche steht, „Klein-Warschau" genannt. Seit 1895 hatten sich etliche polnische Organisationen, darunter eine Gewerkschaft, eine Partei und eine Bank, hier niedergelassen. Daneben das Redemptoristen-Kloster – nach 142 Jahren wird morgen dort die letzte Messe gefeiert – und die Joseph-Kirche, bis heute die Kirche der Polnischen Gemeinde. 500.000 Polen waren bis Anfang des letzten Jahrhunderts ins Ruhrgebiet gekommen, unter ihnen etwa 100.000 evangelische Christen. Einige ihrer Namen sind in der Gedenkhalle im Turm der Christuskirche genannt. Der Raum wurde 1931 eingeweiht, um an Bochumer zu erinnern, die im Ersten Weltkrieg gefallen sind – „für Volk und Vaterland". Neben ihren Namen stehen die aller „Feindstaaten", darunter auch der „Feindstaat Polen". Wer ist hier Feind und wer ist Freund und wer sind wir?

Die Frage stellt sich umso mehr, als ihre erste Antwort „Volksgemeinschaft" hieß: Acht Jahre später begann der nächste Krieg mit dem Überfall auf Polen. Sechs Millionen Polen wurden ermordet, drei Millionen von ihnen waren Juden, Hunderttausende wurden zur Zwangsarbeit ins Ruhrgebiet verschleppt.

Heute leben 5,3 Millionen Menschen hier, etwa ein Drittel von uns dürfte polnischer Herkunft sein. Erstaunlich, dass diese Erinnerung kaum eine Rolle gespielt hat im Programm für RUHR.2010: Vergangenheit erschien da meist als „Mythos Ruhr", als Party der Vielfalt mit kurzer Partypause von '33 bis '45. Am 27. Januar 1945 wurde das Vernichtungslager Auschwitz befreit. Es war eines von 4 Vernichtungs-, 4 Konzentrations- und 1.798 Arbeitslagern, die Deutsche in Polen errichtet haben. Der 27. Januar ist ein Tag des Denkens und Gedenkens, der ganz Europa betrifft und jede Kulturstadt darin. Zusammen mit den KOSMOPOLEN, der deutsch-polnischen Künstlerinitiative im Revier, begehen wir diesen Tag in Bochum mit einem Konzert von KROKE, dem Trio, das den Namen einer europäischen Kulturhauptstadt trägt: Kroke ist jiddisch für Krakau.

# Lieben und geliebt werden

Heute am Bahnsteig, umgeben von so vielen Menschen,
habe ich mich gefragt, ob mir nicht einer von ihnen fehlen würde,
wenn er nicht da wäre, und dann:
Ob nicht auch ich ihm fehlen würde, wenn ich nicht da wäre.
Ob wir nicht alle irgendwie da sind, um einander zu berühren. …
Wir müssen, ein jeder von uns, miteinander verwandt sein.

*Milena Michiko Flasar*


Lieben,
die Welt einsegnen

*Elazar Benyoëtz*

Eckhardt Loer
Zwischenruf am 09.09.2000

# Gott ist Liebe

Es gibt Zeiten, da ist das Leben leicht. Und es ist schön. Und es tut nicht weh. Und es gibt Zeiten, da ist das Leben schwer. Und es tut weh. Es ist, wie es ist. Und trotzdem: es ist nicht vergeblich. Und trotzdem steckt Liebe darin. „Pastorengeschwafel", denken Sie jetzt. Vielleicht. „Das mit der Liebe müssen die ja immer sagen. Das ist so ein billiger Trost. Und das ist so widerlich süß."

Aber Achtung! Diese Rubrik heißt „Zwischenruf". Und gegen alles Banale „ruft" die biblische Weisheit: Liebe ist nicht Sentimentalität, nicht neutralisierende Ausgewogenheit, nicht Anbiederung an jedermann. Und Gott ist das auch nicht. Im Neuen Testament schreit immerhin eine Hinrichtung zum Himmel. Und vorher hat der Hingerichtete Bankiers aus dem Tempel gejagt, die religiösen Autoritäten als Heuchler, Dummköpfe, Blinde, Verführer, Schlangen und Otterngezücht beschimpft. In Zorn kann sich also Liebe äußern. In Schmerz. Genauso wie in Zärtlichkeit und Leidenschaft.

Ein Zwischenruf ist das hier. Glaubt nicht, das Leben ist banal. Man müsse nur irgendwie durch. Denkt nicht, die Sache mit Gott ist banal. Mit der Liebe zu tun zu haben, kann wehtun. Zu leben, kann wehtun. Und trotzdem: Unter dem Schmerz spürt man Lebendigkeit. Das Leben.

Und – gottseidank – das andere gibt es ja auch: Manchmal finden wir das Leben lebenswert. Einfach so. Ohne jeden Schmerz. Die Angst ist klein. Und jenseits aller Banalität spüren wir etwas von dem, was uns trägt. Und in Allem: Gott.

**Rolf Schuld**
Zwischenruf am 16.09.2000

# Großer Bruder

Am Wochenende ist es wieder so weit. Die 2. Staffel von „Big Brother" startet mit dem Einzug der Kandidaten. Einen großen Bruder zu haben, kann ganz praktisch sein. Als Kind hat es mir manche Tracht Prügel erspart, weil ich einen Bruder hatte, der groß und stark war und mich beschützte.

Aber Millionen großer Brüder und Schwestern? Die Tag und Nacht aufpassen mit ihren Überwachungskameras – die beobachten und bewerten und sogar abstimmen, ob sie mich mögen, ob sie mich super finden, oder ob sie mich raus haben und zum Verlierer abstempeln wollen.

Die Welt darf nicht zum Big Brother-Haus werden. Wir sollten uns nicht daran gewöhnen, zu nominieren, wen wir als unerwünschte Person loswerden wollen.

Doch es gibt etwas, das mir an Big Brother gefällt. Es ist der Titelsong:
„Leb, du wirst geliebt,
das Wunder geschieht,
weil es dich gibt."

Wenn es dieses Wunder nicht mehr gäbe, würde die Erde zur Hölle. Und wenn Liebe nicht nur die Ausnahme, sondern eine Selbstverständlichkeit wird, dann macht sich der Himmel auf Erden breit.

Volker Heidelbach
Zwischenruf am 14.12.2002

# Die Liebe eines Vaters

Ein Mann, nennen wir ihn Charly, ein begnadeter Komponist, Dirigent und Pianist, rast mit seinem Auto wie ein Verrückter ins Krankenhaus. Der Grund? Seine Frau hat gerade ein Kind zur Welt gebracht. Voller Freude hält er einen Sohn in seinen Armen, und er spürt, dass dieses kleine Bündel ihn auf eine tiefe und geheimnisvolle Weise berührt und sein Herz in Schwingung versetzt – da ist so viel Hoffnung, so viel Glück, so viel Liebe. Aber schon im ersten Jahr entdecken Charly und seine Frau, dass ihr Sohn Bobby taub ist.

Eine Welt bricht zusammen, besonders für den musikliebenden Vater. Aus Freude wird Schmerz. Nie wird er mit seinem Sohn das teilen können, was ihm das Wichtigste im Leben ist. Charly zieht sich verletzt und enttäuscht von seinem Sohn zurück und das aus einem einzigen Grund: er glaubt, dass es für ihn und seinen Sohn keine gemeinsame Basis geben könnte. 15 Jahre vergehen, und da geschieht das Wunder. Er entdeckt, dass sich sein mittlerweile 16-jähriger Sohn voller Lebenshunger danach sehnt, Anteil am Leben seines Vaters haben zu können. Und endlich dämmert es bei Charly: Es gibt ein Medium, dass dies möglich macht, ein Medium, dass viel umfassender ist als die Musik, das auch durch Taubheit nicht zu hindern ist.

Bei einem Konzert legt Charly seinen Taktstock beiseite, geht zum Mikrophon und erklärt, dass er jetzt ein Lied singen würde, das seinem Sohn gewidmet sei. Und dann singt er „My beautiful Child" von John Lennon und begleitet das Lied mit Zeichensprache. Bobby liest die Zeichen und die Worte von den Lippen seines Vaters. Charly bebt vor Freude, und Bobby strahlt vor Glück, weil er die Liebe seines Vaters spürt. Wenn schon die unvollkommene, so leicht zerbrechliche Liebe, die aus dem Herzen eines ebenso unvollkommenen Vaters hervorquillt, eine solche Kraft entfalten kann, um wie viel mehr muss uns die Liebe eines Vaters berühren und heilen, der uns vorbehalt- und bedingungslos annimmt, der auch dann noch sein Herz öffnet und zu uns steht, wenn wir ihm unverhohlen mit Misstrauen, Spott und Hohn begegnen. Gott ist solch ein liebender Vater, der mit sehnsüchtigem Herzen sich in seinem Sohn Jesus Christus nach einem jeden von uns ausstreckt, um ihm ein Liebeslied zu singen.

Dirk Reschke
Zwischenruf am 08.05.2004

# Lächeln, ein belegtes Brot oder etwas Zeit

Haben Sie auch mitunter den Wunsch, dass die Fülle und der Reichtum dieses Lebens besser verteilt wären? Immer wieder erinnert uns die Armut unter den Menschen daran, dass das Leben geteilt werden muss.

In den Gesangbüchern unserer Kirche gibt es eine Zeichnung von Ernst Barlach. Sie zeigt eine Frau, die tanzend und den frohen Blick zum Himmel erhoben, dem Betrachter eine Schürze mit Äpfeln anbietet. In Wirklichkeit liegen nur vier Äpfel in der Schürze, und dennoch hat der Betrachter das Gefühl, ihm würde hier eine reiche Ernte angeboten. Vier Äpfel im Angesicht des Mangels dieser Welt!

Was ist das schon! Und dennoch bietet sie ihre Äpfel an – das macht den Unterschied. Und offenbar tut sie das in dem tiefen Vertrauen, dass sie von Gott noch mehr zu erwarten hat, was sie teilen kann.

Vielleicht macht diese Frau auf dem Bild eine ähnliche Erfahrung, wie die fünftausend Menschen, von denen die Bibel erzählt. Die setzten sich mit Jesus hin und wurden gestärkt und satt – von ein paar Fischen und ein paar Broten. Erfahrbar ist in jedem Fall: wo sich viele auf den Weg machen und ein wenig – manchmal nur vier Äpfel – zu teilen beginnen, da kann Mangel ein Ende haben. Vielleicht gelingt Ihnen und mir das in den nächsten Tagen. Ein Lächeln, ein belegtes Brot, etwas Zeit. Und wir werden sehen, dass uns danach nichts fehlt – im Gegenteil.

Rainer Mittwollen
Zwischenruf am 22.01.2005

# Gerne „geil"!

Das ist schon erstaunlich: Täglich kriegen wir gepredigt: „Geiz ist geil". Und nun zeigt sich ausgerechnet unsere Nation als eine der spendenfreudigsten nach der Seebeben- und Flutkatastrophe.[1] Geiz sieht nur auf den eigenen Vorteil und interessiert sich nicht für das Geschick der anderen. Aber die Bilder vom unermesslichen Leid in Südasien haben nicht nur den Weg in unsere Wohnzimmer gefunden. Sie haben auch unsere Herzen berührt und uns die Geldbörsen geöffnet. Gut so! – und „echt geil" im eigentlichen Sinn des Wortes: „Fruchttreibend" bedeutet dieses Wort nämlich, gute Frucht hervorbringend. Und das passiert, wenn Menschen sich berühren lassen von der Not anderer – und dann auch bereit sind, sich zu rühren und etwas zu tun.

Ich fühle mich dabei erinnert an eine Devise meines methodistischen „Kirchenvaters" John Wesley[2]. Ganz modern fängt sie an: „Erwirb, soviel du kannst!" Scheinbar geizig geht sie weiter: „Spare, soviel du kannst!" Aber sie kommt zu einem echt geilen, nämlich fruchtbaren Schluss: „Und dann gib, soviel du kannst!" Gut, wenn das nicht nur bei großen Katastrophen geschieht, sondern zum nüchternen Lebensmotto wird – viel gute Frucht kann daraus wachsen.

---

[1] Anm. des Herausgebers: Das Erdbeben im Indischen Ozean am 26.12.2004 war das drittstärkste jemals aufgezeichnete Beben und löste eine Reihe von verheerenden Tsunamis an den Küsten des Indischen Ozeans aus. Insgesamt starben etwa 230.000 Menschen, davon allein in Indonesien rund 165.000. Über 110.000 Menschen wurden verletzt, über 1,7 Millionen Küstenbewohner rund um den Indischen Ozean wurden obdachlos. https://de.wikipedia.org/wiki/Erdbeben_im_Indischen_Ozean_2004
[2] Anm. des Herausgebers: John Wesley (geb. 1703; gest. 1791) war ein englischer Erweckungsprediger, der auch in Nordamerika tätig war, und einer der Begründer der methodistischen Bewegung. https://de.wikipedia.org/wiki/John_Wesley_(Prediger)

Gert Hofmann
Zwischenruf am 06.05.2006

# Testfall der Religionsfreiheit

Ja, es war ein Testfall: Als kürzlich 1000 Muslime aus dem Ruhrgebiet das Hochfest der Geburt des Propheten Muhammed zum ersten Mal in Deutschland in einer christlichen Kirche feierten. Es war ein Testfall: Weil es eine solche Feier, wie sie in der evangelischen Christuskirche Bochum stattgefunden hat, in dieser Republik noch nie gegeben hat. Es war ein Testfall, weil es bei dieser Feier um Glaubwürdigkeit ging – um die Glaubwürdigkeit von uns Christen.

Der Testfall, wie er sich jeder Religion stellt und jeder Demokratie: Wie halten wir es mit Andersgläubigen und wie mit Minderheiten? Weil die Freiheit der Religion so unteilbar ist wie die Meinungsfreiheit, können Christen und Muslime gar nicht anders als einen Dialog zu führen. Und wenn wir es ernst meinen mit dem Dialog, müssen wir dafür Sorge tragen, dass in keiner Stadt dieses Landes und keinem Land dieser Erde – ob christlich oder muslimisch geprägt – Menschen anderen Glaubens ihre Rechte verweigert werden. Zu diesen Rechten gehört, die eigene Religion in aller Öffentlichkeit zu leben und sich der öffentlichen Kritik zu stellen. Zu diesen Rechten gehört, den Dialog zwischen den Religionen in aller Öffentlichkeit zu führen und ihn der öffentlichen Kritik zu unterziehen.

Auch die Feier der Geburt Muhammeds in der Christuskirche Bochum, der Kirche der Kulturen, hat viele Menschen gereizt, sich zu Wort zu melden. Die einen mit Freude und Zuversicht, weil sie in dieser im Grunde selbstverständlichen nachbarschaftlichen Feier ein weit reichendes Signal für Toleranz und Dialog gesehen haben. Die anderen mit Angst und Entsetzen: Dass „wir" Christen „unsere Demokratie" mit solchen Aktionen „auf dem Scheiterhaufen des interreligiösen Dialogs" opfern und „unsere Kirchen nach und nach in die Hände des Islams fallen" würden, weil „Toleranz mit Indifferenz verwechselt" werde.

Worte von Christen, die mit der Angst im Nacken unter Gleichgesinnten bleiben, ihr Vorurteil über die muslimischen Nachbarn pflegen und auch schon mal an „Scheiterhaufen" denken. Während denen, die an der Feier der Geburt Muhammeds teilgenommen haben, ein Islam entgegen trat, der für das eintrat, was eine gute Nachbarschaft ausmachen kann: Lebensweisheit, Gottversenkung und inneres Glück.

Abrahamische Ökumene en miniature: Sie entsteht immer dann, wenn Juden, Christen oder Muslime sich an die großen Gemeinsamkeiten erinnern und daraus Kraft für ihr solidarisches Miteinander schöpfen. Von diesem Geist des „Guttuns" lebt unsere Welt geistig, wenn sie mehr sein soll als ein Schlachtfeld im Kampf der Kulturen und Religionen.

Satilmis Aditepe
Zwischenruf am 20.05.2006

# „Toleriere das Geschöpf"

Liebe und gegenseitige Toleranz sind Grundvoraussetzungen für ein friedliches Zusammenleben. Im Umgang miteinander ist darauf zu achten, nicht mit Wut oder Hass zu handeln. Ein türkisches Sprichwort besagt: „Wer mit Wut aufsteht (beginnt zu handeln), wird mit Verlust sitzen." Während einer Unterrichtsstunde von Mevlana[1] kam ein Betrunkener und belästigte die Schüler. Einer von ihnen ist wutentbrannt aufgestanden, um den Störenfried zu verhauen. Mevlana ermahnte seinen Schüler folgendermaßen: „Den Alkohol hat er zu sich genommen, aber du handelst als Betrunkener." Der Betrunkene zog eine Lehre aus den Geschehnissen, beteiligte sich fortan auch am Unterricht und wurde zu einem Schüler von Mevlana.

Die Haltung von Mevlüde Genc[2], deren fünf kleine Familienmitglieder im vom Hass entfachten Feuer am 29. Mai 1993 in Solingen ums Leben kamen, ist genauso wie die Haltung von Mevlana. Frau Genc sagt: „Ich habe fünf meiner Kinder verloren, die Täter aber verweise ich erst auf das deutsche Gesetz und dann auf das Gesetz Gottes. Sie sollen richten." Sie lädt alle Menschen zum friedlichen Miteinander ein. Dass sie den Tätern verzeiht, rührt vom Leben des Propheten ab, da er den Tätern, die seinen Onkel getötet hatten, ebenfalls verziehen hatte.

So wie Yunus Emre[3] sagte: „Toleriere das Geschöpf um des Schöpfers willen" möchte ich zum Schluss noch anmerken: Meine vierjährige Dienstzeit an der Merkez Moschee endet zum 1. Juli 2006. Daher findet das nächste Friedensgebet unter dem Motto „Liebe und Toleranz" in den Räumlichkeiten unserer Moschee statt, welches mit einer Abschiedsfeier verbunden wird. Ich wünsche für alle Bochumer Bürger auch in Zukunft weiterhin ein friedliches, friedfertiges und gesundes Miteinander. Hoscakalin! Bleiben Sie gesund!

---

[1] Anm. des Herausgebers: Mevlana, (geb. 1207, gest. 1273) war persischer Sufi-Mystiker, Gelehrter und einer der bedeutendsten persisch-sprachigen Dichter des Mittelalters. https://de.wikipedia.org/wiki/Rumi
[2] Anm. des Herausgebers: Mevlüde Genç (geb. 1943) ist eine deutsche Staatsbürgerin türkischer Herkunft, die 1993 bei dem Mordanschlag von Solingen zwei Töchter, zwei Enkelinnen und eine Nichte verloren hat. Für ihre Bemühungen um Versöhnung nach dem Anschlag wurde ihr 1996 das Bundesverdienstkreuz am Bande verliehen. https://de.wikipedia.org/wiki/Mevlüde_Genc
[3] Anm. des Herausgebers: Yunus Emre (geb. um 1240; gest. um 1321) war ein türkischer Dichter und Mystiker. Seine Werke sind im türkischen Bildungswesen ab der Oberstufe Pflichtlektüre. https://de.wikipedia.org/wiki/Yunus_Emre

Michael Rosenkranz
Zwischenruf am 04.08.2007

# Mit Herz, Seele und Vermögen

Vor nicht allzu langer Zeit fand in Bochum ein Gesprächsabend statt zum Thema Wohltätigkeit in den verschiedenen Religionen. Eine der Hauptforderungen aller Religionen an den Menschen ist, Wohltätigkeit und Nächstenliebe zu üben. Trotz bisheriger Machtfülle mancher Religionsgemeinschaften war die Erfüllung der Wohltätigkeitsforderung jedoch solange unzureichend geblieben, als sie dem Einzelnen überlassen worden war. Erst als übergeordnete Organisationsformen entwickelt wurden, die die Versorgung der Bedürftigen von der Freiwilligkeit des Einzelnen, von seiner Großzügigkeit und seiner Parteilichkeit unabhängig machten, erst als also per Gesetz Wohltätigkeitsabgaben in bestimmter Höhe für den anonymen Bedürftigen festgelegt wurden, wurde die Wohlfahrt erfolgreich. Erst da konnte ein soziales Gemeinwesen entstehen, zunächst innerhalb der Religionsgemeinschaften. Seit der Aufklärung werden diese Aufgaben in der Neuzeit in vielen Ländern zunehmend vom Staat übernommen, der sich verantwortlich sieht für alle, die auf seinem Gebiet leben. Heißt das nun, dass der Einzelne nicht mehr in der Pflicht steht, sich für seinen Nächsten zu engagieren, – zahlt er doch bereits seine Abgaben und hat die Gewissheit, dass sie dem sozialen Netz dienen, das diejenigen auffängt, die bedürftig werden? Hier unterscheidet die Diskussion unserer Weisen im Talmud zwischen Wohltätigkeit und Taten der Liebe (bTalmud, Sukkah 49b): Wohltätigkeit geschieht durch Geldgabe, Taten der Liebe geschehen sowohl durch Geldgabe als auch persönlichen Einsatz. Wohltätigkeit deckt die Grundbedürfnisse der Armen ab, Taten der Liebe gelten auch denen, die keine körperliche Not haben. Wohltätigkeit versorgt nur Lebende, Taten der Liebe werden sowohl den Lebenden als auch den Toten erwiesen, die sich nicht mehr helfen können. Dem kann man hinzufügen: Wohltätigkeit kommt sowohl denen zugute, die wir gerne haben als auch denen, die wir nicht gerne haben, Taten der Liebe aber denen zu erweisen, vor denen es uns graut, kann uns helfen, ihr Menschsein zu entdecken und ihre Zuneigung zu gewinnen. Diesen Einsatz können wir nur selbst erbringen, keine staatliche Organisation. Und nur unsere innere Stimme, auf die wir hören, wird uns den Antrieb und die Kraft dazu geben wahrzunehmen, wo der Nächste uns braucht, und uns ihm zuzuwenden.

Rainer Mittwollen
Zwischenruf am 01.09.2007

# Love divine!

Liebe als musikalisches Thema – das ist alles andere als neu! Eher sind Liebe und Musik ein Zwillingspaar – seit Urzeiten miteinander verbunden. Dass diese Verbindung aber eine ganze Bewegung auf die Beine bringt, ist man im Ruhrgebiet nicht unbedingt gewöhnt. Und wer zur Techno-Music keinen Zugang hat, wird sich verwundert die Augen gerieben haben (von den Ohren ganz zu schweigen!) bei dem, was da am vergangenen Wochenende in Essen los war. Dabei gibt es in diesem Jahr ein Geburtstagskind zu feiern, das durch seine Verbindung von Liebe und Musik noch eine viel größere Bewegung ins Leben gerufen hat: Der Engländer Charles Wesley[1], im deutschsprachigen Raum eher unbekannt, ist weltweit sicher der berühmteste und wirksamste Dichter des protestantischen Kirchenlieds. Was ihn besonders bewegt hat, war die Erfahrung: Christlicher Glaube ist nicht nur eine Sache des Verstandes, sondern vor allem eine Herzensangelegenheit. „Gott hat uns zuerst geliebt!" Das war Wesleys Überzeugung. Um die Liebe Gottes auch Menschen mitzuteilen, die dazu keinen Zugang mehr hatten, hat er seine Dichtungen auch mit der Pop-Musik seiner Zeit verbunden. Die Bewegung des Methodismus – heute eine der weltweit größten protestantischen Kirchen – hat durch seine Musik ihren entscheidenden Anstoß bekommen. Die Evangelisch-methodistische Kirche in Bochum feiert morgen mit einem besonderen Gottesdienst um 11.00 Uhr seinen 304. Geburtstag.

---

[1] Anm. des Herausgebers: John Wesley (geb. 1703; gest. 1791) war ein englischer Erweckungsprediger, der auch in Nordamerika tätig war, und einer der Begründer der methodistischen Bewegung. https://de.wikipedia.org/wiki/John_Wesley_(Prediger)

Karl-Heinz Gehrt
Zwischenruf am 11.07.2009

# Verkehrte Welt – oder was?

Neulich las ich in einem Buch folgende Szene: In die ziemlich gefüllte Straßenbahn steigt ein junges Mädchen ein. Sie findet nur einen Stehplatz und kann sich dort kaum festhalten. Da steht ein älterer Mann auf, schaut das Mädchen an und sagt: „Du siehst sehr blass aus, dir scheint es nicht gut zu gehen. Möchtest du dich hinsetzen?" Das Mädchen ist zunächst verblüfft und denkt schon: „Was will der von mir?" Dann sieht sie aber in seinem freundlichen Gesicht, dass er es offensichtlich gut meint. Sie nimmt mit einem etwas verlegenen „Dankeschön" seinen Sitzplatz an. Wirklich - ihr ist sehr schwindelig an diesem Tag.

Kaum vorstellbar in unserer Zeit und Stadt – wo manchmal Ältere um einen Sitzplatz bitten müssen und sich vielleicht ein Halbstarker mühsam erhebt?! Verkehrte Welt? Soll ich in meinem Alter und mit meinen kaputten Knochen etwa noch für Jüngere aufstehen? Ich denke, die Geschichte ist keine Handlungsanweisung. Sie hat mich überrascht, so wie das Mädchen von dem älteren Mann überrascht wurde. Mir macht die Geschichte mit ihrer Überraschung Lust, mitunter in das Gesicht der Menschen zu sehen. Eigentlich sollten wir es immer öfter tun. Dann könnten wir nicht nur „die Jugendlichen" oder „die Rentner" sehen. Dann könnten wir den einen Menschen sehen, der gerade mit uns in der Straßenbahn fährt oder neben uns an der Kasse steht. Dann könnten wir auch sehen, ob er blass, traurig oder müde aussieht – egal wie alt oder jung. Vielleicht sehen wir in dem Gesicht uns gegenüber auch so viel Stärke und Freundlichkeit, dass wir ihn gern um Hilfe bitten.

Was sich wie „verkehrte Welt" anhören mag, kann die menschlichere Welt werden durch mich und dich. Geb's Gott, denn er liebt diese Welt.

Rainer Mittwollen
Zwischenruf am 06.03.2010

# Gezeichnet

Ein leuchtendrotes Herz prangt auf Jo's muskulösem Oberarm. Es wird durchbohrt von einem goldenen Pfeil und in verschnörkelter Schrift steht darunter: Uschi & Jo = Ewige Liebe!

Was für ein Quatsch! Nur ein halbes Jahr hat diese Liebe gedauert, dann hat Uschi sich aus dem Staub gemacht. Das einzige, was für Jo jetzt ewig hält, ist dies bescheuerte Tattoo! Wie konnte er nur so blöd sein, sich so ein unauslöschliches Liebesbekenntnis einätzen zu lassen? Und was nun? – Fortan nur noch in langen Ärmeln rumlaufen, damit ihn niemand auf die Peinlichkeit anspricht? Jo fühlt sich echt „gezeichnet". Sein nächster Liebesschwur wird jedenfalls vorsichtiger ausfallen!

Noch viel gewagter ist ein Tattoo, das uns in der Bibel begegnet – und zwar in den Handflächen Gottes! „In meine Hände habe ich dich gezeichnet" (Jesaja 49,16) sagt Gott und verschreibt sich damit unauslöschlich seinen geliebten Menschen. Als ständige Erinnerung hat er sich sozusagen ihre Namen eintätowiert. Ganz schön leichtsinnig, wo es doch bekanntermaßen nicht weit her ist mit der menschlichen Treue! Gott gibt sich damit eine gewagte Blöße. Aber er steht zu seinem Leichtsinn. Auch wenn er immer wieder versetzt wird: Sein Bekenntnis zu uns Menschen bedeutet tatsächlich „Ewige Liebe"!

Jürgen Thomas
Zwischenruf am 17.11.2012

# Verschwendung

Einmal das Land spalten, eine Schlammschlacht zwischen zwei Männern zelebrieren, seine Anhänger in die Erschöpfung treiben und eigentlich niemandem nutzen – das gibt es schon zum Schnäppchenpreis von 4,5 Milliarden Euro. Bewiesen haben das Barrack Obama und Mitt Romney beim amerikanischen Präsidentenwahlkampf vor eineinhalb Wochen. Für wie viele gute, sinnvolle und hilfreiche Dinge hätte man diese riesige Menge Geld einsetzen können?

Mir fällt ein, dass Jesus einmal eine grandiose Verschwendung gelobt hat. Eine Frau hatte ihre Wertschätzung für Jesus so ausgedrückt, dass sie eine ganze Flasche sündhaft teures Salböl über ihm ausgeleert hatte. Die Schüler von Jesus waren nicht amüsiert. Sie sagten: wie viel Gutes hätte man tun können, wenn man das Öl verkauft und den Erlös unter den Bedürftigen verteilt hätte?

Die Jünger wurden durch die Tat der Frau zum Nachdenken gebracht. Liebe hat ein Ziel und sie ist gelegentlich unvernünftig. Die Frau ging verschwenderisch mit dem um, was ihr sehr, sehr wertvoll war, um ihre Liebe zu beweisen. Jesus lobte sie dafür.

Noch viel verschwenderischer ist Gott, wenn er seine Liebe zu uns zeigt. Er gibt das Leben seines Sohnes Jesus Christus hin, damit wir es ergreifen und eine Zukunft haben können. Das ist nicht gerade vernünftig, oder? Aber es ist der Beweis der ultimativen göttlichen Liebe.

Ob das Verballern von 4,5 Milliarden Euro im US-Wahlkampf etwas mit Liebe zu tun hatte und uns andere als zynische und bittere Gedanken gebracht hat, will ich Ihrem Urteil gern überlassen. Aber den Gedanken, dass unser Gott mit seiner Liebe nicht knausert, mag ich sehr.

# Krank sein und Lebenskrisen meistern

Krankheit ist immer eine Reaktion des betroffenen Organismus
oder des Individuums, die darauf abzielt, etwas wiederherzustellen,
zu ersetzen, auszugleichen und die eigene Identität zu bewahren,
ganz gleich, wie seltsam die Mittel zu diesem Zweck auch sein mögen.

*Oliver Sacks*


Krise ist ein produktiver Zustand.
Man muss ihm nur den Beigeschmack
der Katastrophe nehmen.

*Max Frisch*

Michael Hüstebeck
Zwischenruf am 21.10.2000

# Etwas Zeit zum Nachdenken

Ein Mann wie ein Bär, dachte ich, als ich ihn das erste Mal sah. Den haut so leicht nichts um. Trotz seines Alters ist ihm die Kraft seiner Jugend, seine Arbeitswut noch anzusehen. Vor ein paar Tagen traf mich die Nachricht, dass er im Krankenhaus liegt – Herzinfarkt.

Ganz plötzlich und unerwartet. Alle, die ihn kennen, sind fassungslos. Nun ist Ruhe angesagt. Mehr Ruhe, als er vertragen kann. Viele gute Ratschläge und Hilfen. Aber wie macht man das, wenn man doch eigentlich die Arbeit gewohnt ist.

Ruhe kann jedoch auch eine Chance zum Nachdenken geben, Zeit zum Rückblick auf das Vergangene und zur Orientierung auf Neues. Wenn es nun mich mit einem Mal genauso umhaute, mitten aus der Arbeit heraus? Habe ich meine Zeit sinnvoll genutzt? Für andere und für mich selber? Gut ist es da, zu entdecken, dass alles, was ich getan habe, mein ganzes Leben einen Sinn gehabt hat.

Jesus Christus will unserem Leben einen Sinn geben. Dafür hat er sich in unsere Zeit hinein begeben. Er hat sein Leben für unseres eingesetzt, damit eben nicht alles aus und vorbei ist, sondern auch nach dem Tod weitergeht. Weitergeht mit ihm.

Außer mit Besuchen und Gesprächen kann ich dem Mann und seiner Familie wenig helfen, da ich kein Arzt bin. Es beruhigt mich daher zu wissen, dass sie bei allem, was weiter geschieht, sich und die Zeit ihres Lebens in Gottes Händen gut aufgehoben wissen.

Jörg Mathern
Zwischenruf am 27.11.2004

# Gott ist ein Freund des Lebens

Der 50. Geburtstag einer guten Freundin stand schon lange in unserem Familienkalender. Liebevoll bereiteten wir Programmpunkte vor für ein schönes Fest: Humoristisches, Persönliches, Musikalisches. Wie das so ist. Es sollte auch ein ganz besonderes Fest der Dankbarkeit werden. Bereits zweimal hatte unsere Freundin ihre Krebserkrankung erfolgreich bekämpft. Drei Tage vor dem 50. Geburtstag schlug der Krebs wie ein unersättliches Raubtier mit einer scheinbar niederschmetternden Diagnose gnadenlos zurück. Wie ein Schlag traf uns die Nachricht. Wem war nun noch nach Feiern zumute? Das Fest ausfallen lassen? Unsere Freundin wollte trotzdem feiern. In kleinerem Rahmen. Ein Lebensfest. Ein Mutmachfest. Und so feierten wir. Nicht unbeschwert, aber auch nicht schwermütig. Weinen und Lachen. Beides hatte seinen Raum. Ganz bewusst trafen wir uns zu Beginn der Feier in der Kirche. Persönliche Worte und Wünsche, zum Teil mit tränenerstickter Stimme, aber immer auch durchzogen von Hoffnung und Zuversicht. Gemeinsam die Nähe Gottes suchen, auch oder gerade in einer solchen Situation. Gott ist und bleibt ein Freund des Lebens. Er ist kein Leidmacher, sondern er – der Gekreuzigte – stellt sich auf die Seite der Leidenden. So können wir ihn auch mitten im Leid als den Lebendigen erfahren. Das klingt so glatt und theoretisch. Wir haben ganz konkret erlebt und erfahren, dass Gott uns tröstet und stärkt. Deshalb konnten wir zusammen mit unserer Freundin dankbar sein für 50 Jahre geschenktes Leben. Deshalb spürten wir die Kraft, dem Leid nicht schutzlos ausgeliefert zu sein. Deshalb spürten wir die Kraft, füreinander da zu sein. So wurde dieses Fest wirklich zu einem stärkenden und trotzigen Lebensfest. Lachen und Weinen. Nicht ausgelassen, aber doch gelassen in der Hoffnung, dass Gott mit uns und in besonderer Weise auch mit unserer Freundin ist, unabhängig von dem, was kommen wird. Gut, dass das Fest nicht ausgefallen ist.

Michael Rosenkranz
Zwischenruf am 30.04.2005

# Leben ist das Schönste

„Dein Körper war eine Null, aber dein Geist und die Weite deiner Seele sind über alle Maßen groß." Diese Worte rief ihm sein Bruder nach, nachdem Erde den Sarg bedeckt hatte.

Die Gemeinde, die ihm jetzt die letzte Ehre gab, hatte ihn vor über 10 Jahren zu sich gerufen. Damals war sie noch schwach, hilflos, ohne Anleitung, und er noch nicht gelähmt, noch nicht behindert. Er wurde ihr Lehrer, Ratgeber, Seelsorger, Vater, Freund. Seine Tür stand immer offen für alle, die seiner Nähe und Fürsorge, seines Rates oder einfach seiner Heiterkeit bedurften. Doch bald schon machte sich die ererbte Krankheit bemerkbar.

Aber je mehr sein Körper fremder Hilfe bedurfte, umso intensiver setzte er sich ein zum Wohl dieser Gemeinde. Nie aber haderte er mit seinem Schicksal, nie beklagte oder bedauerte er sich.

Es gibt Leute, die meinen, man müsste erbkranken Menschen das Leben in Behinderung von vorne herein ersparen. Zu erleben, dass das Leben auch für einen Schwerstbehinderten das Schönste auf dieser Welt sein kann, die Intensität wahrzunehmen, mit der er es lebt und es mit ihm erfüllt zu leben, lässt einen ganz anders darüber denken und froh sein über das Leben dieses Menschen.

Werner Posner
Zwischenruf am 28.07.2007

# Suche nach dem Licht

Morgen jährt sich der Todestag des Malers Vincent van Gogh. Er starb am 29.7.1890 im Alter von 37 Jahren. Seine Bilder sind berühmt: der Sämann, das Weizenfeld, die Brücke, der Nachthimmel, die Sonnenblumen – Bilder voller Licht und Farbe. Ich sehe auch sein Selbstbildnis vor mir: einen Mann mit einem verbundenen Ohr. Er hatte sich einmal in einer verzweifelten Situation selbst verletzt. Ein Maler des Lichts, der auch viel Dunkelheit erfahren hat: berufliche Enttäuschungen und Konflikte, unglückliche Beziehungen zu Frauen, eine seelische Erkrankung mit langen Aufenthalten in einer Heilanstalt. Wie hat er solche wunderbaren Bilder malen können? War das Malen für ihn Ausdruck seiner Sehnsucht nach Licht? War es ein Lichtblick für ihn, malen zu können, trotz allem?

„Mein Herz, diese Sonnenblume, auf der Suche nach dem Licht", lese ich in einem Gedicht von Hilde Domin[1]. Das passt wohl zu Vincent van Gogh – und auch zu uns. Zuweilen steht unser Leben unter einem guten Stern, ist in ein helles, wohltuendes Licht getaucht. Alles ist selbstverständlich, klar, unkompliziert. Da gelingt vieles, da macht Dunkelheit nicht bange. Zuweilen aber legen sich Schatten auf uns, verdunkeln das Leben, auch wenn draußen hell die Sonne scheint.

Ich denke an den Mann, der anrief, weil ihn ein Schicksalsschlag aus der Bahn geworfen hatte. „Ich will nicht mehr, ich kann nicht mehr!" Er ist verzweifelt, hoffnungslos. Er denkt dran, sich das Leben zu nehmen. „Aber Sie haben angerufen", sage ich. „Sie geben sich doch noch eine Chance?!" „Ja", sagt er, und er hofft, dass einer zuhört, ihm seine Verzweiflung „abnimmt" (im doppelten Sinn), den Lichtfunken in ihm wahrnimmt und mit ihm nach mehr Licht sucht. Ist es nicht ein Lichtblick, wenn jemand zuhört und sich mit auf die Suche nach Licht begibt? „Wir sind Kinder des Lichtes", heißt es in der Bibel (1. Thessalonicherbrief 5,5). Kinder des Lichtes sind wir. Auch wenn dies nicht immer spürbar oder sichtbar ist, auch wenn unser Leben zuweilen in Dunkelheit getaucht ist – wir tragen etwas von der Kraft dieses Lichtes in uns. Es lohnt sich, gemeinsam danach zu suchen.

---

[1] Hilde Domin, geb. Löwenstein, verh. Palm (geb. 1909; gest. 2006), war deutsche Schriftstellerin jüdischen Glaubens. Nach ihrem Exil in der Dominikanischen Republik, der Domin ihren Künstlernamen entlehnte, lebte sie von 1961 an in Heidelberg. https://de.wikipedia.org/wiki/Hilde_Domin

Werner Posner
Zwischenruf am 19.09.2009

# Nicht zerbrechen

Eine Nachbarin erzählt mir: „Stellen Sie sich vor, da ist bei uns eine Sonnenblume aus einem schmalen Spalt zwischen zwei Steinen gewachsen. Wer weiß, wie sie dorthin gekommen ist. Doch vor ein paar Tagen ist die Blume in der Mitte abgeknickt, die Blüte lag am Boden. Sie hatte wohl nicht genug Platz gefunden, um sich kräftiger zu entwickeln." – „Und, was haben Sie gemacht?" – „Mein Mann sagte nur: Abschneiden und in die Vase stecken! Aber das ging mir doch zu schnell. Ich suchte zwei Stäbe, steckte sie in die Erde, richtete die Blume vorsichtig daran auf und band sie zur Sicherheit fest. Und jetzt steht sie auch heute noch hier. Sehen Sie nur, wie die Blüte strahlt!"

Ich freue mich mit meiner Nachbarin – und denke: Sollten wir es nicht auch miteinander so machen? Manche unter uns leben unter schwierigen Umständen, oder sie geraten unversehens in Notlagen, müssen täglich sehen, wie es weitergeht. Erstaunlich, wie viele so zurechtkommen. Manchmal aber reicht die eigene Kraft nicht aus, um den Belastungen gewachsen zu sein. Wie schnell liegt einer oder eine am Boden, lässt den Kopf hängen, kann nicht mehr, will nicht mehr. Gut, wenn es in Nachbarschaften und Vereinen Leute gibt, die ihren Nächsten so anschauen und behandeln wie meine Nachbarin ihre Blume: Liebevoll, kreativ, unterstützend. Gut finde ich auch, dass in Bochum bald ein „Bündnis gegen Depression" gegründet wird – ganz im Sinne des Prophetenwortes: „Das geknickte Rohr wird er nicht zerbrechen" (Jesaja 42,3) – er, ein unbekannter „Knecht Gottes". Ich hoffe auf viele solcher „Knechte", die „Geknickte" aufrichten helfen und sie stark machen.

Wolfgang Mann
Zwischenruf am 10.07.2010

# Sinn und Erfüllung

„Alles Gute", hatte sein Chef noch gesagt. Und ihm dann die Papiere gegeben. Als ob der nicht wüsste, dass man in seinem Alter keine neue Stelle findet. So sitzt er da, zuhause, und fühlt sich überflüssig und nutzlos. Nach einiger Zeit wird er schwermütig. Geht seiner Frau nur noch auf die Nerven.

Dann geschieht es, dass die Nachbarkinder ihn beim Einkauf ansprechen. „Du hast doch einmal mit Papa in einer Mannschaft gespielt. Wir würden gerne auch Fußball spielen, aber der Verein hat keinen Kindertrainer." Er lässt sich schließlich überreden und trainiert die Kindermannschaft. Er hätte sich so etwas nie zugetraut. Doch jetzt sieht er, dass die Kinder viel Spaß haben. Er kann ihnen etwas beibringen. Er kann sie motivieren und begeistern. In den kleinen Turnieren, die sie spielen, schneidet seine Mannschaft sogar gut ab. Auf einmal spürt er die Anerkennung der Kinder und ihrer Eltern. Und so etwas wie die Dankbarkeit seiner Elf hatte er noch nie erlebt.

Nicht der Job, das Einkommen, die (scheinbare) gesellschaftliche Bedeutung machen das Leben gut und geben Sinn und Erfüllung. Jesus hat gesagt: „Du sollst den Herrn, deinen Gott, lieben von ganzem Herzen, von ganzer Seele und mit all deiner Kraft und deinen Nächsten lieben, wie dich selbst" (Lukasevangelium 10,27).

Dem zu folgen gibt Sinn und Erfüllung: wenn wir uns und die anderen ernst nehmen, wenn wir füreinander da sind. Dann können wir erfahren, was wir können und wie wir sind. Dann entsteht etwas, was über uns hinaus geht. Was mehr ist als ein paar Menschen. Dann wird unser Leben lebendig und sinnvoll. Und es macht Freude zu leben. Etwas von Gott wird unter uns Wirklichkeit.

Werner Posner
Zwischenruf am 10.09.2011

# Krisen meistern

Dass das Leben gelingt, wünschen wir uns: eine erfolgreiche Bewerbung, eine harmonische Familienfeier, eine glückliche Partnerschaft. Tatsächlich gelingt uns vieles – im persönlichen, im öffentlichen Leben. Man hört nur zu selten davon. Aber es gelingt eben nicht alles. Wir machen Fehler, Beziehungen zerbrechen, Projekte scheitern. Muss ich mich dafür schämen? Bin ich nichts mehr wert? „Wider die Tyrannei des gelingenden Lebens" lautet ein Buchtitel[1] – ein Plädoyer, dem Zwang zum Erfolg zu widerstehen.

Heute ist Welttag der Suizidprävention. Viele Tausend nehmen sich jährlich das Leben. Sie werden mit Krankheit, Einsamkeit, Hoffnungslosigkeit nicht fertig. Hinterbliebene leiden darunter, dass es nicht gelang, den Suizid zu verhindern. Kann es sein, dass die heimliche „Tyrannei des gelingenden Lebens", dass zu hohe Erwartungen uns in manche Krise treiben? Wie aber damit umgehen, wenn ich scheitere? Mir hilft es sehr, wenn ich mit einem vertrauten Menschen rede oder frage, was ich aus dem Misserfolg lernen kann. Und mir hilft der Glaube, dass wir – erfolgreich oder nicht – wertvoll und angenommen sind bei Gott. Erfolg liegt letztlich nie in unserer Hand. Gelingen ist immer auch Geschenk. Biblisch gesprochen: „Wenn der Herr nicht das Haus baut, arbeiten umsonst, die daran bauen" (Psalm 127). Diese Weisheit kann helfen, Krisen besser zu meistern.

---

[1] Anm. des Herausgebers: Gunda Schneider-Flume; „Leben ist kostbar: Wider die Tyrannei des gelingenden Lebens", erschienen 2008.

Rainer Mittwollen
Zwischenruf am 22.10.2011

# Wie frei ist der Tod?

Am Leben kann man verzweifeln. Krankheit oder Schmerzen können das Leben zur Qual machen. Depression kann allen Lebensmut rauben. Mancher ist so verzweifelt, dass der „Freitod" als einzige Möglichkeit erscheint. Schlimm, dass in früheren Zeiten zur Verzweiflung auch noch kirchliche Verdammung kam: Selbstmörder wurden noch posthum aus der Gemeinschaft ausgeschlossen und in nichtgeweihter Erde vergraben. Zum Glück ist dieses trostlose Verhalten heute überwunden!

Trostlos aber, womit viele den „Freitod" begründen: Sie wollen niemandem zur Last fallen und selbstbestimmt bleiben. Das Beispiel von Gunter Sachs[1] steht dafür: „Das Leben selbst im Griff haben und auf keine fremde Hilfe angewiesen sein. Ist die Freiheit vorbei – dann lieber tot!"

Mein Ideal sieht anders aus: Wichtiger als alles im Griff zu haben, ist mir, dass mein Leben in Gottes Hand liegt. Das gibt mir mehr Freiheit als alle Selbstbestimmung. Hoffentlich auch die Freiheit, im Leid nicht zu verzweifeln. Und wer den Mut hat, sich der Hilfe anderer anzuvertrauen, der zeigt für mich menschliche Größe. Wichtig nur, dass es Menschen gibt, die zur Hilfe bereit sind – und nicht so selbstbestimmt, dass für Verzweifelte keine Zeit bleibt.

---

[1] Anm. des Herausgebers: Fritz Gunter Sachs (geb. 1932; gest. 2011) war deutsch-schweizerischer Industriellenerbe, Bobfahrer, Fotograf, Dokumentarfilmer, Kunstsammler und Astrologe. Sein extrovertierter Lebensstil machte ihn in den 1960er und 1970er Jahren besonders als Prototyp des Gentleman-Playboys bekannt. In der Nacht vom 06. auf den 07.05.2011 beging er im Alter von 78 Jahren Suizid. Sein Vater hatte sich 1958 das Leben genommen. https://de.wikipedia.org/wiki/Gunter_Sachs

Werner Posner
Zwischenruf am 15.09.2012

# Reden ist Gold

„Reden ist Silber, Schweigen ist Gold", sagt man. Das stimmt, oder? Oft ärgert man sich über ein unbedachtes Wort, das einem über die Lippen kommt, und bereut es später. Lieber erst nachdenken, dann reden! Andererseits gibt es Leute, die nichts sagen (können), wenn es wirklich nötig wäre. „Wie geht's?" – „Danke, bestens". In Wirklichkeit steht einem das Wasser bis zum Hals. Die Arbeitsstelle ist unsicher, die Beziehung kriselt, die Gesundheit spielt nicht mit, Sorgen machen schlaflos. Warum sagst du's keinem? Warum schluckst du Ärger, Angst, Verletzung immer runter? Fürchtest du unpassende Kommentare, billige Rat-„Schläge", Konflikte? Möchtest du keinem lästig werden?

Reden tut gut. Das erfahre ich selber ganz oft. Vor allem, wenn ich Belastendes, Beschämendes oder Beängstigendes sagen kann, ohne komisch angesehen oder kritisiert zu werden. Reden hilft. Ich meine nicht Tratsch und Klatsch, sondern das notwendige (das notwendende) Wort zur rechten Zeit. Trauen Sie sich, zu sagen, was gesagt werden will! Das kann helfen, dass Sie nicht dran krank werden, dass Ihre Beziehung zu anderen lebendig bleibt, dass die inneren Energien fließen. Auch der heutige Bochumer Seelsorgetag über Depression macht Mut und gibt Anregungen zum Reden in „unsäglichen" Zeiten. Ganz im Sinne des Dichters Elazar Benyoëtz[1]: „Ein Wort gibt das andere. Das ist die große Gabe". Die Bibel bringt es so auf den Punkt: „Wie goldene Äpfel auf silbernen Schalen ist ein Wort, gesprochen zur rechten Zeit" (Sprüche Salomos 25,11). Reden ist Gold? Unbedingt.

---

[1] Elazar Benyoëtz (geb. 1937 in Wiener Neustadt als Paul Koppel) ist ein israelischer Aphoristiker und Lyriker. https://de.wikipedia.org/wiki/Elazar_Benyoëtz

**Wolfgang Mann**
Zwischenruf am 15.12.2012

# Miteinander

Vergeblich gekämpft, gehofft und auch gebetet. Nun ist es also doch geschehen. Die Konzernmutter hält Opel mit ihrer Geschäftspolitik im Würgegriff. Dem Bochumer Werk geht die Luft aus. Nach einem halben Jahrhundert Autobau in Bochum scheint das Aus für das Opelwerk zu kommen.

Was bleibt, sind Gefühle wie Ohnmacht, Wut und Verzweiflung bei den Betroffenen. Gefühle, wie sie viele kennen, die sich um ihren Arbeitsplatz sorgen. Und alles ausgerechnet kurz vor Weihnachten. Dem Geburtstagsfest Jesu. Das zeigt, wir leben in keiner „heilen Welt". Der Markt kennt keinen Weihnachtsfrieden.

In der Bibel lesen wir, auch nach Jesu Geburt blieb es an den Lagerfeuern der Hirten kalt. Und der Stall von Bethlehem – mit dem Futtertrog als Kinderbett – wurde keine Wohnung mit Zentralheizung. Im Gegenteil, es wird berichtet, dass Jesu Familie kurz darauf fliehen musste. Gott hat diese Welt an Weihnachten nicht friedlicher oder schöner gemacht.

Was sich seit Jesu Geburt ändern kann, sind Wissen und Haltung von Menschen. Weihnachten zeigt: Gott lässt sie nicht allein. Er steht an ihrer Seite. Das entscheidet über das Leben. Und darüber, wie man es führt.

Das sichert keine Arbeitsplätze. Auch bei Opel nicht. Doch dass Gott an der Seite steht, das kann Menschen zueinander führen, Solidarität möglich machen. Das lässt Weihnachten erleben: Im Miteinander von Menschen zeigt sich etwas von Gott in dieser Welt.

# Sterben und Tod begegnen

Das Sterben ist vorgeplant. Wenn i alles so betracht –
da kann man nichts machen.
Wenn dich der Herr beim Namen ruft, musst gehen.
Der Tod is ein Muss. Des nutzt nix.
Wenn du einen tiefen Glauben hast, kommst drüber weg.
Andernfalls wirst net fertig.

*Christine Zuppinger*


„ – bald naht die Nacht."
Dem Vergangenen: Dank,
dem Kommenden: Ja!

*Dag Hammarskjöld*

Michael Rosenkranz
Zwischenruf am 27.07.2002

# Lasst einen Ort der Trauer zu!

In der Nacht zum 2. Juli 2002 stießen am Bodensee ein russisches Passagierflugzeug und ein Frachttransportflugzeug zusammen und stürzten ab – ein furchtbares Unglück, bei dem 71 Menschen umkamen, zum größten Teil Kinder und Jugendliche. In tagelangen Einsätzen suchten Sondereinheiten ein weites Gebiet ab, um die verstreuten Körperteile der Getöteten zu finden. Das war notwendig und wichtig. So konnten die angereisten, verzweifelten Eltern wenigstens die sterblichen Überreste ihres Kindes mit sich nach Hause nehmen und bei sich würdig beisetzen, der Trauer einen Ort geben.

Wenn aber ein Kind etwa im 3. oder 6. Schwangerschaftsmonat stirbt, pflegen wir damit ganz anders umzugehen. Bis zu einem Körpergewicht von 1.000 Gramm besteht keine Bestattungspflicht. Wenn das Kind nicht spontan abgeht und es der Mutter gelingt, es zu bergen, dann wird es geholt. Und bis die Mutter aus der Narkose aufwacht, sind die sterblichen Überreste bereits wie amputierte Gliedmaßen in den Müll geworfen.

Die Eltern freuen sich auf ihr Kind und nehmen es jeden Tag, da sie es mehr spüren, mehr in ihr Bewusstsein und in ihr Leben auf. Täglich lauschen sie den Lebenszeichen, spüren beglückt die Bewegungen. Dann hat alles plötzlich aufgehört, nichts ist mehr zu spüren. Banger Klinikweg. Das Kind ist tot. Narkose, Ausräumung. Wo ist das Kind? Fort! Weinend und leer gehen die Eltern nach Hause.

Wer kann dies nachempfinden einer Frau, einem Mann, die dies schon einmal, zweimal, dreimal erlebt haben, die noch nie ihr Kind lebend in den Armen halten durften? Es ist entsorgt worden, liegt irgendwo im Müll, keiner hat es geborgen, keiner es bestattet, kein Ort der Trauer. – Erst langsam setzt sich eine Denkweise durch, dass auch vorgeburtlich gestorbene Kinder würdig beigesetzt werden sollten und ihren Eltern in ihrer Trauer geholfen werden muss. Zögernd bieten mehr und mehr Kliniken freiwillig die Bestattung von fehl- und totgeborenen Kindern an. Selbsthilfegruppen verwaister Eltern entstehen.

Friedrich Abels
Zwischenruf am 24.11.2001

# Auch Totensonntag an die Liebe Gottes denken

Totensonntag. Der letzte Sonntag im Kirchenjahr. Tag des stillen Gedenkens. Sich erinnern, zurückblicken, liebevolles Schmücken der Gräber auf den Friedhöfen.

Ich denke an mein eigenes Ende. So ist das Leben, alle Menschen müssen sterben, ich auch. An den Tod möchte ich nicht denken. Ich liebe das Leben. Am Bett eines Todkranken möchte ich vom Leben reden und nicht vom Tod. Warum haben wir eigentlich Angst vorm Tod?

Der Apostel Paulus schreibt: Nichts, auch der Tod nicht, kann uns scheiden von der Liebe Gottes. Gottes Liebe trägt mich auch am Ende meines Lebens. Weil der Tod die Grenze meines Lebens und Denkens ist, kann ich nicht darüber reden, was nach meinem Tod sein wird, das macht Angst. Aber ich darf auf Gott vertrauen, dass er auch dort bei mir ist jenseits der Grenze aller Grenzen.

Ich möchte Sie ermutigen, die Tage des stillen Gedenkens zu nutzen, weil wir uns nicht nur an die Verstorbenen, sondern auch an die Liebe Gottes zu uns Menschen erinnern. Mit der Gewissheit, dass Gott bei uns war und ist und sein wird, können wir vertrauensvoll in die Zukunft unseres Lebens gehen.

„Leb' ich, Gott, bist du bei mir, sterb' ich, bleib ich auch bei dir, und im Leben und im Tod bin ich dein, du lieber Gott."[1]

---

[1] Anm. des Herausgebers: Dies ist die 5. Strophe des Liedes „Meinem Gott gehört die Welt" von Arno Pötzsch (geb. 1900, u.a. Pfarrer in Leipzig und Cuxhaven, gest. 1956); Ev. Gesangbuch 408.

237

Matthias Hoof
Zwischenruf am 17.04.2004

# Freude auf Ostern

Ostern liegt hinter uns. Dieser Satz ist richtig und falsch. Richtig darum, weil das Osterfest tatsächlich vorbei ist. Falsch deshalb, weil Ostern niemals hinter uns, sondern immer noch vor uns liegt. Ostern, das Fest der Auferstehung Christi, ist Vergangenheit. Ostern, unser eigenes Auferstehen, unser Übergang vom Tod ins Leben. Das hat Zukunft.

Stimmt nicht, sagen laut einer aktuellen Umfrage 52 Prozent aller Deutschen. Sie glauben laut FOCUS „nicht mehr an ein persönliches postmortales Fortdauern." An Ostern scheiden sich die Geister. Wen wundert's? Geht es doch um eine Frage, die sich jeder von uns irgendwann stellt: Was kommt nach meinem Tod? Davon hängt schließlich ab, wie ich mein Leben sehe und gestalte. Ich bewundere sie beide: Jene, die im vollen Bewusstsein ihrer Endlichkeit leben. Denn jeder Augenblick ist für sie kostbar. Aber auch jene, die überzeugt sind, dass unser Leben nicht mit dem Tod zu Ende ist. Haben sie doch oft ein feines Gespür dafür, was wirklich wichtig und was unwichtig ist.

Sie wissen nicht so recht, wohin Sie mehr tendieren? Auf jeden Fall nicht zu denen, denen das alles egal ist? Dann gehören Sie wie ich zur Gruppe derer, die man bei solchen Umfragen meistens nicht erfasst: Menschen, die wohl gerne glauben möchten, auch an die Auferstehung, an ein Weiterleben nach dem Tod. Menschen, die aber auch oft daran zweifeln. Menschen, die auf der Suche sind, nach Sinn, nach etwas, was ihr Leben trägt, auch in schweren Zeiten, auch wenn es gilt, Abschied zu nehmen. Ostern, Auferstehung, ewiges Leben? Das alles sind Fragen des Glaubens. Zweifeln gehört zum Glauben dazu. Aber auch Vertrauen und Hoffnung. Seit Ostern gibt es Hoffnung. Auch für die Zweifelnden und Suchenden. Also: Freuen wir uns auf Ostern!

Rainer Mittwollen
Zwischenruf am 15.04.2006

# Grabesstille?

„Seid heute leise auf der Straße, im Haus gegenüber ist Herr Müller gestorben!" Das ist meine früheste Erinnerung an die Begegnung mit dem Tod. Wir Kinder sollten uns ruhig verhalten. Keine lauten Spiele auf der Straße. Ich konnte mir unter „Tod" wenig vorstellen, aber ich spürte die Betroffenheit und die Anteilnahme der Nachbarn. Uns Kindern ist die Stille schwergefallen – wir konnten es kaum erwarten, bis wir wieder „richtig loslegen" durften. Aber es war eine wichtige Übung, Stille auszuhalten und dadurch auch die Wirklichkeit des Todes wahrzunehmen.

Für mich ist Karsamstag ein Tag der Stille. Ich brauche sie, um die Nachricht vom Sterben Jesu Christi wahrzunehmen. Erst in der Stille finde ich Betroffenheit.

Darum wundere ich mich, wie viele Menschen diesen Tag immer mehr ausfüllen mit lautstarkem Betrieb. „Das Leben geht weiter!" – so scheint die Devise zu sein. Die Nachricht vom Sterben des Gottessohnes dringt da kaum mehr durch. Dabei betrifft sie uns viel mehr als der Tod eines Nachbarn. Gott kommt darin auf unsere Seite! Er stirbt an menschlicher Gewalt und Schuld, er durchleidet menschliche Angst und Verzweiflung. Ich brauche Zeit und Stille, um das zu begreifen. Aber dann kann ich am Ostertag einen echten Durchbruch feiern! Das Leben geht nicht irgendwie weiter, wie es mir der lautstarke Betrieb weismachen will. Das Leben wird neu gewonnen, weil Gott Jesus vom Tod auferweckt. Aus Grabesstille wird ein fröhliches Fest!

Christine Jung-Borutta
Zwischenruf am 28.01.2012

# „Alles, was einen Anfang hat, hat auch ein Ende."

Die Kinder unserer Kindertrauergruppe hängen ihre Bilder immer zum Trocknen an eine lange Leine an der Wand auf. So können auch die anderen Menschen, die diesen Raum benutzen, etwas von der Lebendigkeit der Kinder spüren, die so traurig sind, und doch so bunt am Leben festhalten. Seit einiger Zeit hängt mitten zwischen den Bildern ein Plakat.

„Alles, was einen Anfang hat, hat auch ein Ende." steht darauf. Die Kinder bereiten sich auf den Abschied aus der Gruppe vor. Ihre Zeit ist zu Ende, bald schon werden neue Kinder kommen. Das Plakat hat mich traurig gestimmt: Ja, für alles, was hier auf der Erde existiert, stimmt das. Jedes Leben, jeder Urlaub, jedes Fest, so schön es war, endet einmal.

Wie gut, dass es die Erinnerung und die Liebe gibt, die niemals aufhören. Getragen werden sie von Gott. Von ihm heißt es im Brief an die Hebräer 13,8: Er ist derselbe, gestern, heute und von Ewigkeit zu Ewigkeit. Vielleicht, wenn ich alle Anfänge aus Gottes Hand empfange und alle Endpunkte in seine Hände lege ... vielleicht ist es dann kein trauriger Satz mehr: „Alles, was einen Anfang hat, hat auch ein Ende." Weil ich weiß: bei Gott hat alles, das ein Ende hat, wieder einen neuen Anfang.

# Lebenskunst

Schwer ist es, die rechte Mitte zu treffen:
das Herz zu härten für das Leben
und es weich zu halten für das Lieben.

*Jeremias Gotthelf*

Wir müssen lernen, das Widersprüchliche, das Vage,
das Vieldeutige, das Nichtklärbare als den Normalfall
der menschlichen Existenz hinzunehmen,
es mindestens zu achten, vielleicht sogar zu lieben.

*Thomas Bauer*

Peter Scheffler
Zwischenruf am 04.11.2000

# Zukunft und Gott gehören zusammen

Stellen Sie sich einmal vor, Sie könnten die Zukunft befragen. Sie hätten die Möglichkeit, zwei Fragen an ein Orakel oder an einen Computer zu stellen. Wie würden Ihre zwei Fragen lauten?

Vielleicht: Wann gewinne ich im Lotto? Treffe ich noch meine große Liebe? Werde ich wieder gesund? Finde ich je wieder Arbeit? Wie lange muss ich auf Deutschlands Straßen noch Angst vor Gewalt haben?

„Kein Mensch kann die Zukunft vorhersagen", werden Sie vielleicht denken. Stimmt! Aber wenn Sie sich auf meine Bitte einlassen, dann erfahren Sie etwas über sich selbst. Sie erfahren, was Ihnen wichtig ist, was Ihnen etwas bedeutet, wovon Sie träumen und wovor Sie vielleicht Angst haben.

Was bringt mir aber diese Erkenntnis? Zukunft ist machbar! Unsere Zukunft ist nicht bis ins Letzte vorherbestimmt. Was ich heute tue oder lasse, hat Auswirkungen auf Morgen. Das ist eine Chance, bedeutet aber auch Mitverantwortung für die eigene Zukunft und für die Zukunft unserer Gesellschaft. Zukunft ist nicht verfügbar! Es bleiben Bereiche der Zukunft, die wir kaum oder gar nicht beeinflussen können.

Für mich gehören Zukunft und Gott zusammen. Ich vertraue auf Gott, denn seine Zukunft reicht über das hinaus, was uns unsere Zukunft auch bringen mag.

Bernd Reitmeyer
Zwischenruf am 09.12.2000

# Frischer Wind aus der Bibel

Mindestens 110 kg Lebensgewicht brachte er auf die Waage. Einen guten Teil davon trug er als Bauch vor sich her. Aber an dem Mann war nichts Behäbiges. Als evangelischer Pfarrer trug er den typischen schwarzen Talar, aber von einem „Muff von tausend Jahren unter den Talaren" war bei ihm nichts zu spüren.

Da wehte frischer Wind, wenn er redete. Und das Verblüffende war: Dieser Wind wehte von einem Ort her, von dem man es nicht vermuten würde. In den Worten dieses beleibten Mannes wehte frischer Wind aus der Bibel, heraus aus diesem alten Buch, heraus aus Geschichten, die 2000 Jahre und älter sind.

Mein 110 kg-Freund hatte entdeckt, wie gut es tut, zu dem Gott zu gehören, den er in diesen alten Geschichten der Bibel kennengelernt hatte. Das war wie ein frischer Wind in sein Leben gefahren und hatte auch die „gepflegte Langeweile" verscheucht, die sich in christlichen Kirchen manchmal breitmacht. Und wenn Ihnen in der nächsten Zeit einmal eine Windböe frisch ins Gesicht bläst, nehmen Sie das als Erinnerung an diesen frischen Wind.

Und vielleicht lassen Sie sich in diesen Adventstagen einmal „anblasen" aus den alten Bibelgeschichten.

Christoph Peter Wagner
Zwischenruf am 30.12.2000

# „Bessert euch drauflos!"

Da naht sie wieder! Die „Nacht der guten Vorsätze"! Mal ehrlich, das kennen Sie doch auch: diese betonharten Vorsätze am Silvesterabend. Zum Beispiel: „Kann ja kein Mensch mehr bezahlen, die ewige Raucherei! Also: Kurz vor 12, die letzte Zigarette … und Schluss!" Und was steht dann für nächste Jahr Silvester auf dem Besserungsprogramm? Hoffentlich nicht wieder die letzte Zigarette! Ich halte es da lieber mit Erich Kästners[1] „Spruch für die Silvesternacht": „Man soll das Jahr nicht mit Programmen / beladen wie ein krankes Pferd. / Wenn man es allzu sehr beschwert, / bricht es zuguterletzt zusammen …"

Denn mit dem neuen Jahr geht's mir ähnlich wie früher in der Schule mit einem neuen Heft: Felsenfest hatte ich mir vorgenommen, in diesem Heft ganz sauber zu schreiben, keine Fehler mehr zu machen! Und ein, zwei Tage klappte das sogar … bis der erste Fehler passierte – und die alte Krakelei wieder von vorne losging! Schade! Aber Gottseidank ist das Leben ja kein Schulheft! Jesus sagt: „Ich bin gekommen, um das Leben zu geben – Leben im Überfluss!" Und das heißt für mich: Er kann mir helfen, mein Leben entscheidend zu ändern – jeden Tag! Dafür muss ich also nicht erst wieder ein neues Heft anfangen oder bis nächstes Jahr Silvester warten! Denn bei Jesus ist Leben im Überfluss. Und was für eins! Leben, wie unsere Welt es braucht:

Leben, das in jedem Menschen (egal welcher Hautfarbe und Nationalität) die Schwester oder den Bruder entdeckt,

Leben, das Scheitern und Schuldigwerden kennt und doch nicht dran verzweifelt – denn gerade jetzt habe ich doch die Möglichkeit, es noch einmal neu zu versuchen!

Also: Keine Besserungsprogramme! Lieber bei Jesus das Leben im Überfluss entdecken! Jetzt und jeden Tag im Neuen Jahr. Denn: „Es nützt nichts, und es schadet bloß, / sich tausend Dinge vorzunehmen. / Lasst das Programm und bessert euch drauflos!" (E. Kästner).

Frohes Neues Jahr!

---

[1] Anm. des Herausgebers: Emil Erich Kästner (geb. 23. Februar 1899 in Dresden; gest. 29. Juli 1974 in München) war ein deutscher Schriftsteller, Publizist, Drehbuchautor und Kabarettdichter. https://de.wikipedia.org/wiki/Erich_Kaestner

Matthias Hoof
Zwischenruf am 29.12.2001

# Bleibt alles anders?

2001. Das Jahr, in dem die Welt eine andere wurde. Jetzt geht es zu
Ende. Eindrücklicher als sonst sind die Bilder, die in der Erinnerung haften.
Bilder des Grauens: New York, Afghanistan, Palästina. Das Wort des
Jahres: Ein schlichtes Datum: 11. September[1]. Und doch kennt es jeder. In
den USA demnächst ein Gedenktag.

„Es bleibt alles anders." Singt Herbert Grönemeyer. Auch bei uns? Im
Neuen Jahr, in Euroland, hierzulande und in dieser Stadt? Noch weiß es
keiner. „Das Leben kommt von vorn", singt Grönemeyer. „Stell die Uhr
auf Null. Die Sintflut ist verebbt. Die Sünden vergeben." Nein, das Leben
hat keine Lösch-Taste zum Entfernen, ist kein Computer. Man kann die
unangenehmen Dinge nicht einfach mit einem Klick entfernen. Und das
ist gut. Denn nichts soll vergessen sein, niemandes Name gelöscht. Es
bleibt alles anders.

Alles anders, auch in unserem Leben? So klein kommt es uns jetzt oft
vor. So unsicher, so ausgeliefert. Besonders an diesem Übergang vom
alten Jahr zum neuen. In jeder Krise liegt auch eine Chance, sagt man.
Sagt auch Gott. „Wasch den Glauben im Regen", singt Grönemeyer. Mit
Gott neu anfangen, neu glauben, mitten in der Krise. Mit „Ja" fängt das
Jahr an. Auch in der Jahreslosung aus dem Propheten Jesaja (Kapitel 12,
Vers 2): „Ja, Gott ist meine Rettung; ihm will ich vertrauen und niemals
verzagen." Ja, alles bleibt anders.

---

[1] Anm. des Herausgebers: Der Zwischenruf bezieht sich auf die Terroranschläge in den USA am 11.09.2001.
„Die Täter entführten vier Verkehrsflugzeuge, lenkten zwei davon in die Türme des World Trade Centers und
eins in das Pentagon in Arlington, Virginia. Das vierte Flugzeug sollte wahrscheinlich ein Regierungsgebäude
in Washington, D.C. treffen, wurde aber nach Kämpfen mit Passagieren vom Piloten der Entführer bei Shanksville
(Pennsylvania) zum Absturz gebracht. Die Anschläge verursachten den Tod von fast 3.000 Menschen."
https://de.wikipedia.org/wiki/Terroranschläge_am_11._September_2001

Jörg Mathern
Zwischenruf am 29.06.2002

# Eine Grenze hast auch du bestimmt

„Dein Verhalten ist grenzwertig", sage ich meiner dreizehnjährigen Tochter, wenn sie bisweilen in pubertärer Pose und trotzigem Tonfall all das Unrecht beklagt, was ihr angetan wird. Kennen Sie das? Grenzen setzen gehört zur Erziehung dazu. „Eine Grenze hast du bestimmt, dass sie die nicht überschreiten" heißt es in Psalm 104, der die Vielfalt der Schöpfung Gottes beschreibt. Bei aller Gestaltungsfreiheit, die der Mensch hat: Gott hat bei der Erschaffung der Welt ein für allemal den Wassern der Urflut eine Grenze gesetzt, damit die Erde nicht im Chaos versinkt. Die Grenze zwischen dem, was Leben schafft und dem, was den Tod – auch den Tod im Leben – bedeutet. Diese Grenze darf nicht überschritten werden.

Wir leben in einer Welt, wo sich der Mensch vielfach zum Herrn über Leben und Tod aufspielt. Grenzüberschreitungen: Die Auswahl des menschlichen Lebens vor der Geburt, die aktive Sterbehilfe, die Gentechnologie. Wirtschaftliche Grenzenlosigkeit ist Antriebskraft einer immer auch zwiespältigen Globalisierung. Schamlose Tabubrüche in den Medien und in der aktuellen Politik. „Eine Grenze hast du bestimmt, dass sie die nicht überschreiten." Wir spüren, wie vieles durcheinander gerät, wenn wir Grenzen nicht achten. Manches nimmt durchaus chaotische Züge an.

Gott gibt unserem Leben eine verheißungsvolle Perspektive: „Der Gerechtigkeit Frucht wird Friede sein", sagt der Prophet Jesaja. Gott zeigt sich als Freund des Lebens. Er setzt den Maßstab für gelingendes Leben und mahnt zu menschlicher Selbstbegrenzung. „Eine Grenze hast du bestimmt." Sie zu achten erweitert unsere Lebensmöglichkeiten.

Karl-Heinz Gehrt
Zwischenruf am 17.08.2002

# Neulich im Zug nach …

Treffen sich zwei Freunde im Zug. „Du, neulich wollt ich doch zu Tante Ernas und Onkel Willis goldne Hochzeit – mit der Bahn. Du, das war ne Erfahrung wert." „Wie das denn, hatte der Zug wieder mal Verspätung?"

„Ne." „Blieb er liegen?" „Auch nich. Also, ich komm in letzter Sekunde auf den Bahnsteig, ich hör: ‚Türen schießen!', ich noch so eben rein." „Kenn ich, haste Glück gehabt."

„Wart ab. Ich find auch 'nen Sitzplatz. Du, was soll ich sagen? Hübsche, junge Frau gegenüber, echt nett anzusehen, hab mich lange nicht so gut unterhalten." „Na, da kannste dich doch freun."

„Hab ich ja auch. Zeit verging wie im Flug. Hab ja kaum raus gesehen, aber draußen tolle Landschaft, schönster Sonnenschein." „Ja, was willste denn noch mehr?"

„War echt toffte. Bis der Schaffner kam." „Wie, warste ohne Fahrschein?" „Ne, den hatt ich. Aber meinte der doch, der Zug fährt nicht nach Frankfurt, sondern nach Hannover." „Au weia, voll daneben."

„Kannste sagen. Ich mich noch so gefreut, dass ich den Zug gekriegt hab. Hätt ich den bloß verpasst, dann wär ich mit dem nächsten noch zu Tante Ernas und Onkel Willis goldner Hochzeit gekommen. Konnt ich vergessen." „Und die Unterhaltung mit der netten Frau war auch vorbei."

„Klar. Auch bei schönstem Sonnenschein hätt ich Trottel ja mitkriegen müssen, dass ich in die falsche Richtung fahre." „Da haste dich geärgert, was?"

„Erst mal ja. Aber dann nicht nur." „Wie?"

„Ja, hab ich mir gesagt. Da kannste mal sehen. Du musst wissen, wohin du willst und die Richtung muss stimmen. So ist das ja nicht nur im Zug, so ist das im Leben." „Was meinste damit nun wieder?"

„Pass auf, ich mein, es reicht nicht, dass du hier und da nen bisschen Glück und deinen Spaß hast und dich an was freust. Eigentlich willste doch wohin und dafür musste dann auch im richtigen Zug sitzen." „Jetzt versteh ich. – Aber sag mal, wohin fährst du jetzt?"

„Und wo willst du hin?"

„Mensch, in welchem Zug sitzen wir hier eigentlich?"

Michael Holz
Zwischenruf am 18.01.2003

# Guten Morgen, liebe Sorgen …

Kennen Sie das Lied: „Guten Morgen, liebe Sorgen, seid ihr auch schon all da?" Auch wenn Sie es nicht kennen, die Sache wird Ihnen sicher nicht unbekannt sein. Schon am Morgen stehen uns manche Sorgen vor Augen, sie sind manchmal allgegenwärtig.

Richtig schwierig wird es, wenn die Sorgen sich bei uns breit machen. Sie haben ja die tückische Eigenschaft zu wachsen, wenn sie zum Gegenstand unserer Grübeleien werden. Da hilft es auch wenig, uns wieder mal bewusst zu machen, dass die meisten Befürchtungen, die wir hegen, nicht eintreffen. Es ist wie bei Hase und Igel: „Ich bin schon hier", ruft die Sorge, während wir vor lauter Grübeleien oft nicht recht vorankommen – aber wen wundert's? Wir sollten uns fragen, wie wir mit unseren Sorgen umgehen. Konzentrieren wir uns allzu sehr auf unsere Sorgen, dann können wir wahrscheinlich irgendwann kaum mehr etwas anderes sehen. Wir werden zunehmend unfrei, wir sind gefangen. Haben Sorgen bereits unseren Blick verengt und verkürzt? Schwer zu sagen, wenn man „drinsteckt". Ein Perspektivwechsel und etwas mehr Distanz könnten helfen – doch da beißt sich die Katze in den Schwanz: gerade das verhindert ja die wuchernde Sorge.

Natürlich sind viele unserer Sorgen sehr berechtigt. Wir tragen Sorge um vieles, das ist gut so (wenn wir sie denn tragen). Aber Jesus setzt sein genauso bekanntes wie provokantes „Sorget nicht" gegen das Sorgenmachen: wir sollen uns nicht zersorgen, nicht gefangen nehmen lassen (Matthäusevangelium 6,25-34). Keine Rede davon, etwa völlig sorglos und naiv-unbekümmert zu sein: da würden wir Jesus aber schlecht kennen. Der Sohn Gottes will uns vielmehr auf die Spur bringen, wie die Macht der Sorge gebrochen werden kann, wie neuer Lebensraum für uns entsteht, wie wir in einer ganz neuen Weise freier werden können. Das könnten wir gut brauchen: wir brauchen meines Erachtens Initiativen gegen Hoffnungs- und Perspektivlosigkeit in unserer Region.

Einen abschließenden Tipp möchte ich mir nicht versagen: Gehen Sie mal in eine Kirche, da sind noch Plätze frei! Da werden Ihnen keine Instant-Rezepte begegnen, die alle Sorgen im Nu zerstreuen – aber vielleicht kriegen Sie dort den Blick ein bisschen freier.

Lisa Walter
Zwischenruf am 31.05.2003

# Die Voraussetzung für eine erfüllte Gegenwart

Es ist leider so, dass wir uns innerhalb unserer Beziehungen immer wieder verletzen; wir werden aneinander schuldig. Besonders in engen Beziehungen wie Freundschaft, Ehe, Eltern-Kind-Beziehung, Geschwisterbeziehung geschieht das. Und es schmerzt! Es geschieht in der Gegenwart, und es ist geschehen in der Vergangenheit. Manchmal tragen wir diese Verletzungen Jahrzehnte mit uns herum. Die Frage ist: Schaden uns die beigebrachten Verletzungen oder leiden wir an unseren Reaktionen? Wir haben übrigens immer zwei mögliche Reaktionen auf eine Verletzung Ärger, Wut und Groll o d e r Vergebung. Dann sollten wir uns eingestehen, dass wir verletzt sind und uns unserem Schmerz stellen. Vergebung heißt dann: Ich gebe mein Recht auf Rache ab an Jesus, ich lasse ihn Richter sein. Überfordert Vergebung einen Menschen nicht völlig? Ja, aber in der Kraft Jesu ist es möglich. Nach dem Vergeben kann das göttliche Gegenprogramm gestartet werden: Segnen und mit Gutem erfreuen! Jesus sagt: Euch, die ihr mir zuhört, sage ich: Liebt eure Feinde; tut Gutes denen, die euch hassen. Segnet die, die euch verfluchen. (Die Bibel, Lukas 6,27+28).

Übrigens ist Vergebung der erste Schritt zur Versöhnung! Was las ich neulich? Eine versöhnte Vergangenheit und eine von Hoffnung geprägte Zukunft sind die Voraussetzungen für ein erfülltes Heute!

Michael Holz
Zwischenruf am 05.07.2003

# Hilfe, nur Hektik!

Die Hektik wird nicht weniger. Die Anforderungen werden höher. Und damit nimmt für viele auch die Nervosität und Unruhe zu. Nicht wenige Menschen klagen: ich bin so geschafft, ich bin mit den Nerven runter, ich bin „alle". Muss das so oft so sein? Haben wir uns nicht vielleicht eine Lebensweise angewöhnt, in der es zu wenig Ausgleich gibt? Aber was ist unser Ausgleich? Wir suchen ihn in Zerstreuung und Ablenkung; wir lassen uns gern unterhalten. Daran ist an sich nichts Verkehrtes. Aber wir machen auch die Erfahrung, dass mehr Ablenkung und Zerstreuung den Ausgleich nicht garantieren.

Wir wissen, dass unser Leben nur gelingen kann, wenn wir es so gestalten, dass wir in einem guten Rhythmus von Spannung und Entspannung, von Herausforderung und Erholung leben. Und dazu brauchen wir auch Stille. Ist es nicht logisch, dass unser Leben hektisch und unruhig wird, wenn wir kaum mehr zur Stille, zur Einkehr und Besinnung kommen, wenn sie uns fremd geworden ist und wir in ihr ungeübt sind? Oft vermeiden wir geradezu die Stille. Sicher, Stille kann auch beängstigend erlebt werden: es gibt eine Lautlosigkeit, die leer und trostlos wie eine Wüste und dunkel wie ein Gefängnis ist. Aber in einem alten Lied heißt es: „Meine Seele ist stille zu Gott, der mir hilft" (Die Bibel, Psalm 62, Vers 2). Das ist eine ganz besondere Stille, keine Leere, sondern eine „gerichtete Stille". Sicher, Hilfe suchen alle – aber wer sucht wirklich noch Gott „mit ganzem Herzen, mit ganzer Seele und all seinen Gedanken"? Ich meine, dass hier die letzte Wurzel unserer Unruhe liegt: wir suchen an der falschen Stelle. Wir sind zwar manchmal still, wir suchen oft auch Hilfe und klagen Gott an, wenn wir nicht bekommen, was wir verlangen, aber wo sind wir eigentlich „stille zu Gott"? Gott will sich von uns in der Stille finden lassen, wenn wir ihn wirklich suchen: das hat er uns versprochen.

Dirk Reschke
Zwischenruf am 12.07.2003

# Vom Umtausch ausgeschlossen!

Kennen Sie auch die Anspannung, die ein solches Schild auslösen kann? Gerade jetzt, wo alles auf den SSV zugeht, werden uns solche Schilder öfters begegnen. Da hängt es – das super Schnäppchen, das Hemd, hinter dem man schon so lange her ist. Jetzt ist es traumhaft reduziert. Aber Sie haben keine Zeit, müssen weiter und eine Anprobe ist nicht möglich. Kaufen oder nicht? Und am Ende passt es dann doch nicht?

Vom Umtausch ausgeschlossen ist auch unser Leben. Zwar ist es kein Schnäppchen, aber ein Geschenk. Und dennoch machen viele die Erfahrung, dass es dann doch nicht passt. Jedenfalls nicht so, wie man es sich gerne vorstellt. Dass wir nur dieses eine Leben haben, dass wir es nicht zurückgeben, nicht umtauschen können, macht unsere persönliche Existenz einerseits sehr kostbar. Andererseits kann diese Erkenntnis zum Fluch werden für alle, die erfahren, dass ihnen das Leben nicht passt. Ich denke an Menschen, deren Leben durch schwere Krankheiten auf ein Minimum an Lebensqualität eingeschränkt ist. Ich denke an Frauen und Männer, deren Leben in den Augen ihrer Mitmenschen – vielleicht auch in ihren eigenen Augen – gescheitert ist. Ein Menschenleben kann man nicht umtauschen. Doch jedes Menschenleben ist in Liebe angenommen – vor Gott. Gott will, dass Sie den Schatz heben, der in dem Geschenk Ihres Lebens verborgen liegt. Und er begleitet Sie dabei, denn für Gott sind Sie keine reduzierte Ware.

Karl-Heinz Gehrt
Zwischenruf am 19.07.2003

# Nicht vergessen

Ihr Lachen, ihre natürliche Fröhlichkeit werde ich nicht so schnell vergessen. So eng und vertraut liegen ihre Gesichter beieinander. Aber das ist es ja gerade: Sie konnten nicht anders als ihre Köpfe immer so dicht aneinander zu halten, weil sie von Geburt zusammengewachsen waren.[1] Nie konnte eine den Kopf drehen, ohne dass die andere ihn mitdrehen musste. Was das bedeutet? Ich kann es mir kaum vorstellen. Oft werden sie gefragt haben: Warum ist uns das geschehen? Warum müssen wir so leben, dass die Nähe zur Last, die Schwester zur unlöslichen Fessel wird? Es gibt auf die Frage eine Antwort. Ladan und Laleh Bidschani waren Iranerinnen moslemischen Glaubens. Was Juden, Christen und Moslems verbindet, ist das Beugen vor dem Geheimnis Gottes. Wir erforschen und verstehen des Höchsten Gedanken nicht. Auch der Apostel Paulus kam nicht weiter als festzustellen (Römer 11,33): Wie unbegreiflich sind seine Gerichte und unerforschlich seine Wege! Denn „wer hat des Herrn Sinn erkannt, oder wer ist sein Ratgeber gewesen?" (Jesaja 40,13). Uns bleibt wohl nur darum zu ringen, seine Wege anzunehmen – so schwer das auch ist. Ladan und Laleh haben sich – obwohl sie um das hohe Risiko wussten – für die Operation entschieden, die ihnen ein eigenes Leben ohne die andere ermöglichen sollte. Ich empfinde jedes Urteilen und Richten über die Ärzte als unangemessen. Keiner weiß, wie schwer die Last wiegt, die Laleh und Ladan 29 Jahre aneinander getragen haben. Noch eins hat mich berührt. Wieviel Rücksicht müssen die beiden miteinander geübt haben – oft wider Willen und doch wortwörtlich Schritt für Schritt gelernt. Wie oft hat jede die eigenen Wünsche und die der anderen ausbalanciert, große oder kleine. Ob ich mich da nicht öfter neben meine Frau oder meine Kinder stellen kann und mal in die gleiche Richtung schaue, so wie es Laleh und Ladan immer getan haben? Kostbar ist es und ein großes Geschenk, wenn Menschen eigene Wege gehen können. Gut ist es, wenn wir uns voneinander loslösen oder Menschen freilassen können, ohne dass blutende Wunden zurückbleiben. Gott sei Dank, wo es uns gelingt! Deshalb will ich die beiden Iranerinnen nicht vergessen, auch wenn ihre Namen längst nicht mehr in den Zeitungen erscheinen.

---

[1] Anm. des Herausgebers: Ladan und Laleh Bijani (geb. 1974; gest. am 8. Juli 2003) waren ein am Kopf zusammengewachsenes iranisches siamesisches Zwillingspaar. Sie starben kurze Zeit nach der Operation, die sie trennen sollte. https://de.wikipedia.org/wiki/Ladan_und_Laleh_Bijani

Dirk Reschke
Zwischenruf am 21.02.2004

# Die Masken lüften

Wie viele Möglichkeiten bieten sich, wenn wir unserer Umwelt im Schutz einer Maske begegnen. Vielleicht gehören auch Sie zu den Närrinnen und Narren, die am Montag in eine andere Welt eintauchen. Bunt verkleidet und grell geschminkt verbergen viele von uns ein Stück ihrer Identität. Einmal im Jahr jemand ganz anderes sein! Das Karnevalsvolk ist gut getarnt in schrillen Kostümen. Wer so lustig ausstaffiert ist, den wird keiner auslachen. Zumal wenn alle so oder so ähnlich rumlaufen.

Verkleidung schützt uns, tarnt unsere Verletzlichkeit vor den Angriffen anderer. Wünschen Sie sich auch manchmal eine solche Tarnung für Ihren Alltag, über die Karnevalszeit hinaus? Eine Verkleidung, in der Sie geschützt und unangreifbar sind? Ich bin mir sicher, dass die meisten von uns auch ihre Alltagsmasken haben, die dann und wann zum Schutz und zum Überleben notwendig sind. Wir kommen so mit unseren Alltagsmasken klar, mehr oder weniger gut. Doch wünsche ich mir manchmal eine Welt, in der Verkleidung zum Schutz vor dem Gegenüber nicht nötig ist. Eine Welt, in der wir Menschen uns gegenseitig so ernst- und annehmen wie wir sind: vielfältig, verschieden und verletzbar. Gott will, dass wir miteinander so leben können, ohne uns voreinander verkleiden zu müssen. Und Gott schenkt uns dazu den Mut und die Stärke. Lassen Sie sich ermutigen, Ihre Masken zu lüften – auch über Aschermittwoch hinaus.

Volker Heidelbach
Zwischenruf am 30.04.2004

# Leben im 24/-Takt?

In den frühen Morgenstunden sitzt ein junger Mann Kaffee schlürfend im Bistro, rote Augen, rasender Puls, seine Sinne hellwach, koffeingeschwängert. Geistreich, witzig ist er im Gespräch, sprühend und frisch sind seine Ideen, und doch liegt etwas auf ihm, das ihn müde und ausgebrannt erscheinen lässt. Schlaf? Nein, daran ist jetzt nicht zu denken. Carpe diem! Die Zeit auskaufen, die Möglichkeiten, die einem geboten werden, nutzen. Es nicht zu tun, wäre sträflich. Das Leben ist zu kostbar.

Einkaufsmärkte, TV-Unterhaltung, Online-Dienste, alles im 24/-Takt – 24 Stunden am Tag, sieben Tage die Woche. Die Wunderwerke der Telekommunikation machen es möglich: mehr Zeit, mehr Freiheit. Ein Leben auf der Hochgeschwindigkeitsspur, ohne Sendepause. Eingespannt in ein anstrengendes Gefüge von Kontakten, Verpflichtungen und Aktivitäten, unter dem zunehmenden Termindruck leidend, strampelt sich die ganze Welt ab, um ja nicht die Revolution des Informationszeitalters zu verpassen. Burnout, Depressionen, Hyperaktivität: Der Preis, den wir dafür zahlen. Schöne, neue Welt! Hässliche, verlorene Welt?

Das Leben ist wirklich zu kostbar, um es zu verpassen, zu wertvoll, dass es in der Hetze, Unrast und Atemlosigkeit unserer Zeit zerrieben wird. Es ist ein Kunstwerk, ein Geschenk Gottes. Was wir daraus machen, ist unser Geschenk an Gott. Vielleicht ist es an der Zeit, einmal in seinem Lauf einzuhalten, Pause zu machen, still zu werden und darüber nachzudenken?!

**Dirk Reschke**
Zwischenruf am 12.06.2004

# Gesucht – gefunden

„Wo habe ich denn nur meinen Wohnungsschlüssel hingelegt?" – gehören auch Sie zu den Menschen, die allmorgendlich ihren Tag mit dieser
oder ähnlicher Frage beginnen? Die Suche nach der Brille, die man sich
auf die Stirn geschoben hat, das hektische Wühlen in Handtaschen nach
dem wichtigen Brief, der derweilen ganz in Ruhe auf dem Küchentisch
liegt. Dort hat man ihn ja hingelegt, eben weil er wichtig und nicht zu vergessen war. Kommt Ihnen das bekannt vor? Die Hektik des Alltags lässt
Menschen unkonzentriert und desorganisiert werden. Mitunter kommt
einer, klopft dem anderen auf die Schulter und sagt scherzhaft: „Sind wir
nicht alle auf der Suche?" Und so abgedroschen der Spruch auch sein
mag, irgendwie stimmt er doch. Suchen wir nicht alle, auch die Ordentlichen
unter uns, nach dem Ausstieg aus der Spirale des Alltagsstresses? Viele
suchen nach neuer Nähe zur Familie, nach dem eigenen Selbst. Versuchen
wir mit unserer Suche nicht immer wieder, unsere Gelassenheit wieder zu
finden und unser Gleichgewicht? Haben Sie's auf dieser Suche nach dem
Gleichgewicht schon mal bei Gott versucht? Ich persönlich erlebe immer
wieder, dass ich bei Gott zur Ruhe kommen kann, mein Durcheinander
neu ordnen darf und mit neuer Gelassenheit in den Alltag gehe. Klar –
auch Gott ist auf der Suche. Er sucht uns, Sie und mich. Doch ohne Hektik
und Chaos. Er findet uns und lässt sich finden.

Volker Heidelbach
Zwischenruf am 26.06.2004

# Leben in schwierigen Zeiten

Er war der zweitjüngste Spross seiner Sippe, Lieblingssohn seines Vaters. Alles, was er anfasste, gelang ihm, die Sonnenseite des Lebens war ihm zugeneigt. Dies trug ihm allerdings nicht nur Freunde ein, sondern auch Neider. Ablehnung, Spott bis hin zur offensichtlichen Feindseligkeit schlugen ihm entgegen.

Die tiefste Wunde, die man ihm aber schlug, war die Trennung von seinem Vater. Von einem Augenblick auf den anderen wurde er herausgerissen aus der Geborgenheit und Sicherheit seiner Familie und fand sich plötzlich in einer ihm fremden Kultur wieder, die ihm nicht gerade wohlgesonnen war. Sein Glück – es fand sich ein wohlhabender Mann, der sich seiner annahm. Jahre vergingen, er wuchs heran, gewann Vertrauen und Einfluss bei den Menschen in seiner Umgebung. Schließlich war er die rechte Hand seines Gönners, eines hohen Regierungsbeamten.

Es hätte nicht besser laufen können, bis … plötzlich, aus heiterem Himmel, die Anschuldigung der Vergewaltigung im Raum stand. Das Ende vom Lied – er wurde zu Unrecht verurteilt und musste im Knast einsitzen. Ende! Aus! Alle Hoffnung dahin! Keine Aussicht auf Bewährung oder ein erfolgreiches Gnadengesuch. Doch selbst in dieser aussichtslosen Situation gab unser Mann nicht auf, sondern er vertraute Gott und versuchte das Beste aus seiner Situation zu machen, indem er bereit war, seinen Mitgefangenen und den Justizvollzugsbeamten mit seinen Gaben zu dienen.

Was im Anschluss daran geschah, kann man nur eine Bilderbuchkarriere nennen: Er wurde begnadigt, erlebte einen fulminanten Berufsaufstieg – bis hin zu den höchsten Regierungsämtern – und durfte erleben, wie er und seine Familie wieder zusammengeführt wurden. Unser Mann hätte angesichts des Unrechts, das man ihm zugefügt hatte, angesichts des Leides, das er ertragen musste, allen Grund gehabt, zu verzweifeln, zu klagen, aufzugeben und zu verbittern. Stattdessen entschied er sich, Gott zu vertrauen. Er wusste: Auch wenn alles gegen mich zu stehen scheint, auch wenn es augenscheinlich keine Hoffnung gibt, Gott ist da und er hält alles in seinen Händen. Ein Versuch lohnt sich!

Karl-Heinz Gehrt
Zwischenruf am 16.10.2004

# Größe der Verlierer

Was hat Anke Engelke mit dem lieben Gott zu tun? Was hat Peter Neururer mit Martin Luther zu schaffen? Vielleicht gar nichts – vielleicht aber
auch viel. Anke und Peter haben in den letzten Tagen bittere Niederlagen
hinnehmen müssen. Sat1 setzte „Anke Late Night" ab. Die Talkshow zu
später Stunde hat nie die Zuschauerquote erreicht, die der Sender erwartete.
Ein Bild zeigt, wie Anke Engelke ihre Hände vor ihr Gesicht hält und sich
tief verbirgt. Sonst hat sie offenherzig lieber nichts von sich versteckt. Wo
die Quote alles ist, wird der Spaß zum bitteren Ernst. Die Gunst der Zuschauer spielt als launische Glücksgöttin mit. Das Rückspiel des VfL Bochum gegen Standard Lüttich war das unglücklichste Spiel, das ich je gesehen habe. Trotz Unentschieden ausgeschieden aus dem UEFA-Cup. Wie
versteinert blieb Trainer Neururer auf der Bank sitzen. König Fußball re-
giert manchmal ungerecht und willkürlich. Wo Menschen zum Erfolg verurteilt sind, wird es schnell gnadenlos. Das erleben nicht nur die bekannten
Größen aus Fernsehen und Sport. Auch in der Schule, in der Liebe, im
Beruf scheint Erfolg alles zu sein. Deshalb wird erbarmungslos gekämpft.

Das muss nicht so bleiben. Die Bibel weiß von einem anderen Gott zu
erzählen, der schielt nicht wie alle sonst nach oben zur Spitze der Erfolgs-
leiter, sondern schaut auf die Menschen unten in der Tiefe. Ein armes, un-
bekanntes Mädchen wird die Mutter Jesu. Das lässt Maria jubeln. „Er hat
mich Unbedeutende angesehen." Deshalb folgert Martin Luther: Gott
liegen die Verlierer am Herzen. Er hat einen Blick für die Menschen, die
im Erfolgsdruck nicht mehr mithalten können. Am meisten freut er sich,
wenn er aus denen etwas machen kann, die von sich aus nichts mehr sind.
„Er stürzt die Mächtigen vom Thron und richtet die Niedergeschlagenen
auf." Der Erfolg ist ein Götze, der uns in die Irre führt. Ich möchte ihm
nicht nachlaufen, so als ob mein Leben davon abhinge. Anziehend finde
ich dagegen die Verheißung, dass Gott uns für die Niederlagen seinen Halt
und erneuernde Kraft verspricht. Das kann mich im Scheitern aufrichten.
Mein Wert hängt nicht länger vom Erfolg ab. Denn gerade in den Tiefen
ist Gott bei uns – das lässt mich im Vertrauen auf ihn gelassener werden
und barmherziger mit anderen. Es gibt Gott sei Dank eine Größe der Verlierer. Mir ist sie lieber als die Größe der Sieger.

Volker Heidelbach
Zwischenruf am 23.07.2005

# Carpe diem!

Allerorts ist es zu sehen und zu hören: Wir leben in einer Zeit tiefgreifenden Wandels. Das Tempo der Veränderung ist atemberaubend. Was heute noch gilt, ist morgen schon überholt. Eine Nachricht jagt die andere, Neuheiten und Modetrends haben eine immer kürzere Halbwertszeit, Themen und Thesen wechseln fast täglich. Wir leben in einer Welt, die sich immer schneller und hektischer dreht. „Carpe diem – Nutze den Tag! Kaufe die Zeit aus, denn Zeit ist Geld!" so heißt es, aber es gibt keinen größeren Unsinn als diesen Satz, denn „Zeit ist Leben!". In der Bibel heißt es: „Seht nun genau zu, wie ihr wandelt, nicht als Unweise, sondern als Weise! Kauft die ‚rechte' Zeit aus! Denn die Tage sind böse. Darum seid nicht töricht, sondern versteht, was der Wille des Herrn ist" (Brief an die Epheser 5,15-17)! Es ist manchmal schon aberwitzig: Menschen, die dem Tod ins Auge geblickt haben, ändern häufig in drastischer Weise ihre Prioritäten, denn sie haben gemerkt, was zählt, was ihnen wirklich wichtig ist und was nicht. Sie haben das schätzen gelernt, was sie um ein Haar verloren hätten: ihr Leben! Sie wissen, was es heißt, wenn uns das Wort Gottes immer wieder daran erinnert, unsere eigenen Tage vom Blick auf das Ende her zu betrachten, um ein „weises Herz" zu erlangen, und das nicht theoretisch, sondern „hautnah" am eigenen nackten Leben. Als ein Weiser zu wandeln, heißt demnach: zu leben im „Hier und Jetzt", das Ende im Blick, damit wir – um es mit den Worten des Theologen Gisbert Greshake[1] zu sagen – „auch am Ende noch zu dem stehen können, was wir jetzt in unseren Entscheidungen einfädeln; dass uns am Schluss unseres Lebens mehr bleibt als der bedrückende Schmerz, nicht das aus unserem Leben gemacht zu haben, was wir mit Gottes Hilfe hätten tun können. Solche späte Reue soll, soweit das möglich ist, verhindert werden, damit wir in der Stunde des Todes ‚voller Freude' zu dem ja sagen können, was wir geworden sind. Ohne Trauer und ohne Gram! Dass derjenige, der wir dann geworden sind, nicht ewig traurig den grüßen muss, der wir hätten werden sollen". Genau um dieses innere Erwachen geht es, um den ersten Schritt auf das Ziel hin zu tun, die eigene Zeit auszukaufen, die uns von Gott geschenkt wurde!

---

[1] Anm. des Herausgebers: Gisbert Greshake (geb. 1933) ist römisch-katholischer Theologe und Professor für Dogmatik. https://de.wikipedia.org/wiki/Gisbert_Greshake

Bernd Reitmeyer
Zwischenruf am 10.09.2005

# Sorgen über Sorgen

Wenn ich die derzeitigen Benzinpreise mit dem Inhalt meines Porte-
monnaies vergleiche, erscheinen mir schon ein paar Sorgenfalten auf der
Stirn. An die nächste Heizkostenabrechnung mag ich kaum denken. Ich
kann mir aber gut vorstellen, dass der, der sich Sorgen um die Zukunft
seiner Kinder macht und die, die gerade hören musste, dass ihr Leben
noch höchstens ein Jahr dauern wird, angesichts ihrer eigenen Probleme
meine Klage nur mit einem müden „Deine Sorgen möchte ich haben" be-
denken.

„Sorget nicht", hat Jesus einmal gesagt (Matthäusevangelium 6,25 und
6,34). Und dann erzählt er von den Vögeln unter dem Himmel und den
Blumen auf dem Feld, für die Gott so sorgt, dass man sich an ihnen freuen
kann. „Und seid ihr nicht viel mehr wert als sie?" (6,26).

Der kürzlich ermordete Leiter der Gemeinschaft von Taizé, Roger
Schutz[1], hat mit seinem schlichten Leben etwas ausgestrahlt von der Gewissheit, dass Gott für ihn sorgt. Er schreibt: „Der Geist der Armut besteht
nicht darin, sich armselig zu geben, sondern darin, alles so zu halten, wie
es der schlichten Schönheit der Schöpfung entspricht. Der Geist der Armut
ist Leben in der hellen Freude am Heute." Solche helle Freude am Heute,
Freude an den Menschen, die einem begegnen, Freude an den Vögeln
unter dem Himmel und den Blumen auf dem Feld, Freude, die auch vom
Blick ins leere Portemonnaie nicht getrübt wird und sogar bedrohliche
Nachrichten überdauert – solche Freude am Heute aus der Nähe Gottes,
das wünsche ich Ihnen – und mir.

---

[1] Anm. des Herausgebers: Frère Roger Schutz (französisch frère: Bruder; geb. 1915; gest. 2005) war Gründer
und erster Prior der ökumenischen Bruderschaft von Taizé. Während der Vesper des 16.08.2005 wurde Frère
Roger von einer Angreiferin mit einem Messer tödlich verletzt. Er starb kurze Zeit später an den Verletzungen.
https://de.wikipedia.org/wiki/Frère_Roger

Michael Rosenkranz
Zwischenruf am 10.12.2005

# Das Wunderbare der Dunkelheit

Manche lieben den Frühling, das Keimen und Erblühen, das neue Hoffnung bringt. Manche schätzen den Sommer mit seinen warmen Nächten voller Unbeschwertheit und Sinnlichkeit. Andere freuen sich am Herbst, an der Fülle der Früchte, an der Glut der Farben. Danach kommt das langsame Sterben der Natur. Die Feuchtigkeit und Kälte, die aus den Wiesen hochzieht, lähmt. Der Nebel trübt die Sicht. Die Zunahme der Nacht legt sich schwer auf die Seele. Die Farben verschwinden, und auch aus unseren Fingern zieht sich das Blut in seine inneren Kammern zurück. Die Arbeiten im Freien werden eingestellt. Man trifft sich nicht mehr auf der Straße. Kontakte werden schwieriger. Jetzt zehrt man vom Gesammelten.

Wir hassen diese scheinbar endlose Zeit der Dunkelheit, der Nässe und Kälte; die Zeit des Einsamwerdens und des Erstarrens; die Zeit, die dem Tod unmittelbar vorausgeht. Wir wissen, der Tag wird kommen, da ganz geräuschlos und leicht Schneeflocken vom Himmel herunter tanzen und eine weiße Schicht auf die Erde legen. Dann wird es still und friedlich sein, und alles Kämpfen wird ein Ende haben.

Aber die lange schwere Zeit davor ist es, die uns Angst macht. Natürlich wissen wir uns zu helfen. Wir drehen die Heizung auf, umhüllen unser Haus mit Lichterketten, erhöhen den Süßigkeiten-Umsatz und vertreiben die Stille mit dem CD-Player. Betriebsfeiern füllen den Kalender, die Liste der zu besorgenden Geschenke ist lang und der Stress dieser Tage lässt den Blutdruck steigen. Wenn endlich dann all das vorbei ist, sind wir erschöpft und leer.

Aber, hat denn diese Zeit nur eine schreckliche Seite? Wir könnten das Zurückgehen des Lebens im Winter doch auch als eine Zeit des Ruhig-Werdens, des Sich-Konzentrierens auf wesentliche Dinge begreifen. Indem wir uns äußerlich einschränken, indem die Dunkelheit um uns herum uns auf uns selbst zurückwirft, eröffnet sich uns die Chance, in uns hinein zu hören. Wir haben viel gesammelt. Nun können wir damit etwas gestalten: Aus den Früchten einen Kuchen, aus unseren Erinnerungen ein Buch, aus unseren Rücklagen eine Stiftung. Wir haben ja etwas weiterzugeben, das wir einst von anderen empfangen haben, etwas mitzuteilen, unser Licht an andere, bevor es bei uns erlischt. Bevor die weiße Decke uns zudeckt.

Johannes Waschk
Zwischenruf am 21.10.2006

# Ein Jammertal?

Im Internet gibt es eine Seite: Jammern.de. Dort heißt es: „Willkommen bei www.jammern.de – Ihrem Jammernetzwerk im Internet! Wir bedauern, dass nun auch Sie uns gefunden haben. Da wir daran nun nichts ändern können, nutzen Sie doch gleich die Gelegenheit, sich ganz in die Welt des Jammerns einzuklinken. Ins Jammernetz. Fühlen Sie sich bitte so richtig jämmerlich!" Anscheinend hat das Jammern Konjunktur. Ein kürzlich erschienenes Büchlein trägt den Titel: „Unser täglich Jammer. Wie man geistreich klagt und seufzt." Die Kapitelüberschriften gleichen einem Kompass durch das Tal der Tränen:

Wenn der Job zum Heulen ist … Wenn das Konto Tiefstand hat … Wenn die Zipperlein nicht enden … Wenn die/der Liebste dich verschmäht … Wenn der Himmel nicht mehr lacht …

Jammer ohne Ende. Sind wir tatsächlich solche Jammerlappen? Den gibt es übrigens in diesem Büchlein auch. Ursprünglich ein Tuch zum Abwischen der Tränen. Vielleicht hätte jene Soziologin Spaß daran gefunden, die eine Dissertation schrieb: „Zum Heulen. – Eine Sozialgeschichte der Tränen." Ein kirchliches Jammerbuch steht noch aus. Einige Kapitelüberschriften könnten so aussehen: Mein Presbyterium und ich – Protokolle des Grauens. Ein erschütterndes Dokument aus dem Alltag eines Pfarrers. Oder das Kapitel vom gemeindlichen Grundjammern: Die da oben – wir da unten. Warum die Landeskirche Schuld hat, wenn nur noch sieben Aufrechte zum Gottesdienst kommen. Oder das Landeskirchliche Jammeramt. Wie man Leitungsjammern und das Prinzip Hoffnung erfolgreich miteinander verbindet. Genug des Jammers. Vielleicht sollten wir stattdessen dem Lachen in unserer Kirche mehr Raum geben. Dieser Tipp kommt von „ganz oben", vom Ratsvorsitzenden der EKD, Bischof Wolfgang Huber. Wer aber nach wie vor alles zum Jammern findet, der mag sich trösten lassen von einem Psalmwort aus der Bibel: Du hast meine Klage verwandelt in Melodie und Tanz (Psalm 30,12).

Christine Jung-Borutta
Zwischenruf am 23.08.2008

# Morgen, ein neues Heute

Haben Sie auch am Samstag die Mondfinsternis gesehen? Eben noch steht eine leuchtende Scheibe am Nachthimmel und dann schiebt sich unaufhaltsam ein dunkler Schatten davor. Wir haben mit der Familie draußen gestanden und zugesehen. „Schön!" fanden die Kinder das – und auch ein bisschen gruselig. „Ist jetzt ein ganzer Monat um?" wollte mein kleiner Sohn wissen. In wenigen Minuten geschieht, wozu es sonst einen ganzen Monat braucht. Als würde die Zeit rennen. Man stelle sich einmal vor, die Zeit würde plötzlich viel, viel schneller vergehen. Jeder Monat wäre nur noch eine Stunde lang. Wie viel Lebenszeit bliebe einem dann noch …?

Gute Güte, was für eine Frage!

Die schwerkranken und sterbenden Menschen, die wir mit unserem HospizZuHause in ihren Wohnungen begleiten, sagen oft: Wie lange wir noch leben, weiß nur „der da oben". Da haben sie recht. Über den genauen Zeitpunkt wissen wir nichts. Vielleicht ganz gut so! Die Sterbenden müssen jeden Tag nehmen, wie er kommt. Und wenn es ein schlechter Tag ist? Dann überlegen wir mit ihnen zusammen, ob es etwas gibt, das den Tag wenigstens ein bisschen retten kann.

Und wenn es ein guter Tag ist? Dann versuchen wir, ihn nicht durch unnützes Sorgen zu verderben. Immerhin hat „der da oben" seinen Menschenkindern geraten: Sorgt euch nicht! Wer von euch kann durch Sorgen sein Leben auch nur um einen Tag verlängern (Matthäusevangelium 6,27). Ein guter Rat: Erinnert er uns doch daran, im Heute zu leben. Den Tag zu genießen, der vor uns liegt. Und morgen? Morgen ist ein neues Heute!

Gute Güte, guter Gott, was für ein Glück.

Karl-Heinz Gehrt
Zwischenruf am 24.01.2009

# Peinlich

„Papa, du bist einfach peinlich." So meine Tochter, als ich sie nach der Klassenfahrt von der Schule abholte. Ich weiß nicht mehr, um was es ging. War es, wie ich die Mitschüler begrüßte oder war es meine Kleidung? Inzwischen habe ich gelernt: Eltern in einem gewissen Alter sind einfach peinlich, egal was sie sagen oder wie sie aussehen. Seitdem nehme ich es gelassen. Die Tochter vom amerikanischen Präsidenten Barack Obama findet ihren Vater auch manchmal peinlich und deshalb wird sie als ganz normales Kind angesehen. Gut so.

Jeder kennt aber wohl auch Situationen, in denen es echt peinlich wurde. Wenn ich zu spät in eine wichtige Sitzung komme. Wenn plötzlich in einer Runde das Gespräch verstummt, weil eine Äußerung völlig danebenlag. Wenn andere deutlich die Nase rümpfen oder sich mit unverhohlener Einigkeit ihr Teil denken. Manchmal kann es echt peinlich werden. Wie gut, wenn dann einer dabei ist, der die Peinlichkeit auflöst. Bei einem feinen Essen im Offizierskasino soll es gewesen sein. Einem jungen Leutnant fiel aus Ungeschick der Soßenlöffel auf die weiße Tischdecke. Alle starrten auf den Riesenfleck, und der Verursacher wäre am liebsten im Boden versunken. Bismarck[1] nahm den Soßenlöffel, goss einen weiteren Klecks auf die Tischdecke und sagte: „Mal angenommen, dort lagern die feindlichen Truppen, dann standen bei der Schlacht unsere Armeen etwa hier. Welche Taktik für den Angriff schlagen sie vor?" Alle lachten und einer war aus seiner Pein befreit.

Manche Geschichte im Neuen Testament erzählt von Jesus, wie er Menschen aus peinlichen Situationen befreite, etwa eine Prostituierte, die sich ihm zu Füssen warf, oder den Zöllner Zachäus, der im Baum saß. Jesus lag daran, dass ein Mensch nicht beschämt wird. Sein Handeln spiegelt etwas wider von der Gnade Gottes mit den Schwächen der Menschen. Gottes Güte ist so groß, dass sie aus den Peinlichkeiten befreit. Manchmal können wir dabei mithelfen, wenn es für einen anderen echt peinlich wird.

---

[1] Anm. des Herausgebers: Otto Eduard Leopold von Bismarck-Schönhausen, (1815 – 1898), ab 1871 Fürst von Bismarck war von 1862 bis 1890 in Preußen Ministerpräsident, von 1867 bis 1871 zugleich Bundeskanzler des Norddeutschen Bundes sowie von 1871 bis 1890 erster Reichskanzler des Deutschen Reiches, dessen Gründung er maßgeblich vorangetrieben hatte. https://de.wikipedia.org/wiki/Otto_von_Bismarck

Michael Rosenkranz
Zwischenruf am 28.02.2009

# Hier bin ich

Der Firma geht es nicht gut. Die Arbeit der bereits gekündigten Mitarbeiter machen nun die Verbliebenen. Da meldete sich die Geschäftspartnerin aus Boston an zum Besuch. Allen war klar, sie muss vom Flughafen abgeholt werden, außerhalb der Arbeitszeit, und sie spricht nur Englisch; jedes Jahr das Gleiche; mühselige Prozedur. Zwei der Angestellten sind nette junge Männer, die hoffen, einst Erfolg zu haben. Den einen sprach der Abteilungsleiter an, ob er die Dame nicht abholen könne, er habe doch einen Führerschein. Doch das gefiel dem Angesprochenen nicht. Er habe eh schon so viele Überstunden gemacht, und am späten Nachmittag sei die Autobahn immer voll. Um diese Zeit gebe es oft auch Flugverspätungen; dann stehe er da und müsse warten. Außerdem finde er diese englische Konversation total steif. Und überhaupt, – schließlich sei er ja noch ganz neu im Betrieb, – ob er das denn wirklich machen müsse. Der Abteilungsleiter war verunsichert. Wer käme denn sonst dafür in Frage? Er selbst ist zu dieser Zeit verhindert. Da meldete sich der andere junge Angestellte. Er ist ebenfalls noch nicht so lange da, hat allerdings auch schon etliche Überstunden aufgehäuft. Ob nicht er die Dame abholen könne. Er habe auch einen Führerschein. Und Englisch habe er etwas gelernt. Der Abteilungsleiter war erleichtert. Er wäre ihm dafür sehr dankbar. Der junge Mann machte sich auf den Weg. Die Autobahn war verstopft. Nur im Schritttempo kam er voran. Wenn nun die Dame vor ihm ankommen würde? Verspätet erreichte er den Flughafen. Atemlos rannte er zur Ankunftshalle. Doch das Flugzeug hatte Verspätung. So stand er da. Seit langem reizte es ihn, einen Teil seiner Ausbildung im Ausland zu machen. Boston zum Beispiel, – das würde ihm gut gefallen. Doch wer könnte ihn, einen Anfänger, dort schon gebrauchen? Die Schiebetür ging auf. Die Dame kam heraus. Sie war sehr erleichtert, erwartet zu werden. Ihre liebenswürdige und muntere Art war anregend. In den nächsten Wochen würde in dem Betrieb in Boston sehr viel Arbeit anfallen, wesentlich mehr als hier. Ob er denn nicht Lust hätte, für einige Wochen dort mitzuarbeiten, – sie würde das bei seinem Chef schon hinbekommen, sagte sie zu ihm... Und sie bekam es hin. Manchmal werden Menschen angefragt und stehen dann an einem Scheideweg. Erzvater Abraham pflegte in solchen Situationen zu antworten: „Hier bin ich".

Johannes Waschk
Zwischenruf am 25.07.2009

# Lebenszeit

Ferienzeit: der Körper und die Seele kommen zur Ruhe. So sollte es zumindest sein. Aber bei manchen Menschen tickt die innere Uhr aus ihrem Arbeitsalltag so weiter, dass sie auch im Urlaub nicht abschalten können. Ein afrikanisches Sprichwort lautet: Sie haben die Uhr – aber wir haben die Zeit. Dieser nachdenklich machende Satz ist auch eine Kritik unserer Zivilisation, unserer Kultur, unserer Werte.

In einem seiner schönsten Filme – „Moderne Zeiten" – hat Charlie Chaplin die Herrschaft der Uhr über den Menschen in Szene gesetzt. In einer Fabrik bestimmt die Uhr unerbittlich die Geschwindigkeit des Fließbandes. Pausen werden vom Chef bestraft, dessen Kontrolle sogar die hastig gerauchte Zigarre in der Toilette nicht entgeht. Als dieser die Geschwindigkeit des Montagebandes noch steigert, hält der Tramp, der in der Fabrik arbeitet, dagegen: in einer zum Brüllen komischen Aktion schließt er das ganze System kurz, indem er selbst den Schalter betätigt. An, aus, an, aus … Dazwischen liegen anarchistisch-heitere Attacken auf die panisch herumwuselnden Vorarbeiter, die das unbarmherzige Zeit-Sklaven-System retten wollen …

Wenn ich die Szenen aus diesem Film vor Augen habe, denke ich vor allem: Ja, Widerstand dagegen ist gut und berechtigt. Und noch eines: Das Lachen und die Verweigerung ist eine gute Waffe gegen eine sich immer schneller drehende Welt, die nur wenige Atempausen zulässt. In einem Psalm der Bibel heißt es: „Meine Zeit steht in deinen Händen." (Psalm 31,16) Das meint ja, dass die tickende Uhr nicht das letzte Wort hat. Es ist gut, sich vom Prediger Salomo erinnern zu lassen, dass alles im Leben seine Zeit hat. So kann ein gelassenes Vertrauen entstehen. Unsere Lebenszeit ist in den schützenden Händen Gottes gut aufgehoben.

Rainer Mittwollen
Zwischenruf am 16.01.2010

# „Wo ein raues Wort dich trägt …"

Zugereist aus einer Region, wo ein doppeltes „Moin" schon als über-schwänglich gilt, hat es mir im Ruhrgebiet oft die Sprache verschlagen! Nicht nur die waghalsige Grammatik, auch die bildgewaltige Direktheit der Menschen hat mich regelrecht überrumpelt – von „auffe Kacke haun" hatte ich vorher noch nichts gehört! Dafür hat mich die Herzlichkeit des Ruhrgebiets schnell für sich gewonnen. Herbert Grönemeyer – nicht un-bedingt Deutschlands stilsicherster Poet – hat das mit seiner neuen Ruhr-gebietshymne genau getroffen: „Wo ein raues Wort dich trägt …".

Stimmt genau! Was trägt, sind nicht die Worte, die mir schmeicheln. Viel eher sind es die, die mir ungeschminkt die Wahrheit sagen! Darum lese ich auch gern die Bibel – z.B. die Propheten des Alten Testaments. Die reden ihre Zuhörer schon mal als Ochsen oder Esel an, die entlarven scheinheiliges Friedensgesäusel und selbstgefällige Frömmelei. Die sagen schnörkellos, was nicht geht: „Glaubt ihr nicht, so bleibt ihr nicht!" Aber die bringen im Namen Gottes auch auf den Punkt, was wirklich weiterhilft: „Suchet mich, so werdet ihr leben!" Keine Schaumschläger, aber „von schwerverlässlicher Natur"! Ich meine: Biblische Kultur – passt gut zur Ruhr!

Jürgen Thomas
Zwischenruf am 06.10.2012

# Was du heute kannst besorgen …

Neulich habe ich ein neues Fremdwort gelernt: Prokrastination. Menschen, die prokrastinieren, handeln nach dem Motto: was du heute kannst besorgen, das erledigt sich auch morgen. Aufgaben, die erledigt werden müssen, werden immer wieder auf die lange Bank geschoben. Immer und immer wieder, bis man selbst und andere Menschen Nachteile haben.

Manchmal ist Prokrastination vergleichsweise harmlos, z.B. wenn wir das Wechseln von Winter- auf Sommerreifen aufschieben. Nach einigen Monaten ist wieder Winter und die Reifen „passen". Nicht ganz so harmlos ist es, wenn wir wichtige Entscheidungen für unser Leben aufschieben. Wie viel Leid entsteht wohl durch krank machende Beziehungen, über die zu sprechen wir immer wieder vertagen oder die wir nicht beenden.

Auch unsere Beziehung zu Gott ist, wie ich glaube, entscheidend wichtig. Gott hat von sich aus alles getan, um sie zu heilen. Er sucht uns, begegnet uns in Jesus Christus und will uns zu Menschen machen, die frei sind, unabhängig, lebensfähig, mündig und deren große Liebe Gott und dem Mitmenschen gilt. All das passiert nicht vollautomatisch, wir müssen auf Gottes großes Angebot reagieren. Morgen ist sicher ein guter Tag dafür, heute ist es aber viel besser.

Werner Posner
Zwischenruf am 05.01.2013

# Ein Lieblingstag

Jeder hat so seine Lieblingstage: Silvester oder Neujahr – Geburtstag oder erster Urlaubstag – Donnerstag oder Sonntag. Der letzte Ferientag steht wohl nicht so hoch im Ranking. Neulich hörte ich nun folgenden Dialog: „Was für einen Tag haben wir?" „Heute." „Oh, mein Lieblingstag!" Das klingt humorig und ist sehr weise. Denn gestern ist vorbei. Wir können uns erinnern, spüren auch oft lange die Folgen guter oder böser Ereignisse. Aber es ist vorbei, das Jahr 2012 auch und alle Jahre davor, im Guten wie im Schlechten, mit ihren Freuden und Plagen. Und morgen ist noch nicht da. Auch wenn ich mir jetzt schon Stress mit manchem mache. Jemand sagte mir, er fürchte sich schon vor Weihnachten 2013. Muss das so sein? „Lass dir jeden Tag geschehen / so wie ein Kind im Weitergehen / von jedem Wehen / sich viele Blüten schenken lässt" dichtet Rilke.[1] In jedem Tag kann etwas Besonderes und Kostbares verborgen sein, auch wenn unser Leben nicht den Bildern von Hochglanzprospekten entspricht. Wir müssen nicht am Vergangenen hängen, nicht die Zukunft herbeisehnen oder fürchten, sondern können „heutig" leben – staunend und engagiert. Einen Versuch wäre es sicher wert. „Sorget nicht um den anderen Morgen", sagt Jesus, „denn der morgige Tag wird für das Seine sorgen. Es ist genug, dass jeder Tag seine eigene Plage hat" (Matthäusevangelium 6,34) – und gewiss auch seine Freuden, seine Blüten, sein Quäntchen Glück.

---

[1] Anm. des Herausgebers: Aus Rainer Maria Rilke (geb. 1875; gest. 1926) „Du musst das Leben nicht verstehen", in Rainer Maria Rilke, Die Gedichte, 5. Auflage 1992, S. 147.

Johannes Waschk
Zwischenruf am 23.11.2013

# Alles hat seine Zeit

Dieser Satz aus dem Buch des Predigers (im Alten Testament) hat viele Bedeutungen. Geboren werden und sterben – das ist der Rhythmus des Lebens, der hier zur Sprache kommt. An anderer Stelle heißt es: einreißen und aufbauen hat seine Zeit – also Beginn und aufblühen, aber auch Abbruch und verwelken. Diese sprachlichen Bilder passen gut zu dem mittlerweile 13 Jahre alten Zwischenruf im Bochumer Stadtspiegel, dessen Zeit – so scheint es – nun abgelaufen ist.

Im Jahre 2000 als ökumenisches Projekt gemeinsam von katholischer und evangelischer Kirche zusammen mit Freikirchen, Muslimen und jüdischer Gemeinde auf den Weg gebracht, hat der jahrelang verlässlich erschienene Zwischenruf viele ganz unterschiedliche Themen gehabt: Advent ist im Dezember, Nazis raus aus Bochum, Solidarität mit Opel, Notfall- und Telefonseelsorge und die Arbeit des Kinderhospizes. Um nur einiges zu nennen. Eine bunte „religiöse" Themenpalette, etwas Einzigartiges, das es in einer anderen Zeitung so nicht gab.

Aus und vorbei.

Das wirtschaftliche Kosten-Nutzen-Kalkül einer Zeitung als materielle Grundlage ist eben wichtiger als besinnliche Worte am Wochenende – da kann man der Redaktion nur zustimmen. Jeder Anzeigenkunde wird das genau so sehen. Und die Menschen, denen vielleicht zufällig der eine oder andere Satz eines Zwischenrufes ein Anstoß zum Nachdenken war oder vielleicht sogar Hilfe in einer Krise … nun, die müssen sich dann woanders umtun. So ist es eben im Leben.

Alles hat seine Zeit.

# Die Autorinnen und Autoren
zur Zeit der Abfassung des „Zwischenrufs" und heute


**Friedrich Abels**
geb. 1945, Pfarrer in der Ev. Kirchengemeinde Bochum-Gerthe;
heute im Ruhestand

**Satilmis Aditepe**
Vorbeter der DITIB-Hauptmoschee in Bochum an der Schmidtstraße;
heute lebt und arbeitet er in der Türkei

**Ina Annette Bierbrodt**
geb. 1965, ev. Pfarrerin in der Geschäftsstelle Christuskirche am Rathaus; heute Schulreferentin im Ev. Kirchenkreis Dortmund

**Hermann-Josef Bittern**
geb. 1939, kath. Priester, Stadtdechant der kath. Kirche in Bochum;
2012 verstorben

**Burghard Boyke**
geb. 1969, Pfarrer in der Ev. Kirchengemeinde Harpen, Bochum;
heute ev. Pfarrer und Seelsorger in der Justizvollzugsanstalt Bochum

**Dirk Brüseke**
geb. 1959, Pfarrer in der ev. Altenheimseelsorge in Altenbochum;
heute ev. Krankenhausseelsorger in Bochum

**Hartwig Burgdörfer**
geb. 1951, Pfarrer im Ev. Kirchenkreis Bochum (Krankenhausseelsorger); heute im Ruhestand

**Ute Diepenbrock**
geb. 1971, Dipl.-Theologin; Mitarbeiterin im Öffentlichkeitsreferat
des Ev. Kirchenkreises Bochum; heute ev. Krankenhausseelsorgerin
in Castrop-Rauxel

**Elke Dinkela**
geb. 1945, Pastorin der Evangelisch-methodistischen Kirche in
Bochum (Auferstehungskirche Alleestraße) von 2000 – 2010;
heute im Ruhestand

**Christel Eglinski-Horst**
geb. 1938, Konzertsängerin, Presbyterin in der Ev. Kirchengemeinde
Harpen, Bochum; heute im Ruhestand

**Karl-Heinz Gehrt**
geb. 1955, Pastor der Epiphanias-Gemeinde Bochum (Selbständige
Ev.-Luth. Kirche SELK); heute Pastor der ev.-luth. Gemeinde in
Borghorst-Münster-Gronau

**Lothar Gräfingholt**
geb. 1953, Rechtsanwalt; Vorsitzender des Katholikenrates Bochum+
Wattenscheid

**Barbara Hauschild**
geb. 1971, Pastoralreferentin i.A. in der Epiphanias-Gemeinde Bochum,
(Selbständige Ev.-Luth. Kirche SELK); heute Diakonie-Direktorin der
SELK und Pastoralreferentin mit einer Teilzeitstelle in der Epiphanias-
Gemeinde in Bochum

**Ursula Heckel**
geb.1950, Dipl.-Soz. Päd. mit logotherapeutischer Ausbildung,
Krankenhausseelsorgerin am Universitätsklinikum St. Josef-Hospital/
Kinderklinik; heute im Ruhestand

**Volker Heidelbach**
geb. 1961, Leitender Pastor der Gemeinde Unterwegs, Bochum

**Prof. Dr. Okko Herlyn**
geb. 1946, ev. Theologe; Professor an der Ev. Fachhochschule Rhein-
land-Westfalen-Lippe in Bochum und Privatdozent an der Ruhr-Universität Bochum; Kabarettist und Buchautor; heute im Ruhestand

**Sigrid Hinkelmann**
geb. 1945, Pfarrerin in der Ev. Kirchengemeinde Hofstede-Riemke, Bochum; heute im Ruhestand

**Petra Hockertz**
geb. 1964, Pfarrerin im Öffentlichkeitsreferat des Ev. Kirchenkreises Bochum; heute Krankenhausseelsorgerin im Ev. Kirchenkreis Gelsenkirchen und Wattenscheid

**Gert Hofmann**
geb. 1962, Pfarrer im Referat für Öffentlichkeitsarbeit im Ev. Kirchenkreis Bochum; heute Pfarrer im Ev. Kirchenkreis Recklinghausen (Öffentlichkeits- und Gemeindearbeit)

**Michael Holz**
geb. 1963, Pastor in der Evangelisch-Freikirchlichen Gemeinde (Baptisten) Bochum-Linden/Hattingen, Gemeindezentrum Arche; heute tätig als Coach und Trainer in Essen

**Dr. Dr. Dipl.-Psych. Matthias Hoof**
geb. 1958, Pfarrer im Öffentlichkeitsreferat des Ev. Kirchenkreises Bochum; heute Pfarrer im Ev. Kirchenkreis Iserlohn, Psychol. Psychotherapeut u. Psychoanalytiker

**Mechthild Horney-Mersch**
geb. 1964; Pfarrerin in der Ev. Kirchengemeinde Bochum-Hordel und im Altenzentrum Grabelohstraße; heute Religionslehrerin

**Michael Hüstebeck**
geb. 1968, Pfarrvikar der Epiphanias-Gemeinde Bochum (Selbständige Ev.-Luth. Kirche SELK); heute Pfarrer der ev.-luth. Martin-Luther-Gemeinde Göttingen (SELK)

**Hildegard Jäger**
geb. 1952, Schulleiterin eines Gymnasiums; Vorsitzende im Katholikenausschuss der Katholischen Kirche in Bochum; heute im Ruhestand

**Christine Jung-Borutta**
geb. 1962, Pfarrerin im Ev. Kirchenkreis Bochum (Hospizarbeit);
heute in der ev. Krankenhausseelsorge und im Gemeindepfarramt tätig

**Elmar Kirchner**
geb. 1963; Pfarrer der Kath. Pfarrgemeinde St. Elisabeth Bochum-
Gerthe; heute tätig als Priester in Neuss und Promotionsstudium.

**Thomas Klare**
geb. 1949, Pfarrer in der Ev. Kirchengemeinde Bochum-Langendreer,
später Psychiatrieseelsorger in Bochum; heute im Ruhestand

**Heinz-Dieter Krohn**
geb.1962, Pfarrer in der Ev. Johannesgemeinde Bochum;
heute in der Ev. Kirchengemeinde Bochum, Bezirk Lutherkirche

**Peter Krusemark**
geb. 1958, Pastor in der Evangelisch-Freikirchlichen Gemeinde
(Baptisten) Bochum-Linden/Hattingen von 1991 bis 2001; heute Pastor
in der Evangelisch-Freikirchlichen Gemeinde in Siegen

**Heike Lengenfeld-Brown**
geb. 1955, Pfarrerin in der Ev. Innenstadtgemeinde Bochum, Bezirk
Pauluskirche; heute Ev. Kirchengemeinde Bochum, Bezirk Pauluskirche

**Karsten Limpert**
geb. 1965, Pfarrer in der Ev. Johannes-Kirchengemeinde Bochum-
Grumme; heute Schulpfarrer

**Eckhardt Loer**
geb. 1958, Pfarrer in der Ev. Kirchengemeinde Weitmar-Mark;
heute Ev. Kirchengemeinden Weitmar-Mark und Bochum-Wiemelhausen

**Michael Ludwig**
geb. 1957, Priester, Propst der Kath. Kirchengemeinde St. Peter und Paul

**Wolfgang Mann**
geb. 1957, Pfarrer im Ev. Kirchenkreis Bochum (Vertretungsaufgaben im Kirchenkreis); heute Vorstand im Diakonischen Werk Bremerhaven e.V.

**Jörg Mathern**
geb. 1955, Lehrer, Mitglied der Evangelisch-methodistischen Kirche in Bochum (Auferstehungskirche Alleestraße)

**Andreas Menzel**
geb. 1966, Pfarrer in der Ev. Kirchengemeinde Weitmar; heute in den Ev. Kirchengemeinden Bochum-Weitmar und Bochum-Dahlhausen

**Rainer Mittwollen**
geb. 1961, Pastor der Evangelisch-methodistischen Kirche in Bochum (Auferstehungskirche Alleestraße); heute Pastor der Bethesdagemeinde, Evangelisch-methodistische Kirche in Wuppertal-Elberfeld

**Hans Mührmann**
geb. 1943, Pastor der Gemeinde Unterwegs; heute im Ruhestand

**Andrea Münch**
geb. 1971, Grundschullehrerin; Leiterin der Jugendarbeit der Gemeinde Unterwegs

**Torsten Münch**
geb. 1967, Leiter der Jugendarbeit der Gemeinde Unterwegs; heute Haustechniker und Gemeindeleiter der Gemeinde Unterwegs

**Dr. phil. Maria Petermeier**
kath. Religionspädagogin, z.Z. des Textes stellvertretende Vorsitzende des Katholikenrates Bochum

**Ortwin Pfläging**
geb. 1962, Pfarrer in der Ev. Kirchengemeinde Stiepel; heute Pfarrer in der Ev. Kirchengemeinde Haßlinghausen-Herzkamp-Silschede

**Werner Posner**
geb. 1951, Pfarrer im Ev. Kirchenkreis Bochum (Krankenhausseelsorge, Telefonseelsorge Bochum, Beratungsstelle Prisma bei Suizidgefährdung); heute im Ruhestand

**Rainer Prodöhl**
geb. 1946, Fachleiter für Katholische Theologie am Studienseminar Dortmund; heute im Ruhestand

**Eva-Maria Ranft**
geb. 1956, Pfarrerin im Frauenreferat des Ev. Kirchenkreises Bochum

**Dirk Reschke**
geb. 1968, Pastor der Evangelisch-methodistischen Kirche Bochum (Auferstehungskirche Alleestraße); heute Pastor in Altensteig

**Bernd Reitmeyer**
geb. 1958, Pfarrer der Selbständigen ev.-luth. Kreuzgemeinde Bochum (Selbständige Ev.-Luth. Kirche SELK); heute Pfarrer in der Dreieinigkeitsgemeinde (SELK) in Bad Essen-Rabber

**Dr. Michael Rosenkranz**
geb. 1948, Facharzt für Chirurgie und Arzt für Allgemeinmedizin; heute im Ruhestand; Mitglied der Jüdischen Gemeinde Bochum-Herne-Hattingen; Vorsitzender des Gemeinderats

**Peter Scheffler**
geb. 1950, Diakoniepfarrer und Vorstand der Inneren Mission – Diakonisches Werk Bochum e.V., von 2010 bis 2015 Superintendent des Ev. Kirchenkreises Bochum; heute im Ruhestand

**Pascal Schilling**
geb. 1962, Pfarrer, Gehörlosenseelsorger im Ev. Kirchenkreis Bochum; heute Pfarrer in der Ev. Trinitatis-Kirchengemeinde Bochum

**Ayla Schmelzer**
siehe unter Ayla Wessel

**Christian Schnaubelt**
geb. 1975, Journalist; BDKJ-Stadtvorsitzender Bochum + Wattenscheid; Mitglied des Gemeinderates Hl. Geist und Mitglied des Pfarrgemeinderates der Pfarrei Liebfrauen Bochum; Mitglied der Deutschen Pfadfinderschaft St. Georg (DÜSG); heute Pressesprecher der kath. Stadtkirche Bochum + Wattenscheid, Mitglied des Vorstands des Katholikenrates Bochum + Wattenscheid

**Dr. Hartmut Schröter**
geb. 1943, ev. Theologe und Philosoph, Pfarrer in der Ev. Melanchthongemeinde Bochum, zuletzt Leiter der Ev. Stadtakademie, Erwachsenbildung und Familienbildung Bochum; heute im Ruhestand

**Rolf Schuld**
geb. 1956, Pfarrer in der Ev. Kirchengemeinde Bochum-Linden

**Fred Sobiech**
geb. 1955, von 1996 bis 2010 Superintendent des Ev. Kirchenkreises Bochum, seit 2010 Landeskirchenrat / Bildungsdezernent der Ev. Kirche von Westfalen

**Andrew Steiman**
geb. 1958, jüdischer Rabbiner, Kantor der Jüdischen Gemeinde Bochum-Herne-Hattingen; heute tätig als Altenheim- und Krankenhausseelsorger in Frankfurt/M.

**Marc Struckmann**
geb. 1968; Pfarrvikar in der Epiphanias-Gemeinde Bochum (Selbständige Ev.-Luth. Kirche SELK); heute Lehrer in Soltau

**Ursula Thiemann, heute Ursula Borchert**
geb. 1961, Pfarrerin in der Ev. Kirchengemeinde Weitmar, Bochum; von 2011 bis 2019 auch Theolog. Vorstand des Diakonischen Werkes Bochum e.V.

**Dr. Jürgen Thomas**
geb. 1953, Allgemein- und Palliativarzt; 20 Jahre lang ehrenamtlicher Gemeindeleiter der Evangelisch-Freikirchlichen Gemeinde (Baptisten) Bochum-Linden/ Hattingen (Gemeindezentrums Arche); 2014 verstorben

**Adrian Tillmanns**
geb. 1965, Pfarrer und Seelsorger in der Justizvollzugsanstalt Bochum; heute Pfarrer und Seelsorger in der Justizvollzugsanstalt Werl

**Fikret Turan**
geb. 1960, Imam; von 1996 – 2002 Vorbeter der DITIB-Hauptmoschee an der Schmidtstraße in Bochum; heute tätig als Imam an der Zentrummoschee in Gebze, Türkei

**Konrad Uecker**
geb. 1950, Pfarrer in der ev.-luth. Kreuzgemeinde Bochum (Selbständige Ev.-Luth. Kirche SELK); heute im Ruhestand

**Thomas Vogtmann**
geb. 1961, Pfarrer in der Ev. Kirchengemeinde Bochum-Langendreer-Süd; heute Ev. Kirchengemeinde Bochum-Langendreer

**Christoph Peter Wagner**
geb. 1960, Pfarrer in der Ev. Kirchengemeinde Hofstede-Riemke, Bochum

**Lisa Walter**
geb. 1939, Sekretärin an der Ruhr-Universität Bochum, Bereich Theoretische Physik; Leiterin der Seelsorgearbeit der Gemeinde Unterwegs; heute im Ruhestand

**Johannes Waschk**
geb. 1949, Pfarrer im Öffentlichkeitsreferat des Ev. Kirchenkreises Bochum; davor Pfarrer in der Ev. Kirchengemeinde Hattingen-Welper; heute im Ruhestand

**Jochen Wendt**
geb. 1958, Evangelisch-Freikirchliche Gemeinde (Baptisten), Immanuelskirche Bochum, Beamter in Bochum

**Ayla Wessel**
Europa-Ökonomin, Dozentin, Ausbilderin; von 2004 – 2009 frei
gewähltes Mitglied im Intergrations- und Migrationsausschuss der
Stadt Bochum. Ayla Wessel betreibt eine deutsch-türkische Kultur-
agentüer für Kulturkommunikation.

**Thomas Wessel**
Pfarrer an der Christuskirche Bochum, der Kirche der Kulturen im
Ev. Kirchenkreis Bochum

**Hajo Witte**
geb. 1955, Pfarrer im Ev. Kirchenkreis Bochum (Notfallseelsorge,
Seelsorge in Feuerwehr und Rettungsdienst, Polizeiseelsorge im
Polizeipräsidium Bochum)

# Quellennachweis der Zitate

**Die Schöpfung wahrnehmen**
Manfred Hausmann, Lampioon, Aufl. von 1983, S. 38
Paul Deselaers/Dorothea Sattler, Die Schöpfung in der Bibel, 2013, S. 29

**Religiöse Feste begehen und verstehen**
Karl-Heinrich Waggerl, Das Jahr des Herrn, Erstausg. 1933, Aufl. von 1982, S. 112
Dietrich Stollberg, Liturgische Praxis, 1993, S. 17

**Beten und Gottesdienst feiern**
Eberhard Jüngel, … ein bißchen meschugge, Predigten V, Aufl. von 2004, S. 200
Karl-Heinrich Waggerl, Das Jahr des Herrn, Erstausg. 1933, Aufl. von 1982, S. 215

**Erfahrungen mit Gott machen**
Albert Schweitzer, Mit der Weisheit des Herzens, o.J., S. 17
Dietrich Bonhoeffer, in einem Brief aus dem Gefängnis am 22.12.1943 an Eberhard Bethge; in: Brautbriefe Zelle 92, hrg. von Ruth-Alice von Bismarck und Ulrich Kabitz, 1992, S. 101

**Jesus Christus erkennen und bekennen**
Kurt Marti, DU. Eine Rühmung, 2007, S. 17 – 19

**Glauben im Alltag leben**
Henning Luther, Religion und Alltag, 1992, zit. in: Judith Winkelmann, Weil wir nicht vollkommen sein müssen. Zum Umgang mit Belastungen im Pfarrberuf, 2019, S. 353
Matthias Claudius, (1778), in: Mich verlangt nach dir. Ein Lesebuch, hrg. von Gerhard Henschel, 2012, S. 36

**Engeln begegnen**
Wise Guys, „Ein Engel", CD Achterbahn, 2014
Rainer Maria Rilke, Der Engel, in: Die Gedichte, 5. Aufl. 1992, S. 984

**Urlaub haben**
Laotse, 6. Jh. v. Chr., https://www.zitate.eu/autor/laotse-zitate/284180
Byung-Chul Han, Duft der Zeit, 12. Aufl. 2015, S. 103

**Von Kindern und Eltern**
Jörg Zink, Quelle unbekannt
Khalil Gibran, Der Prophet, 1973, S. 16

**Gesellschaft und Kirche mitgestalten**
Mahatma Gandhi, Zitat bei Arun Gandhi, Wut ist ein Geschenk. Das Vermächtnis meines Großvaters Mahatma Gandhi. 2017, S. 150
Dag Hammarskjöld, Zeichen am Weg, schwed. Originalausg. 1963, dt. Ausg. 2001, S. 106

**Frieden und Gerechtigkeit üben**
Walter Schmithals, Westfälische Rundschau am 19.10.1957; zit. in: Dörte Schmithals, Kathrin Spremberg (Hrg.),Walter Schmithals, Pfarrer in Raumland 1953 – 1963, 2019, S. 96
Dom Helder Camara, zitiert in: Jürgen Moltmann, Über Geduld, Barmherzigkeit und Solidarität, 2018, S. 80

**Krieg, Terror, Gewalt, Rechtsextremismus widerstehen**
Siegfried Lenz, Der Überläufer, Erstfassung 1951; 2016, S. 161
Psalm 34,15; Jahreslosung 2019, zit. nach Lutherbibel 1964

**Lieben und geliebt werden**
Milena Michiko Flasar, Ich nannte ihn Krawatte, 4. Aufl. 2012, S. 89
Elazar Benyoëtz, Der Mensch besteht von Fall zu Fall. Aphorismen, 2009, S.102

**Krank sein und Lebenskrisen meistern**
Oliver Sacks, Der Mann, der seine Frau mit einem Hut verwechselte, 1993, S. 21
Max Frisch, http://zitate.net/max-frisch-zitate

**Sterben und Tod begegnen**
Christine Zuppinger, Schwalbennester. Zwei ledige Bäuerinnen erzählen, 2008, S. 128
Dag Hammarskjöld, Zeichen am Weg, schwed. Originalausg. 1963, dt. Ausg. 2001, S. 82

**Lebenskunst**
Jeremias Gotthelf, zit. in einer Morgenandacht im WDR (Juni 2018), von Beate Fietzek
Thomas Bauer, Die Vereindeutigung der Welt. Über den Verlust an Mehrdeutigkeit und Vielfalt, 2019, S. 79